延安精神永放光芒

"延安精神与改革开放"理论研讨会论文集

YAN AN JING SHEN YONG FANG GUANG MANG

孙 健 ★ 主编

光明日报出版社

图书在版编目（CIP）数据

延安精神永放光芒 / 孙健主编 . -- 北京：光明日报出版社，2019.9

ISBN 978-7-5194-5517-0

Ⅰ.①延… Ⅱ.①孙… Ⅲ.①延安精神—研究 Ⅳ.① D648.4

中国版本图书馆 CIP 数据核字 (2019) 第 197617 号

延安精神永放光芒
YAN'AN JINGSHEN YONG FANG GUANGMANG

主　　编：孙　健	
责任编辑：鲍鹏飞	策　　划：汗青嘉业
封面设计：琥珀视觉	责任校对：张爱华
责任印制：曹　净	

出版发行：光明日报出版社
地　　址：北京市西城区永安路 106 号，100050
电　　话：010-67022197（咨询），010-63131930（邮购）
传　　真：010-67078227，67078255
网　　址：http://book.gmw.cn
E － mail：baopf@gmw.com
法律顾问：北京德恒律师事务所龚柳方律师
印　　刷：北京中献拓方科技发展有限公司
装　　订：北京中献拓方科技发展有限公司

本书如有破损、缺页、装订错误，请与本社联系调换

开　　本：170mm×240mm			
印　　张：22		字　　数：370 千字	
版　　次：2019 年 9 月第 1 版		印　　次：2019 年 9 月第 1 次印刷	
书　　号：ISBN 978-7-5194-5517-0			
定　　价：88.00 元			

版权所有　翻印必究

《延安精神永放光芒》
编委会

编委会主任：李沛文
副 主 任：刘亚桥　刘玉泉　陈永胜　王宗礼
编委会委员：张建荣　石玉亭　张富奎　李玉政
　　　　　　李荣珍　王学俭　康　民
主　　编：孙　健
编　　辑：黄　霆　温江波　黄露露　牟　杨　耿振刚

自觉践行"四个坚持" 传承弘扬延安精神(代序)

李沛文

甘肃是陕甘宁边区的重要组成部分和延安精神的形成土壤;立足新的历史方位,自觉践行"四个坚持",坚定"四个自信",传承弘扬延安精神,对于教育引导各级领导干部和广大群众始终凝聚起改革发展的正能量,对决战脱贫攻坚、决胜全面小康、建设幸福美好新甘肃具有重要而深远的意义。

传承弘扬延安精神,必须坚持坚定正确的政治方向,因为坚定正确的政治方向是延安精神的灵魂。今天,我们坚持坚定正确的政治方向,就要坚持以习近平新时代中国特色社会主义思想为指导,努力实现"两个一百年"奋斗目标,实现中华民族伟大复兴。我们坚持坚定正确的政治方向,就要有坚定的理想信念和经受考验、百折不挠的精神。我们坚持坚定正确的政治方向,就要坚持党领导一切的根本原则,树牢"四个意识",增强"四个自信",始终同以习近平同志为核心的党中央保持高度一致,认真贯彻落实党中央决策部署及习近平总书记视察甘肃重要讲话和"八个着力"重要指示精神,团结带领全省广大干部群众,发挥区位优势,深化改革创新,推进脱贫攻坚、加快生态文明建设、推动"一带一路"建设,实现经济社会持续健康发展。

传承弘扬延安精神,必须坚持实事求是的思想路线,因为实事求是是延安精神的精髓,是中国共产党人长期革命斗争的宝贵经验。在新的历史方位上,我们坚持实事求是的思想路线,就要以马克思主义中国化的最新理论成果指导我们的实践活动,推进理论创新和实践创新。党的十八大以来,习近平总书记之所以能够带领我们攻坚克难、开创新局面,很大程度上来自他扎实的实践基础和深刻的理论思考。他说,陕北七年,最大一个收获就是懂得了什么叫实际,什么叫实事求是,什么叫群众。实事求是、人民立场,这就是大学问。今天对甘肃而言,就要立足省情实际,清醒地认识、具体分析当

延安精神永放光芒

前和今后一个时期经济社会各项事业面临的新情况、新问题，找准重点难点，破除发展瓶颈，以抓铁有痕的务实作风和齐心协力的奋进精神，努力推动全省经济平稳健康发展。

传承弘扬延安精神，必须坚持全心全意为人民服务的宗旨，因为全心全意为人民服务是延安精神的核心，也是中国共产党人的初心。在新的历史条件下，我们坚持为人民服务的宗旨，就要贯彻践行以人民为中心的发展理念，体现和保障群众的国家主人翁地位和历史创造者地位，不断提高人民的生活质量，积极建设生态宜居家园，以实实在在的行动提升陇原儿女的幸福感、归属感和成就感。

传承弘扬延安精神，坚持艰苦奋斗的创业精神。艰苦奋斗是延安精神的本色，是中国共产党人和中华民族的优良传统。在新的历史起点上，我们坚持艰苦奋斗的创业精神，就要坚守"功成不必在我"的精神境界和"功成必定有我"的责任担当，以百折不挠的决心和敢死拼命的精神打好防范化解重大风险、精准脱贫、污染防治三大攻坚战，在陇原大地上绘制一幅浓墨重彩的奋斗画卷，推动全省各项事业迈上新台阶。

新时代面临新情况和新问题，新时代承载新担当和新课题。我们要大力传承弘扬延安精神和"不忘初心，牢记使命"的新时代中国共产党人精神，在甘肃同时要大力传承弘扬南梁精神、长征精神和铁人精神，始终遵循和把握坚定正确的政治方向、实事求是的思想路线、以人民为中心的发展理念和艰苦奋斗的传统作风，以之锻造富有时代气息、民族意蕴、人文关怀、思想内涵的中国精神、中国价值、中国力量，讲好红色故事，传承革命文化，唱响主旋律，汇聚正能量，为推动中国特色社会主义事业的新发展和建设幸福美好新甘肃提供强大精神动力。

（作者系甘肃省延安精神研究会会长）

目录 / CONTENTS

以延安精神深入推进改革开放 .... 成向东 001
延安精神在改革开放中永放光芒 .... 高 闽 006
改革开放是决定当代中国命运的关键抉择 .... 高 霞 010
改革开放 40 年来甘肃生态文明建设的基本经验 .... 宫长瑞 汤婉丽 014
从二墩村的变迁谈延安精神与改革开放 .... 金支平 018
延安精神内涵与改革开放实践
　　——建设中国特色社会主义法治的维度 .... 李道刚 022
改革开放以来甘肃党史研究的成就及其重大意义 .... 李红霞 027
真理标准讨论在甘肃的重要历史意义 .... 李荣珍 031
改革开放：坚持和发展中国特色社会主义的必由之路 .... 刘亚军 038
改革开放背景下甘肃博物馆纪念馆与延安精神的传承弘扬 .... 史 勇 043
深刻理解改革开放的历史蕴涵 .... 王永祥 047
改革开放是发展的马克思主义 .... 吴雪艳 051
文化体制改革 40 年的成就与经验
　　——甘肃省庆阳市文化体制改革发展成就、经验及启示 .... 徐亚梅 055
悠悠岁月铸丰碑
　　——甘南改革开放 40 年的成就与经验 .... 中共甘南州委宣传部 061
延安精神：推进改革开放的精神引擎 .... 张 娟 067
延安精神与改革开放 .... 张艳霞 071
改革开放助力红西路军纪念馆蓬勃发展——中国工农红军西路军
　　纪念馆改革开放 40 年打造红色基地的主要做法及经验 .... 朱德忠 075
基于历史视角浅析改革开放后甘肃省的时代精神 .... 石 琳 079
弘扬延安精神是当代共产党人践行初心和使命的重要支撑 .... 陈永胜 083

弘扬延安精神，持之以恒推进党的建设新的伟大工程
　　——为甘肃深化改革提供坚强的政治保证 .... 郭水菊 087
论延安精神视域下加强党的纪律建设 .... 洪　霞 091
论中国共产党的领导是中国特色社会主义最本质的特征 .... 王怀强 095
延安精神与党内政治文化建设 .... 王树亮 099
新时代继承和弘扬延安精神运用微社区提升党的组织力 .... 王亚强 103
延安精神与中国共产党人的马克思主义信仰 .... 张铁军 107
弘扬延安整风精神　着力改进干部作风 .... 朱彩萍 112
弘扬延安精神与打赢脱贫攻坚战
　　——加强我省党员干部理想信念教育的思考 .... 蔡中宏 116
延安精神是打赢新时代脱贫攻坚战的重要法宝 .... 陈海萍 121
弘扬艰苦奋斗的延安精神
　　加快甘肃脱贫攻坚步伐 .... 范　义　安林瑞　朱柏萍 125
弘扬延安精神　助推教育扶贫再上新台阶
　　——以酒泉市移民区教育扶贫为例 .... 关燕炯 129
甘南州教育脱贫亟需破解几对矛盾 .... 何军民 133
延安精神与扶贫攻坚 .... 黄兴平 137
延安精神依然是我们打赢脱贫攻坚战的强大精神动力 .... 康　民 141
延安精神与甘肃省脱贫攻坚的共融路径问题探讨 .... 李莉莉 145
弘扬延安精神　助推甘肃脱贫 .... 石　琳 149
用延安精神助推脱贫攻坚 .... 石战涛 153
将延安精神寓于脱贫攻坚战之中 .... 孙　健 156
甘肃改革开放40年扶贫帮扶的经验和启示 .... 王　锐 161
改革开放以来扶贫开发中的"甘肃经验" .... 杨　智　陆喜元 165
弘扬延安精神　助推甘肃农村脱贫攻坚 .... 于舒迪 170
延安精神与脱贫攻坚 .... 张卫婷 174
弘扬延安精神完成脱贫攻坚任务 .... 甄喜善 178
从延安精神中汲取新时代高校思想政治工作的营养 .... 丁虎生 182
弘扬延安精神的价值内涵培育当代青年的理想信念 .... 刘　姗 191
新时代青年学生文化自信缺失的表现及其解决路径 .... 张婷婷 196

延安精神对培育大学生社会主义核心价值观的时代价值 ………………… 张　佳 205
弘扬延安精神　践行绿色发展——延安市推进生态文明建设的启示 …… 陈国礼 212
继承弘扬新时代延安精神　助力"一带一路"甘肃黄金段建设 ………… 陈　亮 218
新时代下延安精神对甘肃发展的启示 ……………………………………… 成　芳 222
延安精神在长庆油田的时代价值研究
　　……………董　宇　冷　霞　郑博文　刘治栋　邹文选　李红星　罗尚贤 226
延安精神和时代精神 ………………………………………………………… 范丽梅 232
戈壁上的"绿色梦":金塔干部群众践行胡杨精神纪实 ………… 葛万鹏　章建福 236
质量时代:三大精神支撑的建构路径 ……………………………………… 郭倩蓉 243
在"一带一路"引领下,金塔县发展通道经济的对策思考 ……………… 李　杰 248
浅析延安精神的时代内涵 …………………………………………………… 李璐璐 253
《读者》:发展轨迹充满人文关怀 ………………………………………… 李玉政 260
浅析延安精神对共产党人的价值 …………………………………………… 牟　杨 265
培育和弘扬民族精神的实践与思考 ………………………………………… 马　玲 269
"良田千亩,不如一技在身"
　　——习近平关于职业教育的重要论述 ………………… 蒲卫晖　于雪筠 274
论南梁精神与延安精神的内在联系 ………………………………………… 曲　涛 284
试论研究和弘扬延安精神 …………………………………………………… 石玉亭 289
以"五定"铸初心　以"五心"创辉煌 …………………………………… 杨　栋 293
塑造特色风貌　彰显城市形象
　　——关于酒泉市城市规划变革与综合承载力的思考 ………………… 张安疆 298
带头发扬南梁精神　助推老区全面小康 …………………………………… 张桂山 303
独立自主与自力更生的延安精神及其当代价值 …………………………… 张少冬 307
我国经济发展环境变化趋势与经济转型特征研究 ………………………… 赵具安 314
加快发展的聚宝盆和助推器
　　——甘肃省文物博物馆事业的重要地位和作用 ……… 周银霞　李永平 331
国企改革40年:继承发扬延安精神的新时代价值 ………………………… 张　翔 335

编后记 ……………………………………………………………………………… 339

以延安精神深入推进改革开放

成向东

（中共甘肃省委党校）

40年发展的辉煌成就有力证明，改革开放是党和人民大踏步赶上时代的重要法宝，是坚持和发展中国特色社会主义的必由之路，是决定当代中国命运的关键一招。延安精神有着丰富的内涵，主要包括坚定正确的政治方向；解放思想，实事求是的思想路线；全心全意为人民服务的根本宗旨；自力更生，艰苦奋斗的创业精神。在新时代，继承与发展延安精神，有助于我们深入推进改革开放，为实现中华民族伟大复兴的中国梦提供理论支撑和精神动力。

一、深入推进改革开放需要把牢正确的政治方向

中国共产党是在马克思主义和俄国十月革命影响下建立起来的党，以实现社会主义和共产主义为奋斗目标，这是在建党之初就明确的。"正确的政治方向"在党的延安时期体现为，在党中央的领导下进行新民主主义革命，建立人民共和国，它是正确的政治方向在延安时期唯一的表现，是这个时期共产党人和所有革命人民坚持的唯一正确的政治方向，它寓于实现共产主义伟大理想之中，是这个长久时间线中的一部分。正是有了中国共产党正确路线和方针的指引，全国各族人民紧密团结在党的旗帜下，前赴后继，英勇奋斗，取得了抗日战争和新民主主义革命的伟大胜利。在改革开放新的历史时期，以邓小平为代表的中国共产党人，根据中国仍处于社会主义主义初级阶段的基本国情，提出建设中国特色社会主义的战略构想，明确了党在这一历史阶段的奋斗目标。十九大报告指出："中国特色社会主义是改革开放以来党的全部理论和实践的主题，是党和人民历尽千辛万苦、付出巨大代价取得的根本成就"，因此党将"始终坚持和发展中国特色社会主义"①。这就是说，新时代的中国共产党有着非常明确的政治方向，对自己的长远目标以及在当前发展阶段举什么旗、走什么路、以什么为奋斗目标，有清晰而坚定的结论。

进入新时代，在坚持正确的政治方向问题上依然会有挑战和风险，而且将在相当长的时期内存在。这种风险首先来自党内。在我们党长期执政的历史条件下，革命战争年代那种血与火的生死考验没有了，"革命理想高于天"的情怀在一些党员干部身上淡薄了，以至于在一些党员干部身上，出现了政治上变质、经济上贪婪、道德上堕落、生活上腐化等问题，出现了信仰迷失、自行其是、拉拉扯扯、权钱交易、吃拿卡要、江湖习气、独断专行、贪图享乐、弄虚作假、为官不为等问题。这些问题的存在，归根结底在于政治方向出了偏差，理想信念树得不牢。十九大报告之所以提出要把党的政治建设摆在首位，正是针对党内政治生活中出现的诸多必须正视的问题。习近平总书记在中共十八届四中全会第二次全体会议上的讲话中，把这些问题概括为"七个有之"：任人唯亲、排斥异己有之；团团伙伙、拉帮结派有之；匿名诬告、制造谣言有之；收买人心、拉动选票有之；封官许愿、弹冠相庆有之；自行其是、阳奉阴违有之；尾大不掉、妄议中央有之②。而这种政治生态如不及时改变，将对坚持和发展中国特色社会主义产生严重干扰。

二、深入推进改革开放需要继续坚持解放思想、实事求是的思想路线

实事求是的思想路线是延安精神的重要内容。正是在延安整风时期，毛泽东同志对"实事求是"作了一个经典性的论述，指出："'实事'就是客观存在着的一切事物，'是'就是客观事物的内部联系，即规律性，'求'就是我们去研究。"40年前，邓小平同志曾指出："一个党，一个国家，一个民族，如果一切从本本出发，思想僵化，迷信盛行，那它就不能前进，它的生机就停止了，就要亡党亡国。"如果说，改革开放是中国的第二次革命，那么解放思想就是这一革命的先声。改革开放的过程，就是思想解放的过程。

---

① 习近平.决胜全面建成小康社会 夺取新时代中国特色社会主义伟大胜利——在中国共产党第十九次全国代表大会上的报告［M］.北京：人民出版社，2017年，第16-17页.

② 习近平关于严明党的纪律和规矩论述摘编［M］.北京：中央文献出版社、中国方正出版社，2016年，第22页.

经历了40年波澜壮阔的变革，在新的时代实践中，同样需要新的思想引领。在全面深化改革的征程上，今天的中国仍然需要以解放思想为先导。因循守旧、抱残守缺不行，满足现状、固步自封不行，畏首畏尾、不敢越雷池半步不行，吃以往改革老本、躺在前人功劳簿上睡大觉更不行。解放思想的目的在于更好地实事求是。要全面深化改革，就必须坚持解放思想和实事求是的有机统一，一切从基本国情出发，从实际出发，从人民群众的利益出发，既大胆探索又脚踏实地。这样才能保证我们遵循事物发展的内在规律，保持历史前进的正确方向。

当前，国际国内形势正在发生广泛而深刻的变化。纵观世界，逆全球化思潮、贸易保护主义暗流涌动，经济全球化遭遇波折，单边主义、保护主义明显抬头，不稳定性不确定性仍然突出，但变革是大势所趋、人心所向，是浩浩荡荡的历史潮流。我国经济发展进入新常态，推动经济转向高质量发展阶段任务更加紧迫。抓住机遇、迎接挑战，除了深化改革开放，别无他途。正如习近平总书记在广东考察时所指出的，"越是环境复杂，我们越是要以更坚定的信心、更有力的措施把改革开放不断推向深入"。改革开放进入攻坚期、深水区，面临的都是发展起来以后的问题和难啃的"硬骨头"，牵一发而动全身。以改革开放的眼光看待改革开放，充分认识新形势下改革开放的时代性、体系性、全局性问题，总结运用好改革开放的经验启示，是我们克难关、解难题的关键。

三、深入推进改革开放需要全心全意为人民服务的根本宗旨

延安时期，所形成的"一切为了群众，一切依靠群众，从群众中来，到群众中去"的工作路线，就是这一马克思主义唯物史观在开辟中国特色革命道路过程中正确运用的典范。延安岁月就是中国共产党全心全意为人民服务的光辉历史。正是党坚持了全心全意为人民服务的根本宗旨，始终把群众利益放在第一位，广大群众才愿意跟党走，为党付出一切。党和群众血肉相连的关系由此焕发出巨大的生命力，我们的党和国家才度过了极端困难的历史时期，获得新生。实践充分证明，只有切实把群众利益放在首位，始终坚持以人民为中心，我们的党才能得到群众真心实意的支持和拥护，党的领导力、凝聚力和感召力才能得到提高，我们的革命和建设事业才能从一个胜利走向

又一个胜利。

在当前的新形势下，我们还要不要继续坚持当年延安时期所走的群众路线，它还是不是党的根本工作路线？回答是肯定的。改革开放给我们带来了巨大成就，也使我们面临形形色色的新问题。部分干部面对改革开放带来的种种变化，市场经济发展带来的种种冲击，开始迷失方向，甚至忘记了群众这个"本"。改革"再出发"，出发点是"真正把关系群众切身利益的好事办好"。只有坚持以人民为中心，才能保证改革开放之路不跑偏。在新的时代背景下，"为人民服务"非但不能被抛弃，相反应该赋予它更宽广的新内涵。正如习近平总书记在十九大报告中指出的那样，"人民是历史的创造者，是决定党和国家前途命运的根本力量"。因此，在中国特色社会主义进入新时代之后，我们更需要坚持和贯彻以人民为中心的发展思想。只有通过坚持以人民为中心，通过更加平衡、更为充分的发展，才能不断满足人民在新时代的需求和期待。

四、深入推进改革开放需要自力更生、艰苦奋斗的创业精神

自力更生、艰苦奋斗是政党在延安艰苦的自然及社会环境下形成的自强不息的精神，也是我们党一贯的优良传统，是我党团结和带领全国人民实现国家富强与民族振兴的强大精神力量。我们的先辈靠着这种精神谱写了历史的辉煌。自力更生、艰苦奋斗是我党的政治本色，由于国际国内政治环境的因素，从中国共产党诞生之时就面临着极大的困难，如此这般的社会环境要求我党保持着自力更生、艰苦奋斗的创业精神。

进入新时代，虽然我国社会主要矛盾发生了变化，但是我国仍处于并将长期处于社会主义初级阶段的基本国情没有变，我们仍然要坚持社会主义初级阶段的基本路线不动摇。习近平总书记在党的十八届中央政治局第一次集体学习时讲到，"因为社会主义初级阶段是当代中国的最大国情、最大实际。我们在任何情况下都要牢牢把握这个最大国情，推进任何方面的改革发展都要牢牢立足这个最大实际。不仅在经济建设中要始终立足初级阶段，而且在政治建设、文化建设、社会建设、生态文明建设中也要始终牢记初级阶段；不仅在经济总量低时要立足初级阶段，而且在经济总量提高后仍然要牢记初级阶段；不仅在谋划长远发展时要立足初级阶段，而且在日常工作中也要牢

记初级阶段。党在社会主义初级阶段的基本路线是党和国家的生命线。"习近平总书记在十九大报告中指出："全党要牢牢把握社会主义初级阶段这个基本国情，牢牢立足社会主义初级阶段这个最大实际，牢牢坚持党的基本路线这个党和国家的生命线、人民的幸福线，领导和团结全国各族人民，以经济建设为中心，坚持四项基本原则，坚持改革开放，自力更生，艰苦创业，为把我国建设成为富强民主文明和谐美丽的社会主义现代化强国而奋斗。"

党的十八大以来，以习近平同志为核心的党中央坚定不移高举改革开放旗帜，推进全面深化改革、扩大对外开放的战略决策部署，展现改革开放是党在新的时代条件下带领全国各族人民进行的新的伟大革命，展现党中央将改革开放进行到底的政治魄力和坚定决心。改革推进到今天，比认识更重要的是决心，比方法更关键的是担当。党员干部担当改革责任，就要勇于挑最重的担子、啃最硬的骨头、接最烫手的山芋，把改革抓在手上、落到实处、干出成效，争当改革"促进派""实干家"。各级党组织应进一步完善落实容错机制，为实干者鼓劲、给担当者撑腰，这样才能更好激发广大干部干事兴业的积极性、主动性、创造性，确保各项改革决策部署落到实处。

延安精神在改革开放中永放光芒

高 闽

(甘肃省委党校政治学教研部)

延安精神是中国共产党和老一辈无产阶级革命家,在二十世纪三四十年代培育起来的具有中国特色的无产阶级革命精神。过去,它在革命和建设中发挥了巨大作用。今天,在改革开放的现代化建设中,延安精神仍然是中国经济腾飞的精神支柱。

延安精神的产生不是偶然的,它是我们党在争取中国人民的解放斗争中形成的伟大革命精神。它既蕴含着马克思主义的基本原理,又具有新鲜活泼、为人民群众所喜闻乐见的中国作风和中国特色。它还体现了中华儿女百折不挠的奋斗精神。在当前改革开放不断深入和社会主义现代化建设进程中,延安精神有着许多我们值得借鉴的地方。

一、延安精神的本质与精髓。延安时期,是中国共产党人在理论和实践的双重探索中取得辉煌成果的时期。延安精神集中体现了我们党伟大的探索精神。2002年3月,江泽民在延安考察时指出:"坚定正确的政治方向,解放思想、实事求是的思想路线,全心全意为人民服务的根本宗旨,自力更生、艰苦奋斗的创业精神,是延安精神的主要内容。"他强调:"延安精神,体现了我们党马克思主义政党的性质,体现了我们党与时俱进的思想风范,体现了我们党与人民同呼吸、共命运的优良作风,体现了中国共产党人一往无前的奋斗精神。"2006年春节,胡锦涛在延安慰问和考察时强调:"延安精神是我们党的性质和宗旨的集中体现,是我们党的优良传统和作风的集中体现,是中国共产党人崇高品德和伟大情怀的集中体现。"这些论述,是对延安精神的内涵、本质和精髓最权威、最有力的阐释。

改革开放之初,邓小平同志曾反复强调,"我们一定要宣传、恢复和发扬延安精神"。进入新世纪之际,江泽民又强调:"无论过去、现在和将来,延安精神都不能丢。全党同志一定要结合新的实际,大力弘扬延安精神,使延安精神成为我们党在新世纪团结和带领人民,不断开创有中国特色社会主义事业新局面的强大精神动力,使延安精神永放光芒。"胡锦涛2006年和2008年在延安考察时都指出:"在全面建设小康社会的伟大进程中,我们要把延安精神作为凝聚人心、团结奋进的强大动力,作为战胜困难、夺取胜利的重要法宝,让延安精神放射出新的时代光芒。"今天,在改革开放进入40年的历史阶段,我们党在实践中对延安精神不断加以继承和发展,形成了具有中国特色的改革开放精神,如艰苦创业的奋斗精神、与时俱进的创新精神、解放思想的开放精神等。这些精神引领着全党和全体人民朝着社会主义现代化的宏伟蓝图不断迈步前进。

二、改革开放是一个漫长而曲折的过程,不可能立竿见影,一蹴而就。目前,我国的改革开放已走过了40年,未来的改革开放之路仍是曲折而漫长的,仍面临很多艰难险阻,对此我们必须有清醒的认识和充分的准备。这就要求我们必须发扬延安精神、自力更生、艰苦奋斗、敢于斗争、开拓创新,不论遇到多大的困难和挫折,都要坚定信念、勇往直前,向着富强、民主、文明的社会主义现代化目标奋勇前进。今天,改革开放才走过了40年,要想在较短的时间之内,赶上一些先进发达国家的水平,不经过艰苦奋斗、开拓创新是不可能实现的。正如邓小平同志指出的:"中国搞四个现代化,我们穷,底子薄,经济、教育、科技、文化都比较落后,这就决定了我们还要有一个艰苦奋斗的过程。中国这样的社会主义大国,不可能走捷径。"延安精神中的艰苦奋斗是凝聚党心民心、激励全党和全体人民为实现国家富强、民族振兴而共同奋斗的强大精神力量。延安时期,我们党就是靠着这种精神力量和革命精神,不畏强敌,自力更生,配合一整套科学的战略战术和一系列正确的方针政策,最终取得了抗日战争的伟大胜利。

三、改革是一场革命,是要打破不合时宜的旧枷锁、旧思想的束缚,是要在坚持社会主义制度的前提下,摒弃与生产力不相适应的生产方式和思维方式,进一步解放和发展生产力,促进经济社会的发展,提高人们的生活水平,使社会主义制度的优越性更充分地表现出来。回顾党的历史,我们也有过深刻的教训。不顾中国的具体国情,盲目地照抄照搬马列主义的条条框框,照抄照搬别国的经验、道路和模式的教条主义使党的事业遭受了很大的挫折。改革开放是一项复杂而系统的工程，实施这一工程，必须从我国的国情出发，采取实事求是的科学态度，解放思想，与时俱进，积极吸取人类先进的文明成果，借鉴和吸收国外一切有利于中国发展的先进经验，加强同世界各国的合作与交流。实施这一工程，既不能从主观愿望出发，操之过急，感情用事；也不能思想保守，畏缩不前。这就要求我们发扬延安精神，用解放思想，实事求是、与时俱进的态度和方法对待改革开放。延安时期，正是由于我们党坚持一切从实际出发，坚持理论与实际的紧密结合，用科学严谨的态度和求真务实的精神进行革命，才创立了符合中国实际的革命理论，总结了正确的抗战形势，制定了符合中国革命的路线方针，指引着边区和广大根据地的各项工作不断取得新的胜利。

四、改革开放过程中，个人利益与国家利益的碰撞，不可避免的会产生官僚主义、形式主义，滋生消极腐败，如果不认真纠正和克服官僚主义、形式主义，不严肃惩处消极腐败，不有效制止渐行渐远、脱离群众的问题，改革开放的宏伟蓝图就只能是水中花、镜中月。这就要求我们发扬延安精神，坚持批评与自我批评，不存私心，不贪私欲；面对辉煌成就和工作业绩，保持清醒头脑，谦虚谨慎，不断从"零"开始；面对权力、金钱、美色的诱惑，注意防微杜渐，接受群众监督，自觉防腐拒变；面对经济状况和生活条件的改善，厉行勤俭节约，反对贪图享受，杜绝奢侈浪费。若不如此，我们的改革开放之路将举步维艰。批评与自我批评的优良作风是延安精神的重要内容，正是因为延安时期我们党坚持了这一优良作风，才能够少犯错误、科学决策、凝聚人心、实现和谐、取得革命的最后胜利。

五、改革开放成果的受益者是广大人民群众，要想把改革开放的伟大成果惠及全体人民，就必须发扬延安精神，全心全意为人民服务，真心实意为人民谋利益。延安时期，我们的党和军队，始终把全心全意为人民服务作为革命事业的唯一宗旨，作为自己全部工作的唯一出发点和归宿，为了人民的利益，心甘情愿地抛洒汗水和鲜血，从而赢得了人民的支持和拥戴。得人心者得天下，正是得到了人民的支持，我们党才取得了中国革命的伟大胜利。今天，在改革开放不断深入的进程中，只有继续把实现人民的根本利益作为出发点和落脚点，坚持立党为公、执政为民，才能在经济社会全面发展的基础上，使人民群众不断获得切实的经济、政治、社会、文化利益，过上富裕、民主、文明、和谐的生活。在改革更加深化与社会利益关系更加复杂、利益矛盾更加突出的情况下，要努力调节好改革过程中突出的利益关系、利益矛盾，使改革开放发展成果真正由全体人民共享。

如今，改革开放已走过了40年的风雨历程，如果没有延安精神的奠基，就不会有改革开放40年的累累硕果；如果没有改革开放的伟业，也无法证明延安精神的历史意义和时代价值。改革开放40年的丰硕成果已全面检验了延安精神的深厚根基，全面鉴定了延安精神的科学价值，全面展示了延安精神的时代风貌。

在改革开放进入21世纪的今天，国家情况已与延安时期大不相同，但延安精神并没有过时，而是更加被改革形势所需要。因此，要将延安精神同新的历史任务和时代精神结合起来，使之随着时代的发展而发展。正如胡锦涛总书记强调过的，"延安精神是我们党的优良传统和宝贵财富，过去是，今天仍然是我们战胜困难、取得胜利的法宝"。延安精神不仅属于历史，而且属于现在和未来。我们相信，同时代精神和改革开放结合起来的延安精神，将激励中华民族实现伟大的振兴！

改革开放是决定当代中国命运的关键抉择

高 霞

（甘肃行政学院经济学教研部）

甘肃的改革开放是当代中国经济发展的重要一端，是底线的确立端，更是决定中国命运的关键抉择，不容忽视，不能小觑。改革开放是中华民族崛起的又一个出发点。习仲勋同志在中国改革开放伊始做了大量艰苦细致的工作，在工作中体现了正确的领导策略，一方面在实践上指导甘肃的改革开放，为提升甘肃的综合经济发展水平做出了重要贡献，另一方面在理论上为完善中国社会主义理论的丰富和发展提供了必要有益的实现依据和理论素材。

"延安精神"是自力更生、艰苦奋斗的精神。当时的延安交通闭塞，经济落后。面对国民党的封锁，毛泽东同志号召根据地军民自己动手，丰衣足食，开展了大生产运动。

毛泽东早在《关于正确处理人民内部矛盾的问题》中就指出："要使全体干部和全体人民经常想到中国是一个社会主义大国，但又是一个经济落后的穷国，这是一个很大的矛盾。要使中国富强起来，需要几十年艰苦奋斗的时间，其中包括执行厉行节约、反对浪费这样一个勤俭建国的方针。"

一、延安精神的经济学思考

1. 从经济学上讲还是节约成本的核心问题。

2. 从短期变化，公众看见的是事件；而中期变化，公众就能看到的是趋势；40年就是长期变化，我们势必就看到了结构。所以说中美之间实际上是持久战。"一带一路"是这个持久战的代名词。"一带一路"不是扩张的区域化过程，也不是贸易的全球化，更不是人民币的全球化。"一带一路"是针对美国只能传递危机与混乱和风险的自力更生的解决方案，是延安时期的经验的延续，是丝绸之路的延续，是对安全的人心所向。

二、延安精神的经济学指导方向

1. 把可利用的时间都利用起来。习仲勋同志当年积极开展冬学运动，以提高群众的文化素质和阶级觉悟，将群众的土改热情引到正确的轨道上去。

2. "千百事件整天发生在人民中，最适当的解决方法也就在人民中，只有通过人民才会解决得最快最正确。"这个是节约了巨大的机会成本的方法。

3. 科学的分类的方法是"老解放区、半老解放区、新解放区"不同的分类不同的"土地法内容，具体的步骤都有所不同"。"农会和贫农用的组织形式应有所不同。"

4. 积极调动群众的热情，放手发动群众展开广泛的群众运动。善于总结历史经验，又善于在斗争中学习，把高度的革命热情和踏踏实实的工作作风结合起来，就能够从胜利走向胜利。

5. 工作中要树立一种踏实朴素的领导作风，在实际工作中发现和解决问题。

6. 最早期的容错纠错是在土改工作中按照党的政策有原则地保护干部。

7. 对于政府机关内部的统战工作也要重视起来。习仲勋同志提出了在政府机关中怎样认识共产党员干部与非党员干部的关系这一命题。正确的做法是共产党员干部要和非党员干部团结好，采取说服方法，帮助人家做好工作和不断进步。

8. 习仲勋认为统战工作要搞"有大同，存小异"，这样才体现了我们共产党人的原则性和灵活性。有原则的区分统战对象中的上层人士，对于有代表性而又合作的人要保护且不算旧账。

9. 针对性要强，对象是几层干部和农民群众，因而很注意通俗化使用边区群众喜闻乐见的民间语言和民间文艺形式，使得识字不多的人能看懂，不识字的人听人念能听懂。

10. 媒体要把凡是群众的真实的东西哪怕是一点一滴的新的创造，报道出来、总结出来。这样的通讯和报道具有现实的指导性。"写文章也要提倡对群众负责的作风"，写文章要估计到对群众的影响作用，力求要写得比较成熟。

11. 习仲勋细致入微地注意到要用群众那些富有智慧的生动的语言来写群众的东西，用群众的语言来办群众的报纸，那将会受到群众的欢迎。

12. 弘扬红色自信，需要把四个自信中的有关于红色自信的部分总结出来，彰显红色的魅力与魄力。

13. 结合学习延安精神把"敬业""精业""净业"综合运用。

三、结合好 40 年的改革开放经验和延安精神

1. 季羡林先生曾经说过："世界历史悠久、地域广阔、自成体系、影响深远的文化体系只有四个：中国、印度、希腊、伊斯兰。而这四个文化体系交汇的地方只有一个，这个就是中国的敦煌。"

2. 以兰州为圆心，以 90 毫米为半径，拿 1：2600 万的中国地图画圆，兰州是中国的路都心脏。这也意味着甘肃的省会兰州是中国经济的最大成本点，如果画一个立体的梭子形就会展现出最大和最小两个值。

3. 美国的霸权地位有最高的权利时机就有跌落的最低谷的散架之时。客观的规律不容忽视。只是美国没有正视，同时也用错了方法、找错了敌人。

4. 改革开放解决了社会主义发展中的问题。社会怎么才能发展？答案是：改革开放。改革开放是发展经济的制度和基本国策。另一个方面，改革开放体现了科学发展观。改革开放不仅是时代的选择，也是我国人民群众的科学选择，更是社会发展规律的体现。

5. 改革开放是提高中国国际地位和增强中国国际竞争力的"重器"，同国际发展密不可分。中国的发展必须融入世界，同时也离不开世界。中国要积极与国际接轨，利用各种经济杠杆和正当经济手段，利用包括巧实力在内的各种能力，获得发展中国特色社会主义的全球财富和经济动力。

6. 改革开放是践行社会主义核心价值观的重要实践。社会主义核心价值观从国家层面（富强、民主、文明、和谐）、社会层面（自由、平等、公正、法治）、个人层面（爱国、敬业、诚信、友善）等三个层面来勾勒中国特色社会主义蓝图。十八届三中全会确定把深化改革全方位、立体式地展开。富强、民主、文明、和谐是基于国家层面提出的社会主义核心价值目标要求。在实践或实现这一目标要求的过程中，改革开放起到了极其重要的作用，因此，改革开放在中国的现代化历史进程中，其巨大创造力价值摧枯拉朽，重要的

历史地位无可替代。

改革开放走过40年，中国特色社会主义进入新时代，"将改革进行到底"凝聚起社会共识、激励着奋斗精神，成为新时代的主旋律、最强音。40年风雷激荡，40年岁月峥嵘，是改革开放让中国的发展成为"我们这个时代最激动人心的事件"。这是改天换地的事业，这是前无古人的道路，共和国这辉煌的40年必将载入史册。改革进入深水区，每往前一步都不容易。改革开放是当代中国发展进步的必由之路，是实现中国梦的必由之路。迈上新征程，以逢山开路、遇水架桥的闯劲，以滴水穿石、绳锯木断的韧劲，征服前行路上的"娄山关""腊子口"，激荡百年的民族复兴梦想，必将在改革开放的进程中一步步实现，中华民族必将以更加昂扬的姿态屹立于世界民族之林。

改革开放40年来甘肃生态文明建设的基本经验

宫长瑞 汤婉丽

(兰州大学马克思主义学院)

2018年，中国迎来了改革开放的重要历史节点。40年来，甘肃省生态文明建设也取得了显著成就，逐渐由"三分山、三分沙、两分草、一分田、一分林"的生态环境脆弱面貌向山川秀美、绿色甘肃转变。特别是党的十八大以来，在以习近平同志为核心的党中央智慧领导下，甘肃省积极推进生态文明建设，涵盖山水林田湖草生命体系，多方利用资源和途径，走出了一条符合甘肃实际，带动甘肃发展的生态发展道路，为西北生态脆弱地区提供了宝贵的甘肃经验和甘肃智慧。

一、直面生态瓶颈，坚定治理信念

生态环境是人类生存和发展的基础，生态环境影响着地区的发展。众所周知，甘肃生态环境脆弱，这既有自然原因又有结构原因和工作原因。具体说来，甘肃地貌复杂、气候恶劣、植被稀疏、沙尘暴、泥石流等自然灾害不断，这种恶劣的自然条件是造成其环境质量低下的主要原因。新中国成立后，为了改变甘肃经济发展落后的局面，根据当时国家发展战略和甘肃实际储备情况，国家集中了大量投资在甘肃建设了一大批以能源、原材料、石油化工为基础的重工业企业；当时主抓经济建设，忽视了环境保护，使得城市、农村和工矿区都造成了不同程度的污染。再者由于当时工作人员管理不善、认识不足等因素，造成了严重的环境污染。在很长一段时间，甘肃生态环境污染严重、草场退化严重，严重影响了人民的生活水平。

面对严峻的生态问题，甘肃直面瓶颈、迎难而上，抱着坚定为人民提供美好生态环境的治理信念，做出了益于生态环境改善的有效之举。改善生态环境不仅在于修复更在于保护，设立自然保护区是明智之举。截至2017年年末，甘肃省自然保护区达到60个，其中国家级自然保护区21个，共有国家地质公园11个，省级地质遗迹保护区3个。不仅如此，甘肃还加强甘南黄河重要水源补给生态功能区保护与建设，重点治理石羊河流域，加强天然林保护。2017年，甘肃省空气质量优良天数比率为85.3%，比2016年提高0.6%。省内监测的14个城市中，城市区域环境评价好的城市有3个，评价较好的有7个。山青、天蓝、水绿的甘肃逐渐显现在人民的生活中，人民的生活满意感逐渐提升。

二、拒绝利益诱惑，规范生态制度

生态兴则文明兴，生态衰则文明衰。祁连山生态环境问题是甘肃生态文明建设的重点，面对祁连山自然保护区生态环境破坏问题，面对中央环保督察反馈、环保部约谈、中办国办通报和央视媒体报道发现的问题，甘肃肃南县牢固树立"绿水青山就是金山银山"的理念，以猛药去疴、壮士断腕的决心和勇气，坚决整治祁连山生态环境突出问题，如今昔日的煤矿变成了草场，被破坏的植被逐渐被云杉代替，昔日的砂石料场变成了育苗基地。

习近平总书记强调，"用最严格的制度、最严密的法治保护生态环境"。祁连山生态环境的改善，生态环境整治长效监管机制是重要保障，肃南县健全环境保护网络化监管机制，构建其横向到边、纵向到底的环境监管体系，真正做到了像保护眼睛一样保护生态环境。在实施山水林田湖草修复工程时重视生态治理与生态移民搬迁相结合，思虑周全，以明智的理论劝说和理论讲解，提高人民的生态环境保护意识，提高其企业遵守环境保护法律法规的意识；从而使人民不会为了眼前的小利而破坏生态环境，使一切行为都在规制之中，使生态环境保护在日常生产生活中得到逐步改善，使生态治理润化于日常、藏匿于心中、转化为行为，真正做到心中有制度，行为有规范。

三、抓住生态优势，发展绿色产业

改革开放40年，甘肃正在摸索出一条符合生态保护与经济发展的双赢之路。以往甘肃人民通过砍伐树木以扩大种植面积，现在通过退耕种树，也能发财致富。改革开放的春风，吹绿了甘肃大地，吹来了绿色甘肃。"六老汉的头白了，八步沙的树绿了"清晰地描绘了甘肃先辈为子孙后代创造的生态环境。经过两代人的艰辛努力，完成治沙造林7.5亩，使10万多亩农田得到保护，不毛之地的八步沙焕发了生机。不仅如此，自1978年大规模"三北"防护林体系工程启动后，40年来，甘肃"三北"工程区森林覆盖率由4.03%提升到11.33%，累计治理水土流失面积4386.6万亩，全省黄河流域泥沙减少量降低，荒漠化沙漠化都呈减少趋势。

正是抓住了国家西部大开发、退耕还林和努力减少山川秀美的新西部的重大战略举措，才使得甘肃发展绿色产业成为现实。首先，甘肃以生态环境治理为契机，实现对能源、资源有序开发和合理利用，加快生态技术研发，以促进能源资源达到最大化利用，从根源上节约能源资源利用。其次，甘肃以生态修复为契机，结合当前精准扶贫，逐步实现生态修复与精准扶贫相结合，重点实施退耕还林还草、天然林保护、特色林果产业、生态护林员等重点生态工程项目，以促进人们的生态意识得到增强，生活水平得到提高。

四、实现多元参与，共治生态环境

生态文明建设不仅需要发挥国家的作用，更需要发挥地区党委和政府、社会组织、公民的作用。十九大报告指出"构建政府为主导、企业为主体、社会组织和公众共同参与的环境治理体系"，这明确了政府是生态文明建设的主导者、管理者和责任主体，企业是生态文明建设的基本行动主体，社会组织是生态文明建设的协调者、参与者和监督者，公民是生态文明建设的践行者、推动者。40年来甘肃在生态环境治理过程中，坚持党政同责，制定合理的生态文明治理制度和规定，通过向社会购买公共服务的方式，引导企业为生态文明建设提供公益服务，也引导社会组织参与生态治理过程，并使公民自觉成为生态文明建设的践行者和推动者。

改革开放40年来，甘肃生态环境治理效果明显。从自然生态角度看，森林覆盖率提高，退耕还林效果显著，荒漠化、沙漠化都趋向减少，空气质量明显提高。从人民的生活环境看，宜居环境范围扩大，人民生活满意度提高。从生产环境看，生态技术逐渐应用于生产领域，能源资源利用率逐渐提高，替代性资源也抓紧被生产出来等。这一切成就和人民的直观感受，源自人民自身参与生态建设之中，源自党政部门遵循敬畏自然、尊重自然、保护自然、利用自然的生态理念,源于人们对人与自然和谐共处理念的认同和信服。

  总之,改革开放40年来,中国生态文明建设取得了伟大的成就,形成了"中国样本",作为中国西部大开发的一员,甘肃在生态文明建设方面也取得了显著的成就,形成了"甘肃样本",这对西部地区治理雾霾、荒漠化、沙漠化以及水资源等都具有重要借鉴意义。

从二墩村的变迁谈延安精神与改革开放

金支平

（甘肃省酒泉市敦煌市敦煌中学）

阳关镇二墩村是敦煌市最偏远的村子，也是敦煌市改革开放以来，发扬延安精神由全市最贫穷落后的老大难村子，一跃成为全市最富裕的创造奇迹的村子。改革开放40年二墩村翻天覆地的变化，是把延安精神作为传家宝和压舱石牢牢坚守的结果，是把延安精神作为脱贫攻坚强大精神动力的结果。

一、自力更生艰苦奋斗的延安精神激励二墩人开启探索之路

二墩村是敦煌市阳关镇（原南湖乡）的一个行政村，过去被四面沙漠戈壁包围，周围荒无人烟，地处偏远，干旱少雨，生存条件极其恶劣。"看见大架杆，两眼泪不干，南望古阳关，路途多艰难，西望玉门关，处处是荒滩"。大架杆是二墩村和阳关镇之间的一个航标标志，过去二墩人赶着毛驴车从南湖乡出发，穿越戈壁沙漠走四五个小时才走到大架杆，再走三四个小时才能走到二墩村。这些歌谣正是40多年前二墩村的真实写照。当时二墩村有"两多三难"：风沙多，光棍多；吃水难，进城难，娶媳妇难。这里由于滴水贵如油，风卷砂石走，太过偏僻与闭塞，走一趟南湖乡就要走五六十里路，更别说到100多公里以外的敦煌市区了，全村二十几户人家，100多号人，几乎过着与世隔绝的日子。不仅外地人弃之如敝履，连本地人也纷纷逃离。

十一届三中全会的"春风吹度玉门关"，也吹到了偏远的二墩村。贫穷而有志气的二墩人迈开了改革开放的步伐，开始了强村富村的探索之路。

村领导望着穷怕了的村民，鼓励大家说，当年延安人发扬自力更生艰苦奋斗的精神，把处处是荒滩的南泥湾变成了陕北的好江南，我们也能行，并提出了"水源足，修好渠；风沙治，多栽树；要想富，修公路"的初步发展

规划。

当时二墩村唯一的水源，是通过60多里长的沙渠从南湖乡引来的，因沙渠时常冲垮造成人蓄饮水和灌溉用水时常中断。村委会通过争取国家拨款、村民出工出力的方式，用几年时间，用不怕苦不怕累的延安精神，修通一条水泥砖铺设、加盖防风沙的水渠，保证了供水的畅通。

有了水栽树就有保证了，村子边沿外围栽植了红柳胡杨，地边栽植了白杨新疆杨，一排排的树木茁壮成长，如哨兵守护着庄稼，守护着家园。

要把种下的东西卖出去，必须修公路。二墩人修路也经历了艰难曲折的过程，几代人付出了几十年的血汗和辛酸。先是自己出工出力，自采砂石，用驴车拉、铁锨铲、杵子夯、驴拉滚子碾的办法，从二墩村修了一条通到阳关镇的砂石路。以后又争取国家扶持，多方筹资，修成了一条简易泊油路。这几年，二墩人有钱了，国家支持力度也大了，一条条高标准的景观大道，以二墩为中心，连接了古阳关，到达了玉门关，连接了敦煌市莫高窟，通向了二墩村改革开放的富裕之路。

二、实事求是敢于创新的延安精神启迪二墩人找准发展目标

多年以来，二墩村主要种植经济效益低下的小麦、胡萝卜、黑籽瓜等农作物，但因为交通不便，很难变成钱。不甘受穷的二墩人走出了二墩，开始尝试转变产业结构，让土地生金。他们心怀实事求是虚心学习的延安精神，先后多次赴新疆哈密、吐鲁番、鄯善等地考察葡萄产业，回来后大胆实验种植。实验证明，二墩村特有的沙质土和充沛的光照，非常适合发展葡萄产业。在这些不拘窠臼、敢于创新的示范户的带动下，葡萄开始在二墩村生根发芽，同时向南湖乡开花结果，延安精神再次焕发勃勃生机。

三、为人民服务的延安精神引领二墩人踏上富裕之路

二墩村的葡萄种出来了，但由于缺乏管理经验和知名度，曾出现过颗粒小、商品性差和销路不畅等问题。为了解决这些问题，二墩村的领导干部丢下自家的活计，再次出门取经探索出路。先是到新疆考察学习了葡萄膨大技术以解决葡萄颗粒小问题，接着为葡萄销路找市场，成功招引了北京、四川、湖北、河南、广州等一批水果商来二墩收购葡萄。正是领导干部心里装着农户，

有全心全意为人民服务的思想,才解决了葡萄的品质和销路问题,消除了大家的后顾之忧,调动了广大农户的种植积极性,使生产力得到了空前的提高。家家积极行动,户户合理栽种,二墩大地处处架材林立,处处葡萄满园,"千亩葡萄基地"已初具规模。葡萄的品种也逐渐由单一晚熟的"无核白"发展成为早、中、晚搭配,色、香、味俱全的良性生产模式。既有早熟的乍娜、里扎马特,也有乒乓球大小的红提,还有甜水四溢的马奶子。在敦煌市连续举办的"葡萄节""文化博览会"上,二墩葡萄做为首选打出了自己的品牌。

葡萄成熟了,家家富裕了,万元户不值一提,十万元户比比皆是,有的还是百万元户,二墩人民心中满满的都是幸福感,打心里感激延安精神哺育下的为人民服务的好干部。

四、奋发进取不断开拓的延安精神启示二墩人走向新的征程

十八大、十九大的相继召开,为二墩人注入了新的活力,开拓进取的延安精神再次引领二墩人走向新时代。二墩人已不再满足于单一的葡萄种植业了,他们尝试多种经营,有的开始建恒温库,有的当经纪人,有的建榨汁厂,有的建巧克力葡萄干厂,还有的自己当老板搞长途运输,还有些眼光超前的搞起了吃、住、行、游、娱、购"一条龙"的旅游服务农家园。

富起来的二墩人,开始追求高质量的生活。大多数人家已经在村里盖起了二层小洋楼,上下工开着私家车,在敦煌市区买了商品房,过起了城里人的日子;有的还在西安、海南、杭州等大城市安了家,享受起大都市的生活。二墩的老年人组团到全国各地旅游,有的在海南过暖冬,有的还出了国。二墩的年轻人脑子就是活,不出门就在手机电商平台上卖出了葡萄,引来了旅游客商。

现在已经发展到100多户、近1000人、4000多亩葡萄的二墩村,有"三多":房子多,车子多,客商多。走出二墩村的千亩葡萄示范基地,迈步平整宽敞焕然一新的二墩村街,处处震撼,处处自豪:一排排二层小洋楼拔地而起,一辆辆私家车往来穿梭,一群群来旅游的红男女探奇访珍。街道整齐,门面划一,青瓦白墙上贴上了汉唐风格的浮雕,家家门前的渠沟沿栽上了仿古的围栏,渠里满是姹紫嫣红的各色花草,屋后庭院标准划一,笔直的后院墙下是笔直的柏油车道,道路前后贯通,通向景观大道,通向田间地头,通向改革开放的富裕之路。

二墩村40年的发展史书写了由最穷村到最富村的神话，书写了改革开放40年创造的奇迹，书写了延安精神在偏远的小村依然闪耀着不朽的光芒。豪情满怀的二墩人高举着延安精神和改革开放的伟大旗帜，在社会主义的康庄大道上奋勇前进，迈向更加美好的明天！

延安精神内涵与改革开放实践

——建设中国特色社会主义法治的维度

李道刚

(甘肃省延安精神研究会)

一、引言

马克思主义是实践的科学,是从实践到认识,再从认识到实践,依次无穷往复的正反合。延安精神作为马克思主义中国化的一项重要思想创新,是既兴起于新民主主义革命时期,又逐步完善于社会主义建设早期的丰硕成果,同时也贯穿于整个改革开放实践的进程中。

本文仅从中国法治沿革的历程、法治建设的阶段性目标,以及对法治未来的展望三个方面,结合延安精神的重要内涵,谈谈个人的粗浅认识,敬请领导和专家批评指正。

二、经济转型中兴起的法制

(一)实事求是与经济转型

党的十一届三中全会提出,恢复和建立社会主义民主与法制。邓小平依据董必武、马锡五等革命法制元勋在延安时期及建国前三十年的实践经验,总结提出了法制十六字方针。要在大幅度提高社会生产力的同时,改革和完善社会主义的经济制度和政治制度,发展高度的社会主义民主和完备的社会主义法制,历史经验证明,必须加强法制,做到有法可依,有法必依,执法必严,违法必究。民主要法制化,法治要保障民主。社会主义民主是民主化和法制化的统一。用邓小平的话说:"还是要靠法制,搞法制靠得住些。"

十年"文革"之后，全社会开始了对建国以来社会主义道路的不断反思，以及对革命政治的深刻反省。这一不再是政治运动，但就其效果而言却又胜似政治运动的思潮从官方和民间两个层面上展开。改革开放的政治环境与社会经济条件，也适合延安精神进一步发扬光大。

法治建设的快速发展，更离不开政治环境和社会经济条件的土壤。中国共产党总结历史经验，做出把国家工作重心转移到社会主义现代化建设上来的重大决策，实行改革开放，并明确了一定要靠法律治理国家的原则。在发展社会主义民主、健全社会主义法制的基本方针指引下，一系列重要立法迅速完成，开始实现有法可依。特别是政治思想上的转变，体制建设方向和目标的确立，给之后的实践提供了良好的国家生活环境。

而从革命运动到经济建设性质上的转变和从政治统治到法律治理工具上的更替，无疑是一种实事求是的思想方法运用的结果。

（二）党的领导与政治方向

众所周知，延安精神首要的一条就是，坚定正确的政治方向。延安精神产生于指令性与计划性的战争年代，初步完善于建国后的五十年代。而四十年前，随着党的工作重心转向经济建设，我国由指令计划经济时代，逐步进入有计划的商品经济时代；九十年代初又向社会主义市场经济转轨。两次转型均只是经济运行方式的调整与变革，而人民民主专政条件下，社会主义根本制度并没有任何改变。我们仍然坚持的是社会主义经济制度，仍以公有制为主体，它的任务是解放生产力，发展生产力，目的是消灭剥削，消灭两极分化，达到共同富裕。

中国特色社会主义市场经济的性质是由社会主义制度，由经济发展的总目标所决定的。也就是说，党的工作重心、工作内容调整了，但工作性质没有改变，坚定正确的政治大方向更没有，也不允许有任何改变。

历史经验无数次证明，只有坚持党的领导，才能始终把握正确的政治方向。党的十八大四中全会和十九大提出全面依法治国，此为中国特色社会主义的本质要求和重要保障。我们必须把党的领导贯彻落实到依法治国全过程和各个方面。党的中央纪律检查委员会，近几年来反腐打黑，全国人民有目共睹。

要确保党的领导，关键是要加强党的建设。其中党的组织建设的完善尤为紧要。完善组织建设要靠强化党的原则和党的纪律，要用党章党法严格要求党员与党的干部。而这正是广义的法治。全世界没有一个政党不强调党的组织原则与党的政治纪律。毛泽东主席在延安时期写作完成的《共产党人（发刊词）》中首度提出三大法宝。之后他又对新民主主义革命的这条基本经验作了集中概括：一个有纪律的，有马克思列宁主义的理论武装的，采取自我批评方法的，联系人民群众的党。一个由这样的党领导的军队。一个由这样的党领导的各革命阶级各革命派别的统一战线。这三件是我们战胜敌人的主要武器。

延安时期我们党紧握枪杆子，最后在全国夺取了革命的胜利，我们坚信，在新时期党一定也会紧握刀把子，以保证中国特色社会主义建设宏伟蓝图的实现。

三、法治建设进程中的延安精神

（一）历史沿革与时代特征

改革和开放是既有联系又相区别的两个环节，是治国理政的两个方面。现在一般认为，改革开放分两个大的时期，即邓小平理论、三个代表、科学发展观时期及习近平建设中国特色社会主义思想实践的新时期。前一个时代成果卓著，后一个时代方兴未艾。

依个人总结，上述法治建设的两个时期，按改革开放既定目标，分四个阶段向前发展。

1.1978—1990年邓小平阶段

重点：有法可依

内容：分析研究政治与法制的关系问题。政治上坚持人民民主专政，国家管理方面，逐步增加人民民主法制因素。

2.1990—2002年江泽民阶段

重点：有法必依

内容：党的十五大提出以法治国和以德治国。分析研究法治与德治的关系问题。建立现代法治国家。

3.2002—2012年胡锦涛阶段

重点：执法必严

内容：分析研究法治的普遍性与地域的特殊性问题。一切从人民群众的利益出发，以人为本，营造和谐社会。科学发展。

4.2012—2018年习近平时代

重点：违法必究

内容：不忘初心、从严治党、身体力行、群众路线、执政为民、司法的实质正义。这里突出体现的延安精神有：全心全意地为人民服务，构建中国特色的民主政治；自力更生、艰苦奋斗，道路自信、理论自信、制度自信、文化自信。

（二）自力更生与制度创新

如同建国前三十年，改革开放也有一个艰难曲折的探索过程，所面临的问题前所未有。并且，在马克思主义的经典著作中，亦找不到现成的答案。这就亟待自力更生与制度创新。习总书记做出了光辉典范，继毛主席三个世界划分的国际关系理论，提出"一带一路"的宏伟构想。

新中国成立以来，在对外关系中我国一直奉行和平共处五项原则，以我为主、平等互利。人民通过自力更生，艰苦奋斗富强起来，正在走出国门。政策沟通，设施联通，贸易畅通，资金融通，民心相通，即是要从制度文化、物质文化和精神文化三方面，向"一带一路"沿线及终端各国全面开放，从而构建一个从东到西的贸易投资，努力实现具有实质公平正义的南南合作与南北合作的崭新的共同体。这既是四十年来改革开放的继续，又是改革开放的创新思维的成果。这是一种自力更生精神的体现，又是奉行积极主动的大国外交的新战略构想。

改革开放前，我们的自力更生主要是不依赖外援。延安时期，国民党封锁，我们有大生产；当今美国刁难，我们有"一带一路"的创新思维。中国在东亚事务上绝不跟着超级大国的指挥棒转；完成祖国统一大业，绝不作政治妥协和政治交易。这也是独立自主的充分体现。在金融政策和WTO贸易方面不退让，仍然通过自力更生艰苦奋斗，创新区域政治与经济秩序，以抗衡资本主义国家的所谓自由经济制度，避免成为超级大国的附庸。以独立姿态，主导"一带一路"建设。在相互尊重主权，平等互利的基础上，与周边及"一带一路"沿线国家实行五通。以经贸融通、人员交往、劳务互助等，实现互利互惠、和平共处。这不也正是自立自强和不断革新的延安精神的体现吗？

甘肃地处"一带一路"的黄金路段，是多民族杂居的地域。有着天时、地利、人和的优越条件。要努力学习、充分领会习主席、党中央的战略意图，发挥作为资源大省的优势,特别是延安精神发源地之一的优良传统,取长补短,因地制宜,争取为地区反恐事业和国际统一战线的建立做出更大贡献。

为了顺利实现跨地域和跨文化的民心相通,我个人不揣浅陋,冒昧提出一项原则建议:各种矛盾难以避免,或应尽量在国际习惯法规则的框架下寻求解决。具体推荐方式有:(1)思想文化方面的纷争从长计议;(2)意识形态方面的纷争低调处理;(3)核心利益方面的纷争则针锋相对。

四、余论

延安精神是一种集体主义精神。弘扬延安精神,就要首先客观地认识社会发展的基本矛盾。物质资料的生产方式,最终决定着社会生活、政治生活及法律制度。社会历史发展有其不依人的意志为转移的客观规律。另一方面,生产关系与上层建筑对生产力和经济基础,具有强大的反作用。延安精神正是在此意义上,作为宝贵的正能量推动和引领中国特色社会主义事业向前发展的。

人民是历史的创造者,是社会历史的主人。从事社会生产的主体是人民群众。党的十九大重申并强调的法治,是在所有制的性质不作根本变革的前提下,经济运行方式上的改变。市场经济即是法治经济,不仅对个人提出了更高的要求,更强调个人之于社会的义务。社会主义核心价值体系中的个人价值准则,即是最佳的图解——爱国、敬业、诚信、友善;既是从计划到市场一脉相承的要求,同时也是人的社会性的明证。延安精神作为一种集体精神,亦会随着时代的进步,在恪守其基本内涵的同时不断丰富自身。

社会总要变迁,延安精神永存!

改革开放以来甘肃党史研究的成就及其重大意义

李红霞

(中共甘肃省委党校)

从毛泽东到习近平党的主要领导人都高度重视党史研究和党史工作,他们都强调总结党的历史经验和教训是党制定路线、方针、政策的基础。习近平多次强调指出,党史工作是党的一项重要工作,而党史研究则是党史工作的中心和重点。"以史鉴今、资政育人",学习和研究党史国史是推进各项事业前进的必修课。甘肃党史的研究在中共党史研究中具有独特地位,加强甘肃党史研究,有利于充分发挥甘肃党史研究对甘肃省经济社会发展的推动作用,也是每一位党史研究者和党史爱好者的历史责任。

一、甘肃党史研究现状及独特地位

改革开放以来,甘肃党史研究体现出以下明显特点。从时间看,主要集中在建国以前的革命时期,建国以后到改革开放时期的内容还处在资料整理编撰阶段,改革开放以来的研究较少。从内容看,对党史资料征集多,专题研究少;内部研究多,外部交流和宣传少;对早期党史研究多,对建国后,特别是改革开放以来的党史研究少;专门研究机构成果多,社会组织参与少,社会影响力不大等。

甘肃党史研究在中国共产党党史研究上具有独特地位,这主要表现在以下四个方面:一是以南梁为中心的陕甘边革命根据地的研究,在中国革命从土地革命向抗日战争战略转变具有十分重要的地位;二是对甘肃红军的创建以及党中央和中央红军在甘肃的活动研究,有助于我们更好地理解和研究后来全国的政治形势变化;三是对西路军的研究,有助于我们了解当时复杂的国际国内形势以及西北地区的革命现状;四是对陇东抗日根据地的研究,为新中国成立后党的全面执政提供宝贵经验的研究。

二、甘肃地方党史研究成就显著

改革开放以来，随着甘肃党史研究机构的建立和完善，在中央对党史研究工作的重视和指导下，甘肃党史研究取得了显著成就。甘肃党史研究的重要机构是 1981 年 6 月成立的中共甘肃省委党史资料征集委员会，1983 年 11 月更名为中共甘肃省委党史资料征集研究委员会，1994 年 12 月更名为中共甘肃省委党史研究室，之后各市（州）、县也建立了各自的党史研究机构。除此之外，还有如南梁革命历史文化研究会、甘肃省延安精神研究会等组织，开始了地方党史的研究宣传工作。

一是研究人员专业化程度不断提升，范围不断扩大。近年来，由于从中央到地方各级部门对党史的高度重视，甘肃省党史研究人员通过不断地学习党史知识和研究方法，使其专业化程度大大提高，同时，从高等院校、中央党校毕业的党史研究生也加入到党史研究队伍中。而党、政、军干部队伍中的党史爱好者、军地院校教研人员以及社会力量也纷纷加入到甘肃党史研究工作中来，进一步加强了甘肃党史研究的力量。二是研究成果颇丰。四十年来，在中共甘肃省委的领导和关怀下，甘肃党史研究成果无论是著作还是论文都有了突破性进展。著作有《中国共产党甘肃历史》第一卷、第二卷及《中国共产党甘肃大事记》《陕甘边革命根据地历史问题研究》《南梁精神与甘肃红色文化研究》等 40 多部党史著作和书籍；论文主要集中在延安精神、南梁精神和陕甘边区的有关研究方面。三是研究内容、领域不断扩大。改革开放初期的研究主要集中在建国以前党在甘肃的历史活动研究，特别是红军到甘肃后的党的历史研究，如 1991 年出版了《中共甘肃历史丰碑录》。21 世纪以来，从时间上逐步延伸到建国以后甘肃党史领域，从内容上也突出了地方党史的特点，如 2008 年出版了《甘肃省志·共产党志》上下两卷、2009 年以后出版了《中国共产党甘肃历史》第一卷和第二卷等。关于延安精神、南梁精神和西路军的研究工作也主要集中在 2000 年以后。四是研究方式方法不断创新，宣传功能不断加强。改革开放以来，甘肃党史研究的方式方法也发生了巨大变化。首先表现为由过去的资料搜集整理向材料的编撰研究过渡。从甘肃省委关于党史研究机构的命名和机构功能就可见一般。其次，从过去传统的人工搜集整理资料向借助于"互联网+"过渡，宣传方式也走向了多媒体化。如创办了甘肃党史网、举办甘肃青年讲党史活动；文献纪录片有《哈达铺》《红色记忆——红军老战士、抗战老兵口述历史》等；红色影视作品有《大会师》《血样年华》等。最后，借助甘肃各地党史纪念馆、红色革命遗址进一步研究甘肃红色文化，弘扬甘肃精神。

三、甘肃党史研究的重要意义

经过四十年的努力，甘肃党史研究取得了显著成效，对中国共产党历史研究和甘肃的党建工作、经济社会发展产生了重大影响，具有着重要意义。

地方党史是中国共产党历史的重要组成部分，地方党史的研究有助于中国共产党历史的研究，甘肃党史研究也不例外。但由于甘肃党史的内容在土地革命后期和抗战时期有重合之处，这使甘肃党史研究在中国共产党历史研究中具有独特地位。任何地方党组织都是党的路线方针政策的实践阵地，搜集整理地方党组织的活动资料，总结地方党组织活动的经验教训，对保持党的全面领导和长期执政具有重要作用。甘肃建国以来，特别是改革开放以来的党史研究，对西北地区的其他省份的党史研究、经济社会的发展都有着一定的借鉴意义。

甘肃党史研究对甘肃党的建设、经济社会的发展有着重要的现实指导意义。第一，甘肃党史研究有助于甘肃省党的建设。十八大以来，随着全面从严治党向纵深推进，为了更好地贯彻落实新时代党的建设总要求，加强党的全面领导和提升党的执政能力水平，完成新时代党的历史使命，作为全国贫困省的甘肃，任务更加艰巨。要想使甘肃省和全国其他省一起实现全面小康，就需要全省党员领导干部和每个普通党员，坚定理想信念，发扬党的优良作风，坚决遏制"四风"，补足共产党人精神上的"钙"。通过学习党史知识、观看党史展览、参观红色革命遗址、亲自体验走红军长征路，来感受革命先辈坚强的意志和伟大精神，加强和锻炼党员干部和普通党员的党性。

第二，通过对甘肃党的93年历史的研究，为甘肃经济社会发展提供可资借鉴的宝贵经验。通过对甘肃党史的研究，我们发现，首先，任何时候甘肃的经济社会发展都离不开党的领导。农民富不富关键看支部，成为甘肃奔小康的标配。其次，具有甘肃特色的"南梁精神""长征精神""红西路军革命精神"和张一悟、胡廷珍、王孝锡等共产党人前仆后继不惜牺牲的革命精神成为甘肃广大共产党员和人民群众的历史铭鉴和精神动力,为甘肃可持续发展凝聚了力量。再次,面对新时代,甘肃党史宣传教育工作利用融媒体,通过开办甘肃党史网、"甘肃党史"微信、"甘肃党史"微博、"红色陇原"甘肃手机频道,及时发布党史研究成果;抓住党史上的关键事件和时间点,多家联合举办各种形式的党史知识竞赛,取得了良好的社会效应,提高了国民的红色文化素质。最后,利用"互联网+"和红色革命遗址,推动甘肃红色旅游业的大力发展。据甘肃省委研究资料显示,甘肃全省共有红色革命遗址682处,其中全国爱国主义教育示范基地16个,省级爱国主义教育基地135个,省级党史教育基地43个。A级红色旅游景点11处,其中4A级景区4处,3A级景区5处。这些遍布全省各地市(州)县的红色资源既是甘肃党史研究的资料,也是将来甘肃经济社会发展的不竭资源。如何利用好这些资源,又将是甘肃党史下一步研究的主要课题。

总之,改革开放以来,甘肃党史研究成就显著,对甘肃全面贯彻落实习近平对甘肃提出的"八个着力"和为建设幸福美好新甘肃提供了宝贵的经验。

真理标准讨论在甘肃的重要历史意义

李荣珍

(甘肃省延安精神研究会副会长)

1978年5月11日,《光明日报》发表特约评论员文章《实践是检验真理的唯一标准》,由此在全党和全国开展了一场关于实践是检验真理的唯一标准问题的大讨论。从1979年5月开始,在全国范围内,重点在广大基层,又持续进行了真理标准问题讨论的补课。以1981年6月党的十一届六中全会作出的《关于建国以来党的若干历史问题的决议》为标志,真理标准问题讨论结束。为时三年之久的这场触及人们思想深处的大讨论,被誉为改革开放时期思想解放的起点,推动了全国性的马克思主义思想解放运动,为中国共产党重新确立马克思主义思想路线、政治路线和组织路线,做了重要的理论准备。真理标准大讨论在甘肃的开展,切实帮助全省广大干部群众打开了思想解放的大门,全面推动了甘肃改革开放事业的发展,并产生了重要的社会影响。因此,这场思想解放运动在甘肃具有重要的历史意义。

一、真理标准讨论恢复了党的实事求是的马克思主义路线,为甘肃的改革开放奠定了思想基础

文化大革命结束后,甘肃经济建设逐步好转。然而,在思想领域里,遇到的禁区和障碍很多。一方面,"文革"造成理论工作声誉下降,形而上学盛行,群众说:"搞理论工作的是骗子","辩证法是变化法"。另一方面,大量的理论是非问题亟待澄清。早在1977年11月中共中央即将召开宣传工作座谈会前,甘肃省委就指示宣传部对全省各地普遍反映的思想宣传方面的问题,进行梳理,并在会议上向中宣部提出"将重大理论问题列成较系统的专题,引导大家澄清这些问题的理论是非界限"的建议。因此,5月11日《光明日报》发表《实践是检验真理的唯一标准》一文，立即在甘肃引起反响。甘肃省委以非凡的胆略和勇气，在各省、市、自治区率先旗帜鲜明地支持和赞同"实践是检验真理的唯一标准"。甘肃省委领导敏锐地感觉到这是一场不同寻常思想运动的开始，在省委第一书记宋平提议下，甘肃省接连开了两个座谈会：6月25日，由中共甘肃省委召开甘肃省理论工作座谈会；6月27日，甘肃省委宣传部和《甘肃日报》在兰州联合召开"真理标准"座谈会。这两个会的主题，无一例外，主题都是真理标准讨论。宋平到会，针对当时思想理论战线的情况讲话。宋平指出，对于重大的理论问题，要敢于研究，在马列主义、毛泽东思想的基础上，敢于提出自己的见解；实践是检验真理的唯一标准，有些问题已经有了实践，有些问题还有待继续实践。搞社会科学研究，一定要坚持唯物主义，坚持真理，要在完整地、准确地理解马列主义和毛泽东思想体系上下功夫。宋平及会议其他与会人员都发言表示，要旗帜鲜明地支持实践是检验真理的唯一标准的观点。6月28日，《光明日报》对甘肃省委召开的理论工作座谈会做了重点报道。7月25日，《人民日报》刊登了宋平的文章《一切从实际出发，按客观规律办事》，文章明确指出，把理论运用于实践并由实践来检验，才能在实践中不断地把马列主义、毛泽东思想推向前进。应该说，甘肃召开的理论界座谈会和宋平代表甘肃省委的表态，在全国整个形势还没有明朗化的情况下，是最早的。这反映出"文革"结束后的甘肃对思想引领重要性的高度认识和迫切需要。甘肃省委在真理标准讨论中的行动和做法，也在省内外引起强烈反响，报刊杂志纷纷报道、转载，为全国和省内真理标准讨论起到了带头和推动作用。

甘肃省委率先表态支持真理标准讨论，积极有效地引导了全省大讨论的进行。省委第一书记宋平有关真理标准问题讨论的文章相继在6月28日的《光明日报》、7月25日和11月10日的《人民日报》上发表。同时，省委始终将真理标准讨论作为甘肃最重要的工作来抓，在每个阶段都给予了及时的指导。真理标准的讨论由点到面、由表及里、循序渐进、持之有效地深入进行。从最初的表态支持到组织文章大力宣传，从侧重理论到既重视理论又联系实际，从领导学习班到群众学习班，从解放思想到推进工作，真理标准讨论贯穿了每个阶段的始终，并在1978年、1979年掀起两个高潮。从而使真理标准讨论范围广，影响大，使党的实事求是、解放思想的思想路线深入人心。

通过真理标准讨论，澄清了理论方面的许多重大问题，恢复了党的实事求是的思想路线。"两个凡是"的禁锢被突破，"左"的错误被逐渐纠正。人们的思想大解放，敢于突破旧框框，敢于创新求发展，从而为甘肃的改革和各项事业的发展做好了思想准备，也提高了干部的理论素质和工作能力，激发了甘肃人民建设社会主义的热情和干劲。

二、真理标准讨论吹响了改革开放的冲锋号，甘肃开始步入改革开放的新里程

真理标准讨论，纠正了长期影响我们党的主观主义、教条主义的思想路线，从而使全党的认识统一到马克思主义思想路线上来。正是由于马克思主义思想路线在党内的重新确立，党开始认真审视和总结以往的经验教训，把党的工作重点从"以阶级斗争为纲"转到以经济建设为中心上来，并做出改革开放这一改变当代中国命运的重大决策。在真理标准讨论澄清思想的基础上，党的十一届三中全会于1978年12月召开。全会确立了解放思想、实事求是的指导思想，实现了思想路线的拨乱反正。做出了实行改革开放的新决策，及时地、果断地把党和国家的工作着重点转移到社会主义现代化建设上来，实现了党的历史上具有深远意义的伟大转折。

在甘肃，真理标准讨论将理论与实践相结合，以解放思想、解决实际问题为目的，为实现全省工作重点的转移奠定了思想基础，推动了甘肃各项工作向前发展，特别是对推动农村经济体制的改革起到了极其重要的作用。

真理标准讨论有效解决了改革开放初期遇到的一些问题。各地各单位普遍抓住影响干部群众思想的一些关键问题，搞好调查研究，加以解决。如社队规模、联产责任制、按劳分配、多种经营、家庭副业、自留地、集市贸易等问题，就是在思想认识逐渐明确的基础上逐步加以解决的。根据中央制定的"调整、改革、整顿、提高"的八字方针，甘肃农、轻、重的比例有了合理改变。甘肃最早出现包产到户的宕昌县哈达铺的做法得到了省委的支持和肯定，武都、庆阳、东乡、临夏、渭源、会宁、民勤等县都相继出现一批包产到户的社、队。1980年9月，党中央发出加强和完善农业生产责任制的文件后，包产到户、包干到户的"双包"责任制迅速在全省推广。1981年至1983年，全省平均每年粮食产量增长9.5%，棉花增长25.1%，油料增长

17.65%，农业总产值增长 10.9%。与此同时，标志着甘肃农业战略大调整的"两西"建设开始起步，甘肃省委制定了"兴河西之力，济中部之贫"的开发战略，河西商品粮基地建设和以定西为代表的中部干旱地区建设纳入国家计划。甘肃作为缺粮大省的帽子从此被摘掉。

在拨乱反正工作上，甘肃省委坚决贯彻中央精神，落实各方面政策。全部摘掉了"右派分子"帽子；为 480 多位台胞、台属落实政策；为 1959 年"反右倾"运动和后来的"四清"运动中受到错误处理的干部进行纠正和平反，给"地富反坏"四类分子全部摘掉帽子；全面落实党的统战政策、民族政策和对民族资产阶级的政策；开展大规模平反冤假错案工作，为所谓"反革命政变二套班子"及"文革"中所谓"汪锋一小撮"等 8 起大案平反，撤销 1976 年所谓"反击右倾翻案风"中下发的错误文件。拨乱反正工作在全省的铺开，树立了党的威信，凝聚了党心、民心。

科技事业迎来春天。1978 年初甘肃省科学大会召开后，中国科学院兰州分院及所属近代物理研究所、化学物理研究所、冰川冻土研究所、沙漠研究所、高原大气物理研究所、地质研究所等一批自然和社会科学学会、协会、研究会及科技研究单位相继恢复成立。科技事业成果丰硕。仅 1981 年度，甘肃省就有 36 项科技成果获奖，其中一等奖 3 项，二等奖 11 项，三等奖 22 项。

文艺事业走向繁荣。改革开放初期甘肃省排演的《丝路花雨》《西安事变》《南天柱》等一批剧目获全国评奖一、二等奖；新创刊的《读者文摘》杂志 1983 年期发数就达到了 150 万份以上。文学创作、新闻出版等文化事业欣欣向荣。

真理标准讨论为甘肃带来了极为深刻的变化，在甘肃产生了很大影响，甘肃各项建设出现好的势头，改革开放持续向前推进。

三、真理标准讨论开启了中国特色社会主义道路新实践，甘肃改革开放 40 年成就斐然

在党的领导下，改革开放开辟了实事求是、一切从实际出发、从本国国情出发的中国特色社会主义道路，实现了发展中国家走向现代化的民族性、内生性发展，使中国大踏步赶上了时代。实践证明，坚持马克思主义基本原理同中国具体实际相结合、不断推进马克思主义中国化是完全正确的。从一

定意义上可以说，没有真理标准讨论，没有马克思主义思想路线的重新确立，我们不可能走上中国特色社会主义道路，形成中国特色社会主义理论体系，建立中国特色社会主义制度。真理标准讨论在促进全党思想观念转变的思想解放方面的初始作用也是巨大的。

改革开放四十年来，甘肃面貌焕然一新。如交通，甘肃省交通运输事业实现了跨越式发展，给群众出行带来了深刻改变。截至2017年，全省公路总里程达到14.3万公里，其中，高速公路达到4014公里，55个县通高速公路，二级及以上公路里程达到1.33万公里，农村公路达到11万公里，具备条件的建制村全部通沥青（水泥）路。铁路营运总里程4500公里，东西北南高铁均打通，甘肃进入高铁时代。民航事业飞速发展，从最初5条航线发展到现在拥有221条客运航线，一个以兰州中川机场为轴心，以敦煌、嘉峪关、张掖、金昌等河西机场群和庆阳、天水、陇南、甘南等河东机场群为两翼的民用航空运输网络呈现在世人面前。2017年年底，全省民航年旅客吞吐量达到1441万人次，年平均增速24%以上。

据甘肃省社科院数据显示，1978年甘肃农业产值只有92亿元，粮食总产500万吨。2017年，农业增加值达到1017.81亿元，是1978年的11倍多；粮食总产持续稳定在1150万吨左右，比1978年多出650万吨；肉类、棉花、油料、水果、牛奶、禽蛋等农产品产量也是数倍到数十倍地增长。1978年全省工业产值40.8亿元。2017年，全部工业增加值达到2491.53亿元，是1978年的61倍。1978年全省城镇居民人均可支配收入417元，农民人均纯收入101元。2017年城镇居民人均可支配收入达到25 693.5元、农民人均纯收入7456.9元，分别是1978年的61.6倍多、73.8倍多。从这些数据可以看到，改革开放使得甘肃各项事业飞速发展，人民生活得到极大改善。

真理标准问题的讨论，首开了把"实践标准"应用于建设有中国特色社会主义这一伟大事业的先河，进而丰富和发展了马克思主义的认识论。改革开放四十年的历史，正是理论联系实际的成果验证。在真理标准讨论的昭示下，中国特色社会主义事业与时俱进，保证了中国走向强盛，向世界展示了中国的道路自信、理论自信、制度自信和文化自信。

邓小平同志在谈到真理标准问题讨论的意义时指出："一个党，一个国家，一个民族，如果一切从本本出发，思想僵化，迷信盛行，那它就不能前进，它的生机就停止了,就要亡党亡国。这是毛泽东同志在整风运动中反复讲过的。只有解放思想,坚持实事求是,一切从实际出发,理论联系实际,我们的社会主义现代化建设才能顺利进行,我们党的马列主义、毛泽东思想的理论也才能顺利发展。从这个意义上说,关于真理标准问题的争论,的确是个思想路线问题,是个政治问题,是个关系到党和国家的前途和命运的问题。"从毛泽东思想、邓小平理论、三个代表、科学发展观、习近平新时代中国特色社会主义思想的发展来看,正是实事求是、一切从实际出发、理论联系实际的思想路线的一以贯之,才使得党的正确理论既能够一脉相承,又不断创新发展,指引中国特色社会主义道路的前行无阻。

真理标准讨论也昭示我们,坚持和发展中国特色社会主义是新时代的主题。习近平总书记指出,坚持和发展中国特色社会主义是一篇大文章。我们这一代共产党人的任务就是要把这篇大文章写下去。当今世界,矛盾风险挑战之多、治国理政考验之大都是前所未有的。我国正处在社会转型时期,利益格局和社会矛盾日益呈现多元化趋势,我国的改革也面临更加复杂的形势。对甘肃来讲,作为全国最贫困的省份之一,贫困面广、贫困程度深、扶贫任务重依然是赫然存在的现实。面对诸多问题,我们应深刻领会习近平总书记的思想,向他指出的那样,全党同志必须坚持以邓小平理论、"三个代表"重要思想、科学发展观为指导,毫不动摇地坚持和发展中国特色社会主义,坚持马克思主义的发展观点,坚持实践是检验真理的唯一标准,发挥历史的主动性和创造性,清醒认识世情、国情、党情的变和不变,永远要有逢山开路、遇河架桥的精神,锐意进取,大胆探索,敢于和善于分析回答现实生活中和群众思想上迫切需要解决的问题,不断深化改革开放,不断有所发现、有所创造、有所前进,不断推进理论创新、实践创新、制度创新。只有认真领会这些指示的实际意义,才能够始终坚持解放思想和实事求是统一的辩证思维方式,把它作为攻坚克难,把各项事业向前推进的强大思想武器,使得一切困难迎刃而解。

真理标准讨论已过去了40年,但在当时引起的思想震撼,人们至今记忆犹新。真理标准讨论所具有的历史意义和现实意义也是十分重大而深远的,历史发展已经给它添写了最好的注解。

解放思想永无止境,实践前行也永无止境。今天,我们纪念真理标准问题讨论四十周年，最重要的就是按照十九大的要求，继续解放思想，永不停滞；不断推进马克思主义中国化的进程，让中国特色社会主义理论体系在实现中华民族伟大复兴的必由之路上绽放出新的光彩。

改革开放：坚持和发展中国特色社会主义的必由之路

刘亚军

（中共甘肃省委党校）

改革开放是中国共产党在社会主义初级阶段基本路线的两个基本点之一，是党的十一届三中全会以来进行社会主义现代化建设的总方针、总政策，是强国之路，是党和国家发展进步的活力源泉。改革，即对内改革，就是在坚持社会主义制度的前提下，自觉地调整和改革生产关系同生产力、上层建筑之间不相适应的方面和环节，促进生产力的发展和各项事业的全面进步，进而更好地实现最广大人民群众的根本利益。开放，即对外开放，是加快我国现代化建设的必然选择，符合当今时代的特征和世界发展的大势，是必须长期坚持的一项基本国策。

改革开放是决定当代中国命运的关键抉择，是发展中国特色社会主义、实现中华民族伟大复兴中国梦的必由之路。我们要在新的起点上继续推进社会主义现代化建设，说到底要靠全面深化改革，全面扩大开放。解放思想是发展中国特色社会主义的一大法宝，改革开放是发展中国特色社会主义的强大动力，这是深刻总结改革开放40年历史经验得出的正确结论。改革开放40年来的伟大实践充分证明：中国特色社会主义之所以具有蓬勃生命力，就在于它是实行改革开放的社会主义；改革开放之所以取得举世瞩目的成就，就在于它是中国特色社会主义理论指导下的改革开放。在新的历史起点上，实现中华民族伟大复兴的中国梦，把我国建设成为社会主义现代化强国，必须坚定不移地推进改革开放。"改革开放是决定当代中国命运的关键抉择，是党和人民事业大踏步赶上时代的重要法宝。"（习近平在庆祝中国共产党成立95周年大会上的讲话）"改革开放是一项长期的、艰巨的、繁重的事业，

必须一代又一代人接力干下去"。（习近平在主持十八届中共中央政治局第二次集体学习时的讲话）

一、改革开放是新的伟大革命，开辟了中国特色社会主义道路

改革开放是党带领人民进行的新的伟大革命。如果说，辛亥革命结束了沿袭千年的封建帝制，为近代中国发展进步打开了闸门；如果说，新民主主义革命推翻了"三座大山"，建立起人民当家作主的新中国和社会主义基本制度，为当代中国的发展进步创造了前提。那么，改革开放这场新的伟大革命则使社会主义制度得到巩固和完善，为当代中国的发展进步开辟了道路。通过改革开放，我们实现了党和国家工作中心的转移，冲破了束缚生产力发展的体制障碍，极大地解放和发展了社会生产力，推动了社会主义市场经济体制的建立，形成了对外开放的新格局，开辟了中国特色社会主义的伟大道路。实践证明，改革开放是决定当代中国命运的关键抉择，是发展中国特色社会主义、实现中华民族伟大复兴的必由之路。只有社会主义才能救中国，只有改革开放才能发展中国、发展社会主义、发展马克思主义；改革开放符合党心民心、顺应时代潮流。中国人民完全可以自豪地说，改革开放这场中国的第二次革命，不仅深刻改变了中国，也深刻影响了世界。习近平总书记强调指出"过去40年中国经济发展是在开放条件下取得的，未来中国经济实现高质量发展也必须在更加开放条件下进行"。（习近平在博鳌亚洲论坛2018年年会开幕式上的讲话）

二、改革开放是新的思想解放，开拓了马克思主义中国化的新境界

我国的改革开放是以解放思想为开端的。一部改革开放的历史，折射出中国共产党人不断推进解放思想的闪光足迹。解放思想是因，改革开放是果。改革开放的历史，就是解放思想的历史。40年来，理论上的每一个突破，体制上的每一个创新，战略上的每一个调整，事业上的每一个发展，都是在不断解放思想中取得的，都闪烁着解放思想的光芒。正是在改革开放的伟大历程中，我们党坚持解放思想、实事求是、与时俱进，尊重实践，尊重群众的首创精神，大胆吸收和借鉴人类社会创造的一切文明成果，不把书本当教条，不照搬外国模式，将马克思主义与我国实际和时代特征相结合，收获了一个又一个马克思主义中国化的新成果,形成了中国特色社会主义理论体系,开拓了马克思主义中国化的新境界。以邓小平同志为核心的党的第二代中央领导集体,总结我国和其他社会主义国家社会主义建设的历史经验,创造性地回答了"什么是社会主义、怎样建设社会主义"这一重大问题,形成了邓小平理论。以江泽民同志为核心的党的第三代中央领导集体,对"建设什么样的党、怎样建设党"这一新的重大现实问题进行了深入的阐释,形成了"三个代表"重要思想。以胡锦涛同志为总书记的党中央继承和发展了马克思主义的发展思想,全面回答了"实现什么样的发展、怎样发展"这一重大问题,形成了科学发展观。党的十八大以来,以习近平同志为核心的党的中央领导集体,从新时代我国实际出发,坚持和发展中国特色社会主义,深刻回答了新形势下党和国家事业发展的一系列重大理论和现实问题,形成了习近平新时代中国特色社会主义思想,为全党和全国各族人民指明了奋斗目标;明确了中国特色社会主义是由道路、理论和制度三位一体构成的,是实现我国社会主义现代化和中华民族伟大复兴中国梦的必由之路;提出了全面建成小康社会、全面深化改革、全面依法治国和全面从严治党的"四个全面"战略布局;提出了创新、协调、绿色、开放、共享的新发展理念,为破解发展难题、增强发展动力提供了指导思想。习近平新时代中国特色社会主义思想极大地丰富了中国特色社会主义理论体系的内涵,是马克思主义中国化的最新理论成果。习近平指出:"实践证明,我们党对共产党执政规律、社会主义建设规律、人类社会发展规律的认识不断深化,不断为坚持和发展中国特色社会主义提供了科学理论指导。"

三、改革开放将开创中国特色社会主义新局面

作为发展中国特色社会主义的强大动力,改革开放使社会主义焕发出前所未有的强大生命力,使马克思主义焕发出前所未有的强大感召力,使我们党焕发出新的创造力和战斗力,开创了中国特色社会主义伟大事业的新局面。自十一届三中全会开启改革开放历史新时期的序幕以来,中国从此进入了改革开放和社会主义现代化建设的历史新时代。习近平同志在党的十九大报告中指出,经过长期努力,中国特色社会主义进入了新时代,这是我国发展的新的历史方位。在中国特色社会主义新时代,改革开放必将谱写坚持和发展

中国特色社会主义新篇章。

习近平指出:"中国特色社会主义进入新时代,意味着近代以来久经磨难的中华民族迎来了从站起来、富起来到强起来的伟大飞跃,迎来了实现中华民族伟大复兴的光明前景。"中国特色社会主义进入新时代是基于客观事实的判断。改革开放近40年来,我们党团结带领全国各族人民不懈奋斗,推动我国经济实力、科技实力、国防实力、综合国力进入世界前列,推动我国国际地位实现前所未有的提升,党的面貌、国家的面貌、人民的面貌、军队的面貌、中华民族的面貌发生了前所未有的变化。正是在这个基础上,中国特色社会主义进入了新时代。用站起来、富起来、强起来概括中华民族伟大复兴的历史进程,反应了历史的潮流,彰显了社会主义在中国的时代特征。改革开放历史新时期,我们党致力于人民富裕和国家富强,开创中国特色社会主义道路,确立了把中国建设成为富强民主文明和谐的社会主义现代化国家的奋斗目标。经过党和人民的接续奋斗,今天中华民族实现了从站起来、富起来到强起来的历史性飞跃,正行进在把我国建设成为富强民主文明和谐美丽的社会主义现代化强国的新征程上,我们比历史上任何时期都更接近、更有信心和能力实现中华民族伟大复兴的目标。从站起来、富起来到强起来的伟大飞跃,使中华民族伟大复兴站在了一个新的历史起点上,揭开了坚持和发展中国特色社会主义的新篇章。

人间正道是沧桑。1978年党的十一届三中全会以来,当代中国的人间正道,就是党团结带领人民开辟的中国特色社会主义道路。改革开放是中国特色社会主义道路的鲜明特征和强劲动力。改革开放推动中国特色社会主义进入了新时代,使中国特色社会主义展现出了更加强大的生命力,有力增强着党和人民的道路自信、理论自信、制度自信、文化自信。

历经40年的沧桑巨变,当我国的发展站在新的历史起点之时,我们必须顺应经济体制深刻变革、社会结构深刻变动、利益格局深刻调整、思想观念深刻变化,以及党面临的机遇前所未有、面对的挑战也前所未有的新形势新情况,进一步凝聚改革共识,坚定改革方向,完善改革举措,改革开放永远在路上。

综上所述,没有改革开放,就没有中国的今天;不坚持改革开放,也就没有中国的明天。我们要以习近平新时代中国特色社会主义思想为指导,按

延安精神永放光芒

照习近平总书记"将改革进行到底"的指示要求，积极回应广大人民群众对深化改革开放的强烈呼声和殷切期待，改革开放再出发，努力在新起点上实现新突破。

改革开放背景下甘肃博物馆纪念馆与延安精神的传承弘扬

史 勇

(甘肃省文物局)

按照博物馆学定义,综合性博物馆的藏品、陈展和社教工作一般包括新民主主义革命和社会主义革命历史相关内容;纪念性博物馆通常称为纪念馆,是纪念重要历史事件和历史人物的专业博物馆;博物馆纪念馆都是保护、研究、弘扬革命文化的重要阵地,承担着传递红色薪火、传承红色基因、传播红色文化、传颂红色故事的重任。光耀千秋的延安精神上承长征精神和南梁精神,下启"人一之、我十之,人十之、我百之"的甘肃精神,传承弘扬延安精神是甘肃相关博物馆纪念馆的永恒主题。改革开放40年来,甘肃博物馆纪念馆获得长足发展,列入全省博物馆名录的博物馆纪念馆达215个,是改革开放前的35倍多;延安精神在全省经济社会发展中也日益发挥着越来越重要的精神支柱作用。以甘肃博物馆纪念馆为切入点,探讨其与改革开放以来延安精神传承弘扬的内在联系和其在全面深化改革时代背景下传承弘扬延安精神的思路,具有重要而现实的学术价值。

一、博物馆纪念馆与革命文化及延安精神的历史渊源

早在土地革命战争时期,即有在苏区设立革命博物馆纪念馆、收集保存革命文物文献的动议和实际行动。1930年,《中共闽西特委关于宣传问题草案》提出,闽西各县政府应设立比较大的革命纪念馆。1931年,中华苏维埃第一次全国代表大会通过的《中国工农红军优待条例》规定:"死亡战士之遗物应由红军机关或政府收集,在革命历史博物馆中陈列,以示纪念。"1934

年1月，中央革命博物馆在瑞金成立。在陕甘宁边区时期，党中央及边区政府高度重视利用革命文物开展宣传教育。1937年，为纪念红军诞生10周年，中央军委发出通知征集红军历史材料；1939年，边区政府发出通令，要求各地收集革命文献和实物送缴革命博物馆，作为重要的永久性的宣传教育资料；1941年，边区第二届参议会上提出了建立边区历史博物馆的议案。随着延安精神的孕育和形成，党中央及边区政府开始注意以博物馆纪念馆为载体反映边区革命斗争与经济社会发展，传承发扬优良革命传统和工作作风。《陕甘宁边区1946—1948年建设计划方案》提出，"为使边区各种革命历史纪念物品及各革命领袖之史迹永留于边区，以便教育干部及群众起见，建议在延安建立陕甘宁边区革命历史博物馆"，边区政府为此专门成立了筹备委员会。由此可见，博物馆纪念馆与革命文化特别是延安精神的传承弘扬有着不解之缘；新中国成立后特别是改革开放以来，相关博物馆纪念馆在传承弘扬延安精神方面更肩负有与生俱来、与时俱进的神圣使命。

二、改革开放以来甘肃博物馆纪念馆与延安精神的传承弘扬

甘肃境内相关红色旧址遗迹和文物文献是传承弘扬延安精神的特有资源，依托相关旧址遗迹成立的纪念馆和综合性博物馆的革命历史展览是传承弘扬延安精神的特有载体。在历史学的多维度视角下，可以比较清晰地勾勒出改革开放以来甘肃博物馆纪念馆与延安精神传承弘扬之间的内在联系。

（一）从中国革命史及地方革命史角度考察

长征精神和南梁精神是延安精神的源头，改革开放以来，甘肃先后建成了以哈达铺红军长征纪念馆、会宁红军长征胜利纪念馆为代表的15个长征纪念馆和以南梁革命纪念馆为代表的5个与陕甘边革命根据地有关的纪念馆。八路军驻甘办事处纪念馆、陕甘宁边区陇东分区纪念馆等馆则从不同陈展定位和甘肃本土视角深刻诠释了原生态的延安精神内涵。甘肃各级综合性博物馆的基本陈列和革命历史展览也通过较为全面宏观地展现地方革命史，直接或间接地弘扬了延安精神，有的还产生了较大社会影响，如甘肃省博物馆2011年推出的"红色甘肃——走向一九四九"展览即荣获第十届全国博物馆十大陈列展览精品评选优秀奖。甘肃博物馆纪念馆在保存地方革命文物文献、促进革命历史研究、传承弘扬延安精神方面功不可没。

(二)从当代中国史及当代甘肃史角度考察

新中国成立后,在党的领导下,甘肃人民长期与艰苦恶劣的自然环境进行斗争,为国家经济建设做出了重大贡献和牺牲。改革开放以来,甘肃建成了铁人王进喜纪念馆、镍都开拓者纪念馆、民勤防沙治沙纪念馆、中国梯田化模范县纪念馆、定西精神纪念馆、国家矿山精神纪念馆、甘肃公路博物馆等一批反映社会主义建设和改革开放成就的专题纪念馆,其藏品和陈展内容充分体现了解放思想、实事求是的思想路线,全心全意为人民服务的根本宗旨,自力更生、艰苦奋斗的创业精神,是延安精神的当代体现。相关博物馆纪念馆及其藏品与陈列展览,对于深入研究当代中国史及当代甘肃史、激励陇原儿女发扬甘肃精神全面建成小康社会都具有特殊意义。

(三)从改革开放史及博物馆史角度考察

改革开放前三十年,甘肃博物馆纪念馆与全国博物馆界一样,经历了市场经济大潮的洗礼和转型期社会文化的急剧变革,较之改革开放前虽然有较快发展,但事业经费相对匮乏、发展后劲相对不足。以2008年全国博物馆纪念馆免费开放为分水岭,全国博物馆纪念馆发展进入全新历史阶段。近十年来,在中央财政补助资金支持下,在以绩效考评为依据的动态管理机制保障下,甘肃博物馆纪念馆的整体面貌发生了深刻变化,相关博物馆纪念馆逐步实现数量增长与质量提升,策展理念及陈展手段不断进步,社会教育形式与手段推陈出新,在传承弘扬延安精神方面呈现出"有址可寻、有物可看、有史可讲、有事可说"的鲜明特点,使观众在参观时产生"如临其境、如历其事、如见其人"的深切感受。与此同时,延安精神的传承弘扬逐步从馆舍天地向基层贴近、向实际贴近、向生活贴近,进一步提高了延安精神的公众认知度和与经济社会发展的融合度。可以说,改革开放的成果不仅惠及了甘肃博物馆纪念馆的跨越式发展,更有力推动了延安精神以博物馆纪念馆为载体在甘肃的传承弘扬以至向省外的传播与辐射。

三、全面深化改革时代背景下甘肃博物馆纪念馆传承弘扬延安精神的思考

随着中国特色社会主义进入新时代,在"四个全面"战略布局和"五位一体"总体布局中,延安精神仍然具有特殊而重要的时代价值。传承弘扬好延安精

延安精神永放光芒

神,对于深入落实习近平总书记视察甘肃时重要讲话和"八个着力"指示精神、打赢脱贫攻坚战、全面建成小康社会具有重要促进作用。在全面深化改革的时代背景下,应重点从以下几个方面着手,更好地发挥甘肃博物馆纪念馆在传承弘扬延安精神方面的作用。

(一)加大调查征集和保护力度

深入调查、抢救和征集与延安精神有关的文物、文献、档案;尤其要做好红军长征在甘肃、以南梁为中心的陕甘边革命根据地、陕甘宁边区陇东分区以及社会主义建设、改革开放相关口述史的访问与记录。适时公布全省馆藏革命文物名录,加大可移动革命文物保护修复力度。

(二)提升陈列展览水平

紧密围绕甘肃地方党史、革命史和社会主义建设史、改革开放史,及时做好相关博物馆纪念馆陈列展览改陈布展工作,策划打造主题突出、导向鲜明、内涵丰富的反映延安精神、甘肃精神的陈列展览精品,做到见人见物见精神。

(三)以合理利用传承弘扬延安精神

省内高等院校、中小学校和各级党校(行政学院)到相关博物馆纪念馆现场教学应实现常态化,有条件的馆校应共建传承弘扬延安精神教学实践基地。开通若干传承弘扬延安精神的网上展览或网上博物馆纪念馆。以南梁、会宁、哈达铺等为中心,依托相关博物馆纪念馆打造延安精神红色旅游精品景区或线路。

(四)探索传承弘扬延安精神新模式

支持甘肃相关博物馆纪念馆加入"全国长征纪念馆联盟",吸收和借鉴兄弟省区市在传承弘扬延安精神方面的有益经验。在省内建立"延安精神博物馆纪念馆联盟",形成资源共享、展览交流、互学互助、对口帮扶的机制,条件成熟后可由甘肃牵头发起跨省际"延安精神博物馆纪念馆联盟",以提升甘肃在延安精神研究弘扬领域的影响力和话语权。

深刻理解改革开放的历史蕴涵

王永祥

（兰州大学马克思主义学院）

今年是改革开放40周年。四十年来，中国人民在党的领导下开创了中国特色社会主义道路，取得了历史性的成就。总结这一决定当代中国命运关键一招的历史内涵，对继续推进新时代改革开放事业具有重要意义。早在2016年9月3日，习近平总书记出席2016年二十国集团工商峰会开幕式时发表的讲话中就曾指出："中国改革开放38年的伟大进程，是探索前行的进程，是真抓实干的进程，是共同富裕的进程，是中国走向世界、世界走向中国的进程。"这一论断是对改革开放历史进程蕴涵的高度凝练，具有十分重要的指导意义。

一、改革开放是探索前行的进程

40年改革开放是解放思想、勇于探索的历程。改革开放前，国家封闭僵化、大部分人民的生活处于贫困的边缘，国家发展几乎处于停滞状态，人们迫切渴望有所改变。"实践是检验真理的唯一标准"的大讨论拉开了中国对内改革、对外开放的序幕。此后，人们打破了"两个凡是"的思想禁锢，开始了政治体制改革，逐渐打破了计划经济的藩篱，百家争鸣、百花齐放为文化繁荣奠定了基础。

改革开放以来，一系列行之有效的办法为改革开放源源不断地注入活力，"国企改革""简政放权""搞活市场""摸着石头过河""试验田""先行者"等成了改革的关键词和形象表达。在改革方面，高度集中的计划经济体制逐渐转变成了社会主义市场经济体制，打开了我国经济、政治和文化发展的崭新局面，民主不断得到发扬，法制建设不断得到加强，实现了政企分开、精简机构，完善了民主监督制度，社会安定团结进一步巩固。在开放方面，我们积极改善与世界上主要国家的关系,与世界上主要国家和经济体的联系日益紧密,大批外资得以引入,诸多跨国公司在中国设立分公司、开展相关业务,国外先进技术和管理经验为我国经济发展提供了借鉴。从经济特区的兴办、沿海城市的开放到内陆沿边、沿江城市和省会城市的开放,从对发达国家的开放到对发展中国家的开放,从经济、科技、教育、文化等领域的开放到加入世界贸易组织,形成了全方位、多层次、宽领域的对外开放格局。

四十年的改革探索改变了中国贫困落后的状况,人们的生活水平得到大幅度提升,综合国力逐年提升,人民生活逐渐富裕起来,百姓圆了房子梦、汽车梦,国家综合实力逐渐强盛起来,正在朝着富强民主文明和谐美丽的社会主义现代化挺进。进入新时代,改革的复杂性、敏感性、艰巨性更加突出,必须继续解放思想,以问题为导向,打破束缚人们的思想和体制的桎梏,推进改革开放事业深入发展。

二、改革开放是真抓实干的进程

40年改革开放是真抓实干、砥砺奋进的历史进程,是中华民族自强不息、顽强奋进的进程。空谈误国,实干兴邦。中国共产党人的实事求是的思想路线指引着亿万国人通过实实在在的改革攻坚奋斗美好幸福的生活,中国人民在党的领导下埋头于社会主义现代化建设事业,不避艰难,不回避问题和矛盾,一件接着一件干,一代接着一代干,务求实效,抓铁有痕,排除万难,破解前进道路上的种种苦难,砥砺前行,推动各领域改革。

真抓实干要求直面改革发展中面临的问题,研究新情况、解决新问题,攻坚克难,一步一个脚印,努力破解制约改革发展的瓶颈,尤其是一些重点领域,需要重点突破。四十年的改革开放,中国人民以时不我待、只争朝夕的精神,求实效、用实招、得实惠,国民的获得感、幸福感逐年提升。改革开放的道路上的每一次成就的取得都不是轻而易举得来的,都付出了艰辛努力和不懈奋斗,凝聚了亿万人民的磅礴力量和智慧。四十年来,中国人民真切体会到了"真抓才能克难,实干才能梦想成真"的道理,在党的坚强领导下,求真务实成了促成改革开放不断深入的工作基调。中国人民敢于担当作为,工作务求实效,不慕虚华,以人民答应不答应、满意不满意、赞成不赞成为衡量工作的指南,顺应人民期待,把群众最直接、最关心、最现实的利益问题抓好、办好,我国经济实力、科技实力、国防实力、综合国力进入世界前列,党的面貌、国家的面貌、人民的面貌、军队的面貌、中华民族的面貌发生了前所未有的变化。

十八大以来,中国共产党人进一步发扬实干精神,居安思危、砥砺奋进,敢于啃硬骨头敢于涉险滩,以壮士断腕的勇气推动全面从严治党,推动自我革命,以党的建设带动其他各领域建设的发展。新时代推进全面深化改革,需要进一步发扬务实作风,做到"理解改革要实,谋划改革要实,落实改革也要实,既当改革的促进派,又当改革的实干家",以前赴后继的接力推动全面深化改革不断走向深入。

三、改革开放是共同富裕的进程

40年改革开放是共同富裕的历史进程。人民对美好生活的向往,就是我们的奋斗目标;实现全体中国人的共同富裕是中国共产党矢志不渝的奋斗目标。贫穷不是社会主义,两极分化也不是社会主义。共同富裕是社会主义比之于其他社会制度的根本优势。社会主义的本质就是解放生产力,发展生产力,消灭剥削,消除两极分化,最终达到共同富裕。改革开放就是为了解放和发展社会生产力,不断提高人民物质文化生活水平,使发展成果更多更公平惠及全体人民,使每个人都过上幸福、美好的生活,为人的全面发展创造条件。

改革开放前,我国有2.5亿农村居民的生活水平处于绝对贫困线以下。改革开放后,我们坚持一切从实际出发,打破平均主义、吃"大锅饭"的束缚,实行让一部分人、一部分地区先富起来,先富带后富、逐步实现共同富裕的政策,逐步确立了公有制为主体、多种分配方式并存的分配制度,有力调动了人民群众的积极性,使生产力以前所未有的速度发展起来,人民生活水平也发生了翻天覆地的变化。从1978年到2017年年底,我国贫困人口大幅减少,城镇居民人均可支配收入从343元提高到36 396元,农村居民人均纯收入从134元提高到13 432元,实现了从基本消除贫困到解决温饱,再到实现总体小康、向决胜全面建设小康社会的目标迈进的历史性跨越,创造了7亿多人脱贫的世界奇迹。新时期扶贫攻坚正朝着全面小康"一个都不能少"的目标迈进。改革开放促进了社会生产力的极大发展,为实现共同富裕奠定了坚实的物质基础。现阶段,适应新时代人民对美好生活的新期待,要着重解决好人民对美好生活的向往同不充分不全面发展之间的主要矛盾,不断推动全面深化改革,满足全体人民对美好生活的新需要。

四、改革开放是中国走向世界、世界拥抱中国的进程

40年改革开放是中国和世界共同发展进步的历程。我们坚持对外开放的基本国策,实现了从封闭半封闭到全方位开放的伟大转折。关起门来搞建设是不行的,只有吸收和借鉴一切人类先进文明成果,才能在国家富强、民族复兴的道路上越走越开阔,这已成为中国人民的思想共识。40年来,中国和世界密切地融为了一体,中国的发展离不开世界,世界的发展也需中国的参与。中国在对外开放中展现了大国担当,在国际社会上发挥的作用日益凸显。中国与世界上所有国家发展平等互利的交往关系,中国的发展也为其他国家提供了发展机遇,促进了共同发展。民间交往和人文交流往来日趋活跃,中国在国际事务中发挥的作用日益凸显,成为维护世界和平发展的重要力量。中国在与世界深度交融中逐渐走向世界舞台的中央,朝着人类命运共同体的愿景前进。

从引进来到走出去,从加入世界贸易组织到共建"一带一路",中国的经济增长为世界经济增长贡献率超过30%,有力地促进了世界经济的复苏繁荣。中国已成为世界上最大的旅游人口输出国、成为世界第二大经济体,已成为120多个国家的第一大贸易伙伴。2018年,中国商品贸易出口继续位居世界第一位,占全球份额的12.8%,而中国商品贸易进口则位居全球第二位,仅次于美国。40年的改革开放使得中国发展成为世界第二大投资国,有2万多家中资企业在全球188个国家和地区投资设立了3.7万多家企业,对外投资总额已占全球总量的10%,占全球外国直接投资规模的比重首次超过10%。作为世界工厂的中国,给全球消费者带来了诸多实惠,中国市场为全球经济发展创造了巨大空间,中国消费市场成为主要经济体中增长最快的市场。此外,我国与188个国家和地区建立了教育合作与交流关系,与48个国家和地区签署了学习学位互认协议。中国在全球146个国家和地区建立了525所孔子学院和1113个孔子课堂。截止2017年,来华留学生人数已经突破48万,我国出国留学人员也已突破了60万大关,成为世界最大留学生生源国。

改革开放是发展的马克思主义

吴雪艳

（敦煌中学）

2018年是改革开放的40周年，这40年所创造的"中国奇迹"、演绎的"中国故事"、释放的"中国力量"、沉淀的"中国经验"，令世界瞩目，令国人称赞。党的十九大报告指出："只有改革开放才能发展中国、发展社会主义、发展马克思主义"。改革开放只有进行时，没有完成时。改革开放是引领中华民族实现伟大复兴的强大引擎，是社会主义强国建设的必由之路，是决定当代中国命运的关键一招。我们所能做的，只能是将改革开放这一伟大实践进行到底。马克思主义和改革开放是理论与实践的辩证关系，马克思主义理论在中国改革开放的实践基础上不断发展就是马克思主义中国化的具体表现。

一、改革开放以马克思主义为指导

马克思说过："理论在一个国家实现的程度，总是取决于理论满足这个国家的需要的程度。"这一著名的科学论断，不仅适用于马克思主义这个理论，而且适用于中国这个国家。马克思主义之所以能够在中国扎根，成为中国人民的精神引领，就是因为马克思主义的科学理论符合了中国社会发展的需要，能指导中国建设走得更高、走得更远。马克思主义与中国具体实践相结合的产物就是马克思主义中国化，而这种理论只有与中国的具体国情相结合，才能发挥出马克思主义的光辉。

习近平总书记在纪念马克思诞辰200周年大会上的讲话中谈到："历史和人民选择马克思主义是完全正确的，中国共产党把马克思主义写在自己的旗帜上是完全正确的，坚持马克思主义基本原理同中国具体实际相结合、不断推进马克思主义中国化时代化是完全正确的！"回顾中国共产党带领中国人民进行革命、建设和改革发展的历程，就是一部马克思主义中国化的历程。中国的改革开放离不开马克思主义的指导，它是我们前行路上的明灯，为我们指引未来；只有这样，改革开放才不会迷失方向，沿着正确的道路砥砺前行。

马克思主义不是一成不变的，从本质上来说它是发展的理论、革命的理论、创新的理论，我们要不断解放思想、实事求是、与时俱进。只有用这样的态度才是真正坚持马克思主义，才能真正把握中国的历史方位，从而正确开启中国特色社会主义康庄大道。

中国特色社会主义既坚持马克思主义基本原则，又根据中国实际和时代特征赋予其鲜明的民族特色，并进行了伟大的探索和创造。但所有的探索和创造，所有成绩的取得，都没有离开而是更好地体现出了马克思主义的基本原理和要求。习近平总书记多次强调马克思主义不能丢，丢了就会丧失根本，迷失方向。

中国特色社会主义进入新时代，中华民族迎来了历史性巨变，取得了举世瞩目的成就，更加彰显了马克思主义的时代光芒，显示了马克思主义的创新活力。习近平总书记以马克思主义理论的深厚学养，娴熟运用马克思主义的立场、观点和方法观察分析新时代的实际，提出了一系列新理念新思想新战略，深化了对中国改革开放发展规律的认识，创立了新时代中国特色社会主义思想。习近平新时代中国特色社会主义思想，是当代中国的马克思主义，是马克思主义中国化的最新成果。坚持习近平新时代中国特色社会主义思想就是坚持马克思主义。在当代中国，只有这一思想，而没有别的什么思想，能够解决中国特色社会主义、中华民族的前途命运问题。

实践充分证明，历史和人民选择马克思主义是完全正确的，中国共产党把马克思主义写在自己的旗帜上是完全正确的，坚持马克思主义基本原理同中国具体实际相结合、不断推进马克思主义中国化时代化是完全正确的。随着新时代画卷的不断展开，随着中华民族日益走向伟大复兴和世界舞台中心，马克思主义将焕发出更加夺目的真理光辉，人类社会美好前景将不断在中国大地上生动展现出来。

二、改革开放推动马克思主义的发展

"实践是发展的，理论也应是发展的"，因为实践是认识的来源，改革开放这一伟大实践中不断出现的新问题新思想推动着原有的认识在向前发展。马克思主义一定要向前发展，要随着实践的发展而发展，不能停滞不前。一旦停止，它就没有了生命。党的十八大以来，以习近平同志为核心的党中央在改革开放的生动实践中，从理论和实践的结合上找到了马克思主义与改革开放有机结合的时代路径，即中国特色社会主义道路，把马克思主义中国化的伟大进程，再次推向新的理论高度和新的思想境界。

新时期，中国共产党在马克思主义指导下开辟了中国特色社会主义道路的历史进程。习近平指出："中国共产党是《共产党宣言》精神的忠实传人。"从中也可以看出，中国共产党也是马克思主义在当代的忠实传人。

理论的生命力在于不断创新，今天，我们纪念马克思，是为了向人类历史上最伟大的思想家致敬，也是为了宣示我们对马克思主义科学真理的坚定信念。让我们牢记总书记的讲话："坚持用马克思主义观察时代、解读时代、引领时代，用鲜活丰富的当代中国实践来推动马克思主义发展，用宽广视野吸收人类创造的一切优秀文明成果，坚持在改革中守正出新、不断超越自己，在开放中博采众长、不断完善自己，不断深化对共产党执政规律、社会主义建设规律、人类社会发展规律的认识，不断开辟当代中国马克思主义、21世纪马克思主义新境界！"

三、改革开放与马克思主义是辩证统一的

改革开放和马克思主义是辩证统一的，改革开放的伟大实践是在马克思主义理论的指导下推进的，改革开放的伟大实践推动了马克思主义理论的深化与发展。改革开放与马克思主义相互促进、相互作用，共同发展。

改革实际上是社会主义制度的自我完善、自我发展的过程，是进行机制体制创新；对外开放指的是我们要发挥主观能动性，善于学习和利用其他国家和民族的长处来为我所用，推动理论创新和实践创新。习近平总书记反复强调："当代中国的伟大社会变革，不是简单延续我国历史文化的母版，不是简单套用马克思主义经典作家设想的模板，不是其他国家社会主义实践的再版，也不是国外现代化发展的翻版，不可能找到现成的教科书。"习近平新时代中国特色社会主义思想是马克思主义与中国具体实际相结合的最新产物，是马克思主义与改革开放相结合的产物。只有以马克思主义思想为指导，

延安精神永放光芒

我们才能做到用马克思主义观察时代、解读时代、引领时代,不断深化改革开放,不断开辟马克思主义新境界;也只有以这一重要思想为指导,我们才能与时代同步伐、与人民齐奋进,推进全面深化改革,推进社会主义建设。

我们要在马克思主义指导下提升我国改革开放的能力和国际影响力,在改革开放的进程中要讲好中国故事、传播好中国声音、搞好中国建设、发展好马克思主义,改革开放是活的、发展着的马克思主义。

文化体制改革 40 年的成就与经验
——甘肃省庆阳市文化体制改革发展成就、经验及启示

徐亚梅

(甘肃省延安精神研究会庆阳分会)

一、主要成就

1. 培育了一批新型文化市场主体，国有经营性文化事业单位转企改制迈出重要步伐。出台了《关于庆阳市电影公司深化改革的实施意见》《关于国有演艺公司股份制改革的实施意见》等改革实施意见。在国有文艺院团改革方面，坚持"阵地要保住，院团要转企，机制要搞活，身份要置换"的原则，对市、县区 9 个院团全部实行了转企改制；在广电网络整合方面，坚持市县同步整合、债权债务整体整合、股份制和存量不变增量分成的原则，按照统一负责人选配、统一财务报表、统一人事管理、统一业务运营的"四统一"要求，分市级分公司组建、资产评估和网台分营、县级分公司挂牌运营"三步走"进行了改革；在电影公司改制方面，结合企业改制对市电影公司和镇原县、正宁县电影公司一次性转制为企业，其他县区电影公司机构撤销、人员买断或分流安置；在文化广电行政主体合并方面，机构一次整合到位，人员加长"板凳"使用、逐步进行精减消化。一批经营性文化单位转企改制后，在市场竞争中重现生机与活力，国有文化单位市场主体缺失、竞争力不强的状况得到改变，国有文化资本的影响力、控制力进一步增强。

2. 打造了一批文化旅游龙头企业，文化产业推动经济发展方式转变的作用明显增强。通过体制改革、股份制改造、延伸产业链等途径，组建成立庆阳文化旅游投资集团公司，整合现有文化旅游资源，吸纳社会资金参股，激

发市场活力，搭建起文化产业项目实施、资源整合、品牌创建、资本增值的发展平台。积极扶持和提升庆阳凌云公司、庆阳岐黄文化公司、环县龙影文化公司、汇鑫服装公司等一批优势明显、带动作用显著、市场竞争力强的骨干企业，努力将其打造成实力雄厚、机制健全、竞争力强的国内外知名文化旅游龙头企业。目前，全市仅香包民俗文化企业（公司）就多达130多家，设立对外营销窗口43个，带动就业3万多人，产品达20大类5000多个品种，年生产900多万件，远销全国56个大中城市及美国、日本、东南亚等20多个国家和地区。2016年，全市文化产业增加值达12.08亿元，增速17.17%，文化产业法人单位数达1123个。文化产业政策体系逐步完善，为促进文化产业发展提供了强有力的制度保障。

3. 提高了公益性文化服务水平，覆盖全社会的公共文化服务体系基本构架初步形成。完成了19.7万户庆阳本地电视节目地面数字无线覆盖工程，解决了近200万农民收看不到市县电视节目的问题，完成了广播电视高山无线发射台站建设和中央电视节目地面无线数字覆盖工程前期勘察工作。全市现有各类书画院、书画协会200多家，建成119个乡镇综合文化站、1291个农家书屋、32万户广播电视"户户通"和23万户"村村通"、8个文化信息资源共享工程县级支中心、83个乡级服务点、1152个村级基层服务点。将"乡村舞台"和"文化集市"建设工程纳入全市为民办实事项目，目前，全市已建成847个"乡村舞台"、25户龙头企业和48个"文化集市"村。通过健全文化服务机制，加快推进基层公共文化服务网络建设，鼓励促进文艺精品创作，广泛开展群众文化活动，形成了"政府引导、群众主体、社会参与"的公共文化服务体系共建格局。

4. 完善了文化宏观管理体制，全市各级文化行政管理部门职能进一步转变。全面清理文化审批权限，确定了各县（区）文化行政部门实施本县区游艺娱乐场的审批和监管权限，将营业性演出的管理审批权限下放到各县（区）。及时公布了行政许可（审批）及管理服务事项名录和办理流程，规范了新闻出版市场管理，推动政府部门由办文化向管文化转变。加大文化市场监管，制定了《庆阳市文化市场管理改革实施方案》，下放了市文化市场综合执法权，理顺了文化市场管理体制。制定了《陇东报社深化改革实施方案》《庆阳广播电视台深化改革实施方案》，积极推进了新闻单位改革。出台了《庆阳市党委（党组）网络意识形态责任制实施方案》等文件，成立了市、县（区）党委网络安全和信息化领导小组，组建了办公室，配齐了领导班子，建立了网上应急指挥系统、网上舆情监测24小时三级值班机制，互联网管理体制得到进一步完善。文化行政管理部门职能进一步转变，逐步实现由办文化为主向管文化为主转变，由管微观向管宏观转变，由主要面向直属单位转为面向全社会。

二、经验与启示

1. 强化组织领导是推进文化体制改革的坚强后盾。坚持把文化体制改革作为"一把手"工程，主要领导亲自过问，分管领导全权负责，多次召开专题会议，讨论研究改革的思路、措施和办法。成立了由市政府主要领导任组长，市委、市政府分管领导任副组长，组织、宣传、编办、财政、人事、国资、文广等部门主要负责人为成员的领导小组，组建了办公室，专门负责指导、协调、推进、落实文化体制改革任务。各县区也成立了以书记或县区长为组长的领导小组，将文化体制改革作为宣传文化工作的重中之重，确定专人负责，落实改革任务。涉及改革的部门主要负责同志作为第一责任人，直接挂帅，亲自安排，精心组织，全力推进，为改革提供了坚强的组织保证。特别是当改革进入攻坚时期，市委、市政府坚持三天一过问、一周一汇报、十天一督查，从宣传、文化、广电、编办、工商等部门抽调人员，分片包干，盯点到位，跟踪服务、全程督查，及时召开汇报会、督查会、推进会，专题研究解决改革中出现的困难和问题。各级各部门统一思想、不讲条件、特事特办，密切配合、攻坚克难，形成了推进改革的强大合力，保证了各项任务的全面落实。

2. 落实扶持政策是推进文化体制改革的有力保障。在改革过程中，把干部职工队伍稳定放在第一位，围绕大家普遍关心的人员安置、身份置换、工资待遇等焦点问题，深入细致地宣传政策，开展心理疏导，引导干部职工积极参与改革、支持改革，确保了思想不散、工作不断、秩序不乱。在改革政策的制定上，除不折不扣地贯彻落实中央、省委省政府的一系列极富含金量的改革扶持配套政策外，对转制院团的原有事业费和专项经费，由市、县区财政全部按原有预算安排基数继续拨付演艺公司，并随着财政收入的增加而增长。各县区结合自身实际，研究出台了一些更加优惠的扶持政策，包括对改制后的演艺公司采取政府购买服务、获奖剧（节）目财政奖励、新创剧目财政补贴等方式进行扶持，对演艺公司的办公、演出等设施设备加大经费投入等。在人员安置上，按照"老人老办法，新人新办法"的原则予以妥善安置，最大限度地保障了职工的切身利益，为改制后的演艺公司逐步发展壮大提供了重要保障。

3.创新管理体制是推进文化体制改革的关键环节。新闻单位改革中，实行了由市财政保障干部职工的基本工资，将其经营性收入统一纳入财政预算外收入，全部返还新闻单位用于事业发展，不占经费预算指标的支持政策。积极推进图书馆、文化馆、博物馆等文化事业单位内部人事、收入分配、社会保障制度改革，建立了领导人员选拔任用和管理监督机制、职工全员聘用和岗位管理制度、新增人员公开招聘制度，普遍实行绩效工资、中层干部职务津贴，设立奖励津贴，坚持以岗定酬、绩酬挂钩，人员能上能下、能进能出，极大地激发了全体职工干事创业的动力和活力。建立了宣传文化系统拔尖创新人才培养、选拔、表彰命名机制，建立了十佳新闻工作者和年度好新闻评选表彰制度，设立了梦阳文艺奖和文艺精品创作扶持资金，为优秀人才脱颖而出创造了条件、搭建了平台。

4.加快产业开发是推进文化体制改革的有效抓手。坚持把民间民俗文化的抢救、保护与开发，作为深化文化体制改革、解放和发展文化生产力的突破口，围绕市场抓主体，着力构建发展平台；连片开发建基地，着力扩大生产规模；继承创新搞研发，着力开发特色产品；强化宣传促营销，着力打造文化品牌；培育人才兴产业，着力涵养智力资源，用小香包催生大产业、构筑大文化、激活大市场、引领大发展，使民俗民间文化产业率先成为全市"黑绿文红"四大支柱产业的强劲一极，成为发展文化事业的强大支撑和新的经济增长点。与此同时，加快推进民俗、农耕、岐黄中医药文化产业园和华池南梁红色旅游小镇等重点项目建设，加快发展红色旅游、农耕体验、岐黄养生等特色文化产业，提高了文化产业的规模层次和发展水平。

5.完善文化体系是推进文化体制改革的坚实基础。坚持把公共文化服务体系建设作为文化体制改革的着力点，作为新时期文化建设的中心环节，大力实施文化基础设施建设、文艺精品创作、广播电视户户通、农村电影放映、农家书屋、文化资源共享、群众文化活动、全民健身、非物质文化遗产保护等重点工程。以市、县城区为中心、乡镇为骨干、村组为终端,加快构建功能齐全、布局合理的市、县、乡、村四级公共文化设施网络,基本实现了县城有图书馆、文化馆、博物馆和文化广场,乡镇有综合文化站,村组社区有文化活动室和"农户书屋"的目标。统筹城乡、区域公共文化服务,优化群众文化设施布局,探索建立了各级各类文化设施资源共享机制、城乡共享性和区域协调性的公共文化服务体系。创新公共文化服务机制,全面推行社会化参与,大力整和社会资源,初步形成了政府主导、社会参与的公共文化服务格局。

6.培育市场体系是推进文化体制改革的重要载体。始终把培育市场主体、激活文化消费作为文化体制改革的主要工作来抓,在培育文化企业、打造市场主体、完善市场体系三个方面狠下功夫。争取落实文化产业专项资金,鼓励和引导民间资本投资文化产业,培育壮大了一批龙头骨干文化企业。重视延伸产业链条,大力发展营销会展、艺术设计、产品包装、影视娱乐等文化业态,促进文化产业深度开发。坚持以开放促开发,积极参加深圳文博会、兰洽会等国内外大型经贸文化活动,不断拓展销售市场。特别是通过连续16年成功举办中国庆阳端午香包民俗文化节,为人民群众开通了把艺术品变成商品、由家庭生产到市场销售的渠道,实现了千家万户小生产与千变万化大市场的有效对接,架起了庆阳与外界沟通的桥梁。

三、趋势和方向

1.持续优化产业发展环境。充分利用庆阳革命老区的政治优势,深入挖掘《陕甘宁革命老区振兴规划》和中办国办《关于加大脱贫攻坚力度支持革命老区开发建设的指导意见》政策红利,大力争取上级项目、资金支持,加快发展特色文化产业,深度开发红色旅游产品。针对制约文化旅游产业发展的突出瓶颈,谋划制定针对性和操作性强的扶持政策,在财税、金融、科技、土地、人才等方面给足优惠,细化支持,用政策"洼地"吸引集聚文化旅游产业要素。建立正向激励机制,全面落实《促进庆阳旅游产业发展奖励扶持办法》,重奖为庆阳文化旅游产业规划创意、基础建设、游客引进做出突出贡献的单位和个人,全方位鼓励和扶持文化旅游产业快速发展。立足文化旅游产业的创意特性,注重文化旅游专业人才队伍建设,进一步优化大众创业、万众创新软环境，借助"互联网+"平台，采取众创、众包、众扶、众筹等模式，扶持"创客"创新创业。

2. 持续挖掘特色文化资源。以庆阳丰富独特的岐黄文化、农耕文化、历史文化、红色文化、民俗文化、饮食文化为根基，组织邀请国内外知名专家学者，开展挖掘整理和研讨交流活动，着力打造文化"高地"，为文化旅游产业发展提供用之不竭的文化资源宝库。处理好祖业保护、事业发展、产业繁荣的关系，在科学保护的前提下，合理、有序推进黄帝冢、东老爷山古建筑群、北石窟寺、南佐遗址、大顺城遗址的旅游开发，全力打造具有深厚历史积淀的核心景区。大力发展文化创意产业，扶持民俗手工艺品、旅游纪念品研发，支持反映庆阳风土人情的影视剧、动漫、戏剧和音乐作品创作，做好旅游景区核心文化的提炼、展示，加强城市建设和建筑设计领域文化符号表达，力争把城乡每个建筑物都打造成景点，把城市建设成景区，让特色文化根植经济社会方方面面。

3. 持续推动文化体制改革。着力抓好文化旅游产业供给侧结构性改革，扶持和孵化一批中小微文化企业，努力构建现代文化市场体系。坚持政府主导与市场运作相结合，广泛引入市场主体参与文化旅游产业和文化事业，鼓励各类文化企业、文艺团体、旅游景区竞相发展，以充分竞争激发文化改革发展的动力与活力。打破政府主导投资开发旅游景区的传统模式，以产权制度改革为核心，探索景区所有权、管理权和经营权相分离的运作方式，充分发挥市场在文化旅游产业发展中的主导作用。

4. 持续完善公共文化服务体系。将公共文化基础设施建设作为政府主责，坚持问题导向，举全市之力，整合项目资金，补齐城市公园、健身广场、公共厕所、图书馆、文化馆、科技馆、共享单车等公共文化基础设施短板，还清广播电视户户通、文化广场、乡村舞台等公共文化服务欠账。要结合精准扶贫精准脱贫，扎实推进"文化集市""乡村舞台"、市县两级电视节目"户户通"等文化惠民工程，积极实施百县万村综合性文化服务中心建设示范项目，让公共文化服务向基层和农村倾斜。

悠悠岁月铸丰碑

——甘南改革开放 40 年的成就与经验

(中共甘南州委宣传部)

在改革开放前,甘南州受困于青藏高原恶劣的自然环境,全市经济发展落后,人民生活水平低,贫困落后的局面难以改善。改革开放 40 年来,全州人民充分发扬艰苦奋斗、自力更生的延安精神,创新发展理念,转变发展方式,经济社会发展取得了巨大成就,综合经济实力明显增强,基础设施更加完善,教育、科技、文化、体育、卫生等各项社会事业全面发展,藏区人民生活水平有了极大提高,甘南面貌发生了历史性巨变,全州经济社会发展取得了令人瞩目的成就,开创了甘南史无前例的新篇章。

一、国民经济加快增长,综合实力显著增强

数字是枯燥的,但它却最能说明问题、反映发展变化。从 1978 年至今,甘南州已经走过了 40 年峥嵘岁月。40 年来,甘南发生了天翻地覆的变化,各项主要经济指标与 1978 年相比,实现了井喷式增长。

——经济总量持续增长。改革开放 40 年来,全州经济总量呈现快速扩张态势。地区生产总值由 1978 年的 1.09 亿元迅速跃升至 2017 年的 136.59 亿元,比 1978 年增长 124 倍,按可比价格计算,年均增长 6.0%。人均地区生产总值成倍增加,人均地区生产总值由 1978 年的 228 元攀升至 2017 年的 19 152 元,比 1978 年增长 83 倍,按可比价格计算,年均增长 4.9%。十八大以来,经济进入新常态,全州地区生产总值由 2 位数增长转为 1 位数增长。2012—2017 年,全州地区生产总值年均增长 6.0%,仍然保持中高速增长。

——产业结构趋于合理。绿水青山就是金山银山,党的十八大以来,

我州生态文明建设步伐加快，一批破坏生态环境的采矿企业关停。大力发展旅游文化产业，产业结构趋于合理。1978年，全州三次产业结构比为66.5∶19.7∶13.8，到2017年调整为22.2∶14.3∶63.5，与1978年相比，第三产业比重上调了49.7个百分点，第一、二产业比重比分别降低了44.3和5.4个百分点，三次产业结构类型由1978年的"一二三型"转变为"三一二型"，第三产业已成为全州经济社会快速发展的主要动力。

——财政实力明显增强。经济的快速发展和规模的扩大，同时带来了全州财力增强。大口径财政收入由1978年的0.11亿元增加到2017年的16.23亿元，比1978年增长147.3倍，年均增长13.7%。公共财政预算支出由1978年的0.40亿元增加到2017年的171.07亿元，增长426.2倍，年均增长16.8%。

——存贷款规模持续扩大。1978年，全州金融机构存款余额为0.38亿元，2009年突破100亿元，达到108.17亿元，2013年突破200亿元，达到220.20亿元，2017年存款余额达到346.93亿元，比1978年增长911.2倍，年均增长19.1%。贷款余额由1978年的0.33亿元增加到2017年的234亿元，增长717.7倍，年均增长18.4%，有力地支持了全州经济社会的快速发展。

——城镇化建设稳步推进。40年来，城镇人口占总人口的比重逐年提高，城镇化水平由1978年的12.2%上升到2017年的34.0%，提高了21.8个百分点，年均提高0.6个百分点。全州建制镇也由1984年的4个增加到2017年的35个。

二、农业结构逐步优化，农村经济快速发展

党的十一届三中全会以后，全州人民发扬伟大的延安精神，认真贯彻执行改革开放以来党中央关于"三农"问题的一号文件精神，在农区和半农半牧区积极推行并完善以家庭经营为主的联产承包责任制，在牧业区和半农半牧区实行"牲畜作价归户，私有私养"以及"以草定畜"的草场承包生产责任制，使农牧民群众真正成为土地的主人，极大地调动了农牧民的生产积极性，粗放耕作变为科学种田，合理利用、保护和建设草场成为牧民群众的自觉行动。

全州农林牧渔业增加值由1978年的0.73亿元，增加到2017年的30.50亿元，比1978年增长41倍，按可比价格计算，年均增长4.1%。农林牧渔及

农林牧渔服务业内部结构由 1978 年的 41.6∶3.0∶55.3∶0.1∶0.0 调整为 2017 年的 20.0∶8.3∶71.2∶0.01∶0.5，农业结构逐步优化。粮食产量由 1978 年的 7.53 万吨，增加到 2017 年的 8.68 万吨，年均增加 0.03 万吨。油料产量由 1978 年的 0.18 万吨，增加到 2017 年的 2.04 万吨，年均增加 0.05 万吨。藏中药材产量由 1978 年的 0.02 万吨，增加到 2017 年的 4.87 万吨，年均增加 0.12 万吨。年末各类牲畜存栏由 1978 年的 245.39 万头、只，增加到 2017 年的 351.40 万头、只，年均增加 2.72 万头、只。肉类产量由 1978 年的 0.78 万吨，增加到 2017 年的 7.86 万吨，年均增加 0.18 万吨。从 2009 年开始我州加快实施草原生态环境保护，核减超载牲畜，2012—2017 年五年间全州各类牲畜存栏减少 32.41 万头、只。

这一组组数据，承载着我州快速发展的成就。

三、工业发展加快，效益大幅增长

改革开放 40 年来，特别是"九五"以来，我州工业结构有了较大调整。1998 年，国家天保工程实施，全州关停了一大批森工企业。随之以黄金为主的矿产开发逐步崛起，推动了工业发展。

"十五"到"十一五"期间，全州全力实施"工业强州"战略，围绕水电、畜产品、中藏药、矿产、建材等特色优势资源，加大工业项目的投资力度，大力推进产业结构优化升级，加快培育特色工业和优势产业，工业对经济的贡献率逐年提高。

"十二五"期间，我州把畜产品加工业作为全州第二产业的首位优势产业打造，积极培育知名品牌和拳头产品，增强对全州畜牧业的辐射带动作用，培育了以燎原、华羚、雪顿等为龙头的牦牛乳产业集群。2017 年甘南州分别被中国乳制品工业协会、中国农业大学等授予"中国牦牛乳都""中国农业大学教授工作站""甘肃牦牛畜牧兽药实验基地"荣誉称号。

四、商贸经济繁荣兴旺，消费市场持续活跃

改革开放 40 年来，全州积极改革流通体制，大力发展集体、私营、个体商业和城乡集市贸易，商业交易网点大量增加，形成多流通渠道、多种经营方式相互竞争的商品流通体系，商贸流通逐步兴旺繁荣。全州社会消费品零

售总额由 1978 年的 0.56 亿元，增加到 2017 年的 48.63 亿元，比 1978 年增长 85.8 倍，年均增长 12.1%。2012—2017 年，全州社会消费品零售总额年均增长 10.0%。

随着互联网的不断发展，全州电子商务从无到有，经营主体逐步增加，规模不断扩大。到 2017 年，全州 8 个县市建立了电子商务服务中心、50 个乡镇建立了电子商务服务站、156 个村建立了电子商务服务点。合作市、夏河、临潭三县乡镇实现了电子商务服务站全覆盖。夏河、临潭县创建为国家级电子商务进农村综合示范县。合作市创建为省级和国家级电子商务示范县。建成了"藏宝网""启源科技""拉卜楞网城""58 同城"、淘宝"特色中国——甘南馆"、京东"中国特产——甘南拉卜楞馆"等销售信息网站 24 家，电商企业 150 家。藏宝网入围商务部 2017—2018 年度国家级电子商务示范企业，卓璞堂洮河砚艺坊等 8 家网店被评为省级优秀网店。

五、城乡居民收入大幅增长，人民生活水平显著改善

改革开放 40 年来，全州农牧民的生产积极性得到了空前解放，农村经济发生了巨大变化，城乡居民收入大幅增长，人民生活水平显著改善。全州城镇居民人均可支配收入由 2004 年的 4773 元，增加到 2017 年的 23 012 元，比 2004 年增长 3.8 倍，年均增长 12.9%。农村居民人均可支配收入由 1978 年的 67 元，增加到 2017 年的 6998 元，比 1978 年增长 103 倍，年均增长 12.7%。城镇居民恩格尔系数由 2004 年的 38.9% 下降到 2017 年的 37.8%，下降 1.1 个百分点。农村居民恩格尔系数由 1978 年的 75.0% 降至 2017 年的 44.6%，下降了 30.4 个百分点，平均每年下降 0.8 个百分点。

全州农牧村贫困人口由 2012 年年初的 28.18 万人减少到 2017 年年底的 4.74 万人，累计脱贫 23.44 万人，贫困发生率由 51.3% 下降到 8.3%。

六、文化旅游融合发展，各项社会事业全面进步

党的十八以来，随着文化旅游发展战略的深入推进，旅游项目规划中注重文化内涵的挖掘与提炼，文化产业项目上注重借助旅游带动发展，以"甘南文化旅游创意园区""博峪民俗风情文化产业园"和"洮河文化风情线项目"等为代表的一批文化产业项目紧扣文化旅游融合发展的理念进行规划设计，

组织实施。文化旅游项目捆绑式实施成为推动全州文化旅游融合发展的重要手段。以藏剧《唐东杰布》和《金顶梵音》为代表的演艺产业迈出了积极进取的步伐，在演艺形式与内容方面均有创新性突破。

2016年，全州文化产业法人单位260个，从业人员4459人，实现文化产业增加值1.82亿元，比2012年增加0.73亿元，占地区生产总值的1.3%，比2012年提高0.2个百分点。2017年，全州共接待国内外游客1105.6万人次，比2012年增长2.6倍，年均增长29.1%；实现旅游综合收入51.50亿元，比2012年增长2.9倍，年均增长31.4%。

截至2017年年底，全州学前三年毛入园率90.9%，比2016年提高9.8个百分点；九年义务教育巩固率95.1%，比2012年提高17.4个百分点；高中阶段毛入学率89.9%，比2012年提高14.2个百分点。广播、电视综合覆盖率均达到100%。各级各类医疗卫生机构1030所，比2012年增加232所；卫生技术人员4488人，比2012年增加910人；床位3034张，比2012年增加912张。邮电业务总量10.02亿元，比2012年增长1.7倍，年均增长21.9%；移动电话用户68.06万户，比2012年增加16.12万户；互联网用户8.18万户，比2012年增加5.53万户。

七、全面建成小康，指数稳步提高

全面建成小康社会是"四个全面"战略布局的战略目标，"十三五"时期是全面建成小康社会决胜阶段，甘南州集民族地区、高海拔地区、贫困地区于一身，是全省全国扶贫开发的重点区域。努力与全国全省一道进入全面小康社会，是党中央对我们的殷切期望，也是全州人民矢志不渝的奋斗目标，在全州人民的共同奋斗下，全面建成小康指数稳步提高。据监测，2016年我州小康指数为76.6%，比2010年提高25.9个百分点，年均提高4.3个百分点。其中，经济发展指数58.2%，比2010年提高14.4个百分点，年均提高2.4个百分点；民主法治指数79.9%，比2010年提高21.2个百分点，年均提高3.5个百分点；文化建设指数73.8%，比2010年提高13.4个百分点，年均提高2.2个百分点；人民生活指数83.8%，比2010年提高40个百分点，年均提高6.7个百分点；资源环境指数81.9%，比2010年提高24.7个百分点，年均提高4.1个百分点。

延安精神永放光芒

随着收入的不断提高,全州各族群众的生活质量得到明显改善。已由单一的吃、穿、住消费,逐渐转变为居民家庭对现代化耐用品的拥有,汽车、家电、移动电话、电脑等成为人们生活中必不可少的消费品。每逢节假日,外出休闲旅游便成为许多人热衷的选择,从过去简单的吃饱、穿暖到现在的吃好、用好、生活好,人们追求的已是生活品质的提升。40年来,我州各族群众的生活发生着天翻地覆的变化,消费水平和生活质量显著提高。

改革开放40年,时代发生了翻天覆地的变化,我州经济实力增强,社会和谐稳定,人居环境、基础设施明显改善,社会事业全面发展,人民的生活水平和幸福指数得到大幅提高。在党的光辉政策的照耀下,在全州各族人民的努力拼搏下,甘南的明天会更好。

延安精神：推进改革开放的精神引擎

张 娟
(兰州理工大学马克思主义学院)

以坚定正确的政治方向，解放思想、实事求是的思想路线，全心全意为人民服务的根本宗旨，自力更生、艰苦奋斗的创业精神为主要内容的延安精神，是中国共产党在中国革命由苦难走向辉煌的关键时期形成的宝贵精神财富，是中国共产党带领中国人民在不同阶段取得一个又一个胜利的传家宝。习近平总书记曾指出："延安精神是中华民族优良传统的继承和发展，是我们党的性质和宗旨的集中体现。弘扬延安精神，对于推进中国特色社会主义事业、实现中华民族伟大复兴具有重要意义。"改革开放四十年，我国开创了中国特色社会主义的新境界和新阶段，追赶了资本主义用上百年才能实现和创造的发展成就。中国的改革开放既让国人自信和自豪，又让世界惊叹和羡慕，开创如此辉煌的伟业，原因是多方面的和综合性的，从精神层面讲，伟大的延安精神作为中国共产党的优秀政党文化成果，其深刻的精神内涵鼓舞和推动着中国人民积极向前，使延安精神成为推进改革开放事业顺利发展的精神引擎。

坚定正确的政治方向的信仰追求是推进改革开放的精神旗帜。党之所以攻坚克难、战无不胜最根本的信仰追求就是坚定正确的政治方向，对实现社会主义和共产主义的光明前景有着痴情和痴迷的坚定信仰。我国推进改革开放四十年所取得的成就，最核心的精神旗帜就是坚持社会主义政治方向不动摇。改革开放之初，邓小平就曾指出："在中国实现四个现代化，必须在思想政治上坚持四项基本原则。"只有坚持四项基本原则，坚持社会主义的发展方向，改革开放事业才不会走偏路和走错路，这也是为什么在"一个中心，两个基本点"的基本路线中，坚持四项基本原则是第一个坚持，而改革开放是第二个坚持，没有第一个坚持，第二个坚持就是无源之水、无本之木。进入新世纪，党的十八大尤其强调："在改革开放三十多年一以贯之的接力探索中，我们坚定不移高举中国特色社会主义伟大旗帜，既不走封闭僵化的老路、也不走改旗易帜的邪路。"回击了社会上对改革开放的种种质疑和错误言论，坚定了改革发展的社会主义方向和信仰。面对一些人指摘改革开放以来中国实行的是"新官僚资本主义""资本社会主义""国家资本主义"等种种谬论，习近平总书记旗帜鲜明地提出："中国特色社会主义是社会主义，不是别的什么主义。"再一次捍卫和坚定了改革开放的社会主义性质和方向，粉碎了别有用心的错误言论和导向。坚定正确的政治方向作为延安精神的首要精神，是植根于中国共产党人内心深入最坚定的信仰追求。改革开放顺利推进四十年，靠的就是中国共产党人把坚定正确的政治方向作为推进改革开放的精神旗帜，不断引领13亿多中国人民走向中华民族伟大复兴光辉前景。

解放思想、实事求是的思想路线是推进改革开放的思想武器。《解放思想，实事求是，团结一致向前看》是邓小平开启改革开放历史伟业的宣言书，而解放思想、实事求是的思想路线，是鼓舞和推动中国共产党和中国人民勇于破除僵化思想、改革创新、攻坚克难的有力思想武器。解放思想是马克思主义的灵魂，实事求是是马克思主义的精髓。不解放思想，不实事求是，就不会有改革开放，就不能顺利推进改革开放，更不能通过改革开放创造一个又一个发展的历史性奇迹。每当人们对改革开放出现疑惑或迟滞不前时，诸如"不敢解放思想，不敢放开手脚，结果是丧失时机""改革创新，就是要坚持解放思想""解放思想是首要的""针对客观现实，采取实事求是的态度，一切从实际出发""采取实事求是的态度……才有可能正确地或者比较正确地解决问题""坚持实事求是，就能兴党兴国，就能实现中华民族伟大复兴"等等言语嘱托就会鼓舞和坚定我们向前推进的步伐。十一届三中全会以来，我国的改革开放事业的持续推进和升级，靠的就是把解放思想、实事求是的思想路线作为推动改革开放最有力的思想武器。即使在面对"两个凡是"、资产阶级自由化思潮、"姓资姓社"之争、"老路邪路"之争的种种考验，党和人民也总能运用解放思想、实事求是的精神思想武器摧毁阻挡和破坏改革开放事业开启、发展和升级的重重困难。

全心全意为人民服务的根本宗旨是推进改革开放的精神标尺。作为社会主义国家，改革开放最根本的目的和归宿是一切为了人民和全心全意为人民服务。全心全意为人民服务是中国共产党的宗旨和立党的初心，也是人民政府的庄严承诺和行动指针。在党的十三大上，邓小平提出"三个有利于"时，就把"是否有利于提高人民的生活水平"作为改革发展的重要衡量指标。江泽民也曾指出："我们党领导的改革开放和现代化建设事业，是人民群众参加的、为人民群众谋利益的事业。"胡锦涛则直接提出"坚持把实现好、维护好、发展好最广大人民的根本利益作为我们一切工作的根本出发点和落脚点"和"让全体人民共享改革发展成果"的明确要求。习近平更是把人民置于至高无上的地位，提出"以人民为中心"和"把人民对美好生活的向往作为我们的奋斗目标"。改革开放以来，正是几代中国共产党人坚持把全心全意为人民服务的根本宗旨作为开展一切工作的精神标尺，才使我们的改革开放事业拥有了广大人民群众衷心拥护的不竭动力，才使我们的改革开放事业不是为了发展而发展，而是为了中国人民的幸福美好生活和共同富裕而奋勇前进。

自力更生、艰苦奋斗的创业精神是推进改革开放的精神品质。自力更生、艰苦创业是中国共产党人创业守业的优良"家风"，早在延安时期，毛泽东就提出"自己动手，丰衣足食"的口号，使根据地人民顺利度过了经济困难。新中国建立后，正是毛泽东带领中国人民，独立自主、自力更生、艰苦奋斗，才使中国人民在反对美苏霸权的过程中，建立起了比较完整的工业体系和国民经济体系，创造了自己的原子弹、氢弹、导弹、人造卫星、核潜艇等一大批立身立威的先进科技，使中国人民真正的站了起来。改革开放以来，我国尽管积极学习和引进西方的技术和经验，但是我们深刻地明白，只有自己拥有才能立于不败之地。正是自力更生、艰苦奋斗的创业精神品质，使得中国人民不断创造一个又一个人间奇迹。经济上，建立和发展社会主义市场经济体制，使中国人民的收入由改革开放之初的人均155美元猛增至今天的人均近9000美元；政治上，中国特色社会主义道路和制度越走越宽，越走越光明；思想文化上，中国人民坚定对马克思主义的理想信仰，共同践行社会主义核心价值观，重拾了文化自信，中国人民正在以崭新的文化姿态和面貌走向世界；科学技术上，中国的航天航空事业、交通运输事业、信息技术行业等实现了跨越式的发展，天宫、悟空、嫦娥、墨子等纷纷升空，高铁、高速、大飞机、

延安精神永放光芒

大桥梁不断涌现，移动支付、共享经济使新兴技术发展夺目耀眼。没有一代代、一个个中国人在自己的工作岗位上辛勤劳动、负重前行和艰苦创业，就不会有一个个中国奇迹；没有自力更生、艰苦奋斗的创业精神，中国的改革开放就不会推进得如此迅速和顺利。自力更生、艰苦奋斗的创业精神是推进改革开放的精神品质，是中国共产党人和中国民族的精神底色。

总之，延安精神虽历经中国革命、建设和改革的层层传承，但其精神内核和精髓却不曾丢失，甚至在不同的时期以不同的形式发扬光大，洗礼和鼓舞着一代代中国共产党人和中华儿女的心灵和行动。今天，作为置身于新时代的新青年，更应该传承和弘扬延安精神的信仰追求、思想路线、根本宗旨和创业精神等精神内容，把改革开放的历史伟业推向新的阶段和层次，使延安精神成为推进改革开放持续发展的精神引擎。

延安精神与改革开放

张艳霞

摘要：延安精神不论是在革命战争时期还是在和平建设发展时期，都有它特定的现实意义。四十年的改革开放实践证明，延安精神是一种增强民族凝聚力，激励一代又一代的中国人自力更生、艰苦奋斗的伟大精神，同时，延安精神在新时代背景下并没有过时，应把延安精神深入贯彻在往后的改革开放进程中，从而体现出其自身的价值。

关键词：延安精神　改革开放　习近平新时代中国特色社会主义思想

2002年4月，江泽民在陕西考察工作时，对延安精神作了精辟完整的概括："坚定正确的政治方向，解放思想、实事求是的思想路线，全心全意为人民服务的根本宗旨，自力更生、艰苦奋斗的创业精神是延安精神的主要内容。"延安精神是我们党的性质和宗旨的集中体现，是习近平新时代中国特色社会主义思想的历史起点，是我们党加快改革开放、夺取中国特色社会主义伟大胜利的宝贵精神财富。

一、四十年的改革开放实践鉴定了延安精神的真理性

（一）改革开放坚定正确的政治方向，充分体现了延安精神的灵魂所在

习近平总书记强调："政治方向对一个党、一个党的组织、一个党员干部来说都极端重要。"改革开放以来，党坚持正确的政治方向，明确提出"两个一百年"奋斗目标，坚定为实现共产主义远大理想和中国特色社会主义共同理想的信念，稳定解决了人民的温饱问题，总体上实现了小康，不久将全面建成小康社会。中国特色社会主义各领域取得的丰硕成果证明，政治方向事关党的前途命运和事业兴衰成败，方向正确，才能实现中华民族复兴的伟

大梦想。

（二）改革开放坚持解放思想、实事求是的思想路线，贯彻全心全意为人民服务的根本宗旨，充分体现了延安精神的精髓和核心

解放思想、实事求是的思想路线，是延安精神的精髓，也是中国特色社会主义理论体系的精髓。中国共产党在坚持解放思想、实事求是的路线下，总结正反两方面的经验，深化了对"什么是社会主义、怎样建设社会主义"和"建设什么样的党、怎样建设党"的认识，深刻回答了新形势下实现什么样的发展、怎样发展等重大问题。实践和历史反复地证明，坚持实事求是，就能推动国家建设不断取得进步，而违背实事求是，就会造成中国特色社会主义事业停滞不前。

全心全意为人民是中国共产党的宗旨，也是延安精神的核心所在，说到底，任何理论与实践的最终落脚点，都在于广大人民群众。四十年的改革开放，为的是通过改革让人民过上幸福满足的生活，毛泽东曾说，"我们一切工作干部，不论职位高低，都是人民的勤务员，我们所做的一切，都是为人民服务。"在改革开放后党的几代领导人的执政理念里，都始终把人民利益摆在了最重要的位置。

（三）改革开放发扬自力更生、艰苦奋斗、勤俭节约的创业精神，充分体现了延安精神的重要特征

习近平总书记强调："自力更生、艰苦奋斗是我们共产党人的品质，是我们立党立国的根基，也是党员、干部立身立业的根基。"所谓自力更生就是自己依靠自己，自己发展自己，自己相信自己，而艰苦奋斗，侧重于奋斗。十年的"文化大革命"给予当时的中国社会主义建设事业严重一击，改革开放面临的国际国内形势相当严峻，邓小平同志独立领导全国各族人民在具体分析基本国情的情况下，走出了一条属于中国特色社会主义的自己的路，实践证明，这条路是十分正确的。

可以准确地说，如果没有延安时期艰苦奋斗、小米加步枪的精神，就不会有今天改革开放四十年的伟大成就，就不会有我国对进入新时代的新的历史定位。

四十年的改革开放取得的巨大成就检验了延安精神的真理性，全面鉴定了延安精神核心、灵魂和精髓的科学价值。今天深化改革开放所制定的各项政策是为了继续实现延安时期的远大目标，进一步完成为人民创造美好生活而不懈奋斗的神圣使命，理应在加快改革开放的步伐中，发挥延安精神指导各项建设的精神动力作用。

二、在往后的改革开放实践中，应当继续弘扬延安精神

2015年习近平在陕西考察时强调："老一辈革命家和老一代共产党人在延安时期留下的优良传统和作风，培育形成的延安精神，是我们党的宝贵精神财富。"之后又指出："弘扬延安精神，对于推进中国特色社会主义事业、实现中华民族伟大复兴具有重要意义。"在当前全党全国正处于贯彻落实习近平新时代中国特色社会主义思想和党的十九大精神，全面深化改革，不断推动形成对外开放新格局，全面建设社会主义现代化强国的伟大时期，延安精神作为中华民族精神的重要组成部分，应该被大力弘扬和深入贯彻学习，否则就会偏离正确的轨道。

延安精神是有强大生命力的，并不是苦行僧精神，而是我们国富民强的重要根基，对全面深化改革、经济建设有重要的指导作用。在进行全面深化改革，深入推进重点领域和关键环节改革，尤其是在10月17日国家扶贫日前后，脱贫攻坚进入最关键的阶段，农村三变改革大力实施之际，应坚定远大革命理想信念，增强对中国特色社会主义的政治认同，始终贯彻习近平新时代中国特色社会主义思想，结合实际落实改革，发扬延安精神中实事求是、一切从实际出发、理论联系实际的科学精神，把党对改革工作的领导体现在抓落实、见成效上，把更多的物力财力放在解决实际问题上来；应牢牢扭住延安精神的核心，全心全意为人民服务，提高保障和改善民生水平，用实际行动消除长春长生假疫苗事件给人民造成的恐慌，落实健康中国战略，改革和完善疫苗管理体制，严格市场准入，强化市场监管，加大疫苗药品违法处罚力度，严厉打击违法违规行为。

对外开放是我国的基本国策，习近平总书记指出："开放带来进步，封闭必然落后。中国的大门不会关的，只会越开越大。"在新时代背景下，要秉承延安精神中的精髓和灵魂，坚持引进来和走出去并重，贯彻新的发展理念，创新对外投资方式，推进"一带一路"建设，努力实现政策沟通、设施联通、贸易畅通、资金融通、民心相通，加强创新联动合作能力，优化区域开放布局，

延安精神永放光芒

加大中西部地区开放力度,加强沿线国家发展战略,完善监管制度和政策框架,探索建设有中国特色社会主义的自由贸易港,形成陆海内外联动、东西双向互济的开放格局,推进社会主义现代化建设。

在我们比历史上任何时期都更接近、更有信心和能力实现中华民族伟大复兴目标的今天,习近平总书记一再强调要"不忘初心,牢记使命,继续前进"。就是在物欲横流、人心浮躁的现今,把革命战争时期凸显在当时中国共产党人的精神植根于当今广大干部群众中,认识到实现中国梦的目标任重而道远,不要因为走得太远,而忘了当初为什么而出发,因此,我们要追寻当年的延安足迹,学习当年革命党人不畏艰苦、勤俭节约、努力奋斗的崇高而伟大精神,努力在当今讲好延安故事,传承延安精神,始终牢记"全心全意为人民服务"的根本宗旨,继续发扬自力更生、艰苦奋斗的创业精神,在走好中国特色社会主义这条道路的途中,让延安精神入群众干部头脑,进广大群众干部心中,体现于社会主义社会建设事业行动中。

改革开放助力红西路军纪念馆蓬勃发展
——中国工农红军西路军纪念馆改革开放40年打造红色基地的主要做法及经验

朱德忠

（中国工农红军西路军纪念馆馆长）

改革开放的40年，是各个方面发生翻天覆地变化的40年，也是中国工农红军西路军纪念馆（高台烈士陵园）发生巨大变化的40年。党的十一届三中全会以来，中国工农红军西路军纪念馆人和全县人民及全国人民一样，始终保持攻坚克难的进取精神，坚定信心坚持改革开放，持续开展创新实践，在场馆建设、陈展方式、史料研究、教育形式等方面都发生了巨大变化。由最初只有一座公墓、四个亭子的烈士陵园逐步发展到如今省委、省政府制定的华夏文明传承创新区"红色文化弘扬"板块红西路军"一综十二专"（一个综合馆，十二个专题馆）中的综合纪念馆；陈列室从一间土平房变成了富有现代气息的高规格场馆，并新建了高大雄伟的纪念碑和大气磅礴的英雄雕塑；陈展由单一的照片加文字的方式改进为现在声、光、电等高科技手段的综合应用；宣讲也由游客自己看变成了如今综合素质过硬的专业宣讲团队；史料研究、发掘方面积累了一定的成果，丰富的红色资源被不断挖掘并发扬光大；宣传教育形式根据时代的变化不断地丰富，目前已成为红西路军历史的纪念、展示、保护和研究中心。

40年来，中国工农红军西路军纪念馆持续利用红色文化资源开展爱国主义教育、国防教育、党员干部党性教育和社会主义核心价值观培育，对广大党员干部群众加强党性修养、坚定理想信念、保持优良作风，以及青少年树立正确的世界观、人生观、价值观发挥着巨大的精神支撑作用。

延安精神永放光芒

——坚持改革不放松，不断夯实发展基础。40年来，中国工农红军西路军纪念馆始终把改革开放讲在嘴上、抓在手上、记在心上、落实在行动上。

改革开放以来，建有大门、烈士公墓、四个纪念亭和一个纪念堂的高台烈士陵园面貌逐步得到改观。

20世纪80年代先后修缮了烈士墓、大门，彩绘了纪念亭，铺衬了大小道路，新建了陈列室、喷泉，更新了围墙等。1994年重建烈士纪念堂，雕刻董振堂、杨克明烈士汉白玉半身雕像。1995年建成"血战高台"英雄群雕。2001年修缮三檐双层五角亭。2004年征地1.6万平方米，建成公园一座。2005年编制完成《高台烈士陵园红色旅游景区建设项目总体规划》。2009年3月，高台烈士陵园名称规范为"中国工农红军西路军纪念馆"的申报得到省委宣传部批准。2009年8月1日，中国工农红军西路军纪念馆第一陈展室建成开馆。内设8个展厅、1个英烈厅、1个影视厅以及接待室、操作室等附属设施。2016年10月第二陈展室建成开馆，内设6个展厅。两陈展室占地面积7800多平方米，以人物照片（油画、版画）和文字简介为基本陈列语言，以声、光、电、环幕电影、雕塑、多媒体景观箱等为辅助方式，真实、准确、完整地再现了红西路军西征史实。

通过不断完善基础设施建设，持续绿化、美化、亮化环境，中国工农红军西路军纪念馆创造了良好的育人环境，先后被命名为"全国重点烈士纪念建筑物保护单位""全国爱国主义教育基地""全国百家爱国主义教育示范基地""百家红色旅游经典景区""全国青少年教育基地""国家国防教育基地""甘肃省中共党史教育基地""甘肃省党员干部党性教育实践教学基地""国防大学现地教学基地"等，现已成为省内外机关企事业单位、学校、军队和社会各界人士进行革命传统教育、爱国主义教育、未成年人思想道德教育、党史教育、党员党性教育的重要阵地。至目前，共接待游客1900多万人次，举办大型教育活动1000多场次，提供讲解38万多场次。

——坚持改革不停步，不断强化教育职能。40年来，中国工农红军西路军纪念馆为进一步发挥引导社会、教育人民、为经济社会发展凝心聚力的功能，通过主题教育与宣传推介相结合，加大宣传力度，倾力打造"红色"靓丽名片。

一是积极申报了全国红色旅游基地、研学旅游示范基地和现场教学基地，并与周边中小学校加强合作,使红色文化纳入课堂教育、德育教育。二是设置语音导览系统,充实纪念馆网站,利用新媒体加大宣传力度,大力推进智慧旅游项目建设。三是出版《中国工农红军西路军纪念馆馆刊》7期14 000册,编辑中国工农红军西路军《人物名录》《人物志》《访谈录》《纪念文集》等系列丛书,为广大群众及未成年人提供了很好的精神食粮。同时,加大对红西路军历史研究和实地调查,寻访亲历者和见证者,重建"红色家谱",积极抢救保护红色文化资源。

——坚持改革不徘徊,不断突出教育实效。40年来,中国工农红军西路军纪念馆始终坚持"两手抓、两手都要硬"的方针,立足实际,深入挖掘西路军精神,充分发挥教育资源作用,多渠道、多方位、多形式地开展各类教育活动,不断突出教育实效。

一是充分发挥纪念馆爱国主义教育、国防教育、党员党性教育基地作用,利用清明、七一、八一、烈士公祭日等重大节假日组织开展各类主题教育活动,突出教育实效。二是积极加强与周边学校、部队、企业以及省内外单位共建教育基地,先后被西安理工大学、兰州大学马克思主义学院、西北师范大学等7所大学确立为实践教学基地;被国防大学、兰州军区善后办、甘肃省军区、甘肃金融工会等确立为现地教学基地、红色教育基地、"红色基因代代传"工程教育实践基地、"四有新一代革命军人传统教育基地"等。三是举办了"瑞金精神永放光芒""人民之子邓小平"等不同内容的临时展览和流动展览50多场次,同时深入周边部队、学校、企业、社区进行宣讲,到西部战区巡展等,不断延伸教育触角,有效发挥了纪念馆的教育功能。

——坚持改革不退缩,努力积攒发展经验。40年的拼搏进取,40年的改革开放,既使西路军纪念馆陈展方式、参观环境得到了明显改善,也吸引了众多游客前来缅怀先烈、汲取精神养分,同时也使纪念馆积累了很多宝贵经验。

要坚定信心、下定决心,坚持改革开放不停步,真正做到"任尔东西南北风,咬定改革不放松"。

要始终保持昂扬向上的斗志、攻坚克难的勇气、真抓实干的精神、不折不挠的韧劲,盯重点、攻难点,不到目的、决不罢休!

要善于寻找机遇、抢抓机遇,要在"于无声处聚资金,机遇面前抢项目"。

要学会推销自我、大力宣传自身优势,千方百计地把自己的品牌打出去,

延安精神永放光芒

并且想方设法地使其响起来、靓起来，切实增强自身的吸引力、凝聚力。

总之，伟大的改革开放事业还在继续，作为中国工农红军西路军纪念馆人，我们将继续坚定信心持续推进改革开放，进一步发挥红色文化的育人作用，为我们的强国自信提供更基本、更深沉、更持久的力量。

基于历史视角浅析改革开放后甘肃省的时代精神

石 琳

（中国工农红军西路军纪念馆）

甘肃精神一经提出，立即引起巨大的社会共鸣。如今，甘肃精神深入人心，各行各业的陇原精英自觉践行甘肃精神，人民群众主动弘扬甘肃精神；灵魂的力量激荡陇原大地，成为推动全省经济社会又好又快发展的强大精神动力。总结升华之后的甘肃精神，何以产生如此震撼人心的力量，构成蔚然壮观的"精神现象"，值得深思和研究。

一、甘肃精神具有深厚的历史积淀和文化内涵

甘肃精神从字面上看，只有"人一之、我十之，人十之、我百之"简简单单的十二个字，但她具有深厚的文化内涵和历史积淀。十二字典出儒家经典"四书五经"之一的《中庸》。《中庸》第十九到二十一章，在谈论学问之道时说："博学之，审问之，慎思之，明辨之，笃行之。""人一能之己百之，人十能之己千之。""果能此道矣，虽愚必明，虽柔必强。"

儒家经典中谈论的学问之道，在以儒家文化为主流的中国文化之中已经演化为做人之道。历代的优秀知识分子慎思笃行的人格力量，人民大众锲而不舍的坚韧品质，构成中国文化中生生不息的精神动力。甘肃人民在长期的生产实践中正是秉承了这一优秀品质。"天行健，君子以自强不息"，甘肃人民艰苦奋斗、不怕困难、崇尚实干、不甘落后、坚忍不拔、顽强拼搏、锲而不舍、奋发有为的精神，正是传统文化的具体体现。甘肃精神的高度概括也正好准确地描述了这种精神实质。这就是今天的十二字甘肃精神令陇原大地耳熟能详的历史和文化渊源。

二、甘肃精神拥有深厚的群众基础和实践基础

甘肃精神的总结不是突发奇想,也不是独出心裁,而是源自于人民,源自于实践,具有深厚的群众基础和实践基础。甘肃精神融入甘肃人民的奋进与创造之中,种种表现可以载入共和国史册。比如说庆阳老区精神。1927年,中国共产党在宁县建立了甘肃第一个农村党组织;1931年,建立了甘肃第一支革命武装——南梁游击队;1934年,建立了西北第一个陕甘边区苏维埃政权——南梁政府。这片黄土地,不仅是走过万里长征的红军的落脚点,更是中国革命的根据地。在血与火斗争中铸就的老区精神,同井冈山精神、长征精神、延安精神一样,构成中国共产党人的英雄品格。

比如说庄浪奇迹。庄浪人在40年间兴修梯田,将一片片"三跑田"变成"金不换"。他们搬运的土方若堆成一米见方的土墙能够绕地球6圈半。以兴修梯田而闻名于世的庄浪精神,改写了靠天吃饭的命运,实现了一方水土养活一方人的梦想。

比如说王进喜的故事。这位出生玉门的石油工人,"宁可少活二十年,拼命也要拿下大油田",他把玉门石油工人的精神带到大庆,带向全国,他身上展现的"铁人精神",激励了一代代的石油工人,成为中国产业工人光辉形象的象征。

在甘肃,由团体到个人,由企业到地方,震撼心灵、感动陇原、令世界惊叹的精神故事比比皆是。与风沙对抗的石述柱精神,以艰苦著世的铁山精神,以长天为梦的航天精神,还有定西的"三苦"精神,会宁的教育精神……这些精神的本质都是艰苦奋斗、不怕困难、崇尚实干、不甘落后、坚忍不拔、顽强拼搏、锲而不舍、奋发有为,正是这些精神汇成了"人一之、我十之,人十之、我百之"的甘肃精神。

三、甘肃精神具有鲜明的地方特点和独有特征

每一个地方,都有自己独具特色的地域精神。她是一个地方人与自然俯仰呼吸而产生的思想精华,是世代百姓为生存繁衍搏击奋斗而形成的性格特征,是一个地方凝聚人心的精神动力。甘肃自然环境严酷,恶劣的自然环境,决定了甘肃人民必然要经历更多的艰辛与苦难,必然要付出更多的努力。而

环境越艰苦，人则越顽强。

自然环境决定了人的性格，历史文化塑造了人的灵魂。甘肃人民在艰苦环境中生存和发展的历史，就是执著坚实性格形成的历史。执著坚韧对于甘肃人民，与其说是一种美德，毋宁说是一种生存和发展的必备条件。精神与品格，是区别个体与个体，群体与群体的本质特征。甘肃精神，一经形成，便展示出她独特的质朴无华的个性魅力，甘肃精神的提炼具有独有性。

这十二个字是对甘肃这一地域的人民，在历史发展中形成的独有价值观念、思维方式、行为标准的准确描述和总结，是2600万甘肃人民精神品格的共有特征。一种地域精神，愈有历史文化内涵、人民实践基础、鲜明地域特色，就愈有生命力。精神之树常青，灵魂之美永恒。这种汹涌澎湃的精神现象，又将激荡心灵，如春风催开花千树，使陇原处处尽芳菲。

四、新时代精神下甘肃全面深化改革的思考

在新时代，甘肃要与全国同步全面建成小康社会，实现社会主义现代化，需要把习近平总书记提出的新发展理念、视察甘肃"八个着力"重要指示精神具体化为谋划发展的具体思路，转化为促进发展的改革措施，"放手让一切劳动、知识、技术、管理、资本的活力竞相迸发，让一切创造社会财富的源泉充分涌流"，全力创造经济向好的局面。

一方面，需要从改革开放40年的历程中吸取成功经验有：解放思想，尊重经济规律并按经济规律办事；激励干事，创造一心一意谋发展的氛围；突出重点，抓住关键领域实现突破；试点先行，鼓励基层大胆探索；配套协调，注意克服经济领域改革的内部与外部因素制约。

另一方面，把"八个着力"作为一以贯之的发展大思路，围绕打通经济制约瓶颈，确立交通畅省、生态立省、数字强省、开放富省战略重点。交通畅省，即加速实现"县县通高速"，使特色农产品能够出去，方便工业原料运入和产品运出，激活第三产业；生态立省，即借助中央强化生态建设政策导向，做实"国家生态安全屏障综合试验区"，争取并实施重大生态环保项目，大力发展生态农业、旅游业，做生态经济大文章；数字强省，即顺应中央建设"数字中国"，突破传统意义上的一、二、三产业的束缚，推进大数据与工业化快速融合发展，农业的"农工业"和网络化发展，信息化的生产型服务业的

发展；开放富省，即紧抓"一带一路"机遇，更大力度地对丝绸之路国家扩大"五通"。同时以开放带动改革，重点推进城乡一体化的综合改革，破除城乡分割二元管理体制；加大地方政府自身的体制改革力度，为经济发展松绑；加快社会信用体系建设，创造有吸引力的营商环境；加大人才工作力度，创造干部队伍竞争向上、勇于创新的机制和氛围。

五、结束语

总之，改革开放精神与延安精神，都是中国共产党和中国人民在不同的历史时期所培育、形成的反映不同时代特征的伟大精神，是对中华民族优良传统和革命精神的继承和发展，是中国共产党和中国人民薪火相传的精神财富。在纪念改革开放40周年之际，研究和弘扬改革开放精神，对于继续高举中国特色社会主义伟大旗帜，加快社会主义现代化建设新局面具有重要的意义。

参考文献：

［1］董亚平，赵琼.改革开放以来解放思想的回顾与总结［J］.中国延安干部学院学报，2009（01）.

［2］孔建新，沈伟建."走出去"战略推进向西开放新发展［J］.西部论丛，2009（09）.

［3］陈章亮.解放思想是怎样成为改革开放先导的［J］.北京行政学院学报，2008（06）.

［4］蔡继明.从体制改革到制度创新——中国改革开放30年的最大成果［J］.中国金融，2008（07）.

［5］林振义.改革开放时代孕育和塑造了改革创新精神［N］.学习时报，2018-07-09（006）.

弘扬延安精神是当代共产党人践行初心和使命的重要支撑

陈永胜

（中共甘肃省委党校）

1942年12月，毛泽东同志首次在延安提出延安精神，其后延安精神的内涵被概括为：实事求是、理论联系实际的精神，全心全意为人民服务的精神和自力更生艰苦奋斗的精神。本质是解放思想、实事求是。在我党长期的革命、建设和改革开放的历史进程中这一精神都提供了强大的精神动力。2017年10月习近平总书记在党的十九大上，向全党提出"不忘初心，牢记使命"的号召，并进一步指出共产党的初心就是为人民谋幸福、为民族谋复兴。这是新时代共产党人对延安精神的进一步继承和发展。新时代共产党人要不忘初心，牢记使命，完成中华民族从站起来、富起来到强起来的历史性跨越，实现中华民族伟大复兴的中国梦，必须弘扬伟大的延安精神，为中国共产党和中华民族提供强大的精神动力。

一、统揽新时代中国特色社会主义"四个伟大"的新使命必须弘扬延安精神

中国近代以来面临的民族独立、人民解放和国家富强、人民幸福两大历史任务，以及实现中华民族伟大复兴的历史使命，在新时代中国特色社会主义具体地体现为"四个伟大"的新使命。这里面，伟大斗争、伟大工程、伟大事业、伟大梦想紧密联系、相互贯通、相互作用。党的十九大把伟大斗争、伟大工程、伟大事业、伟大梦想作为一个统一整体提出来，是一个重大理论创新，明确了党在新时代治国理政的总方略、引领全局的总蓝图、谋划工作的总坐标，体现了奋斗目标、实现路径、前进动力的高度统一，体现了历史传承、现实任务、未来方向的高度统一，体现了党的前途命运、国家的前途命运、民族的前途命运的高度统一，深刻回答了什么是新时代党的历史使命、怎样实现新时代党的历史使命这一重大理论和实践问题，使我们党对自身肩负的历史使命的认识达到了新的高度。

"实现伟大梦想"明确宣示了我们"朝着什么样的目标"治国理政；"进行伟大斗争"明确宣示了我们"以什么样的精神状态"治国理政；"建设伟大工程"明确宣示了我们"以什么样的主体力量"治国理政；"推进伟大事业"明确宣示了我们治国理政要"举什么旗，走什么路"。

在这"四个伟大"中，起决定性作用的是党的建设新的伟大工程。推进伟大工程，要结合伟大斗争、伟大事业、伟大梦想的实践来进行。"四个伟大"辩证统一、统筹推进，就是中国特色社会主义新时代赋予我们党的光荣使命。

二、统筹推进"五位一体"总体布局，协调推进"四个全面"战略布局，在本世纪中叶建成富强民主文明和谐美丽的社会主义现代化强国必须弘扬延安精神

从全面建成小康社会到基本实现现代化，再到全面建成社会主义现代化强国，是新时代中国特色社会主义发展的战略安排。其中，从2020年到本世纪中叶可以分两个阶段来安排：第一个阶段，从2020年到2035年，在全面建成小康社会的基础上，再奋斗15年，基本实现社会主义现代化；第二个阶段，从2035年到本世纪中叶，在基本实现现代化的基础上，再奋斗15年，把我国建成富强民主文明和谐美丽的社会主义现代化强国。

要实现这个新时代的新目标，就要坚定不移地高举改革开放旗帜，勇于全面深化改革，不断把改革开放推向前进；要紧扣我国社会主要矛盾新变化，统筹推进经济建设、政治建设、文化建设、社会建设、生态文明建设，坚定实施科教兴国战略、人才强国战略、创新驱动发展战略、乡村振兴战略、区域协调发展战略、可持续发展战略、军民融合发展战略，突出抓重点、补短板、强弱项，特别要坚决打好防范化解重大风险、精准脱贫、污染防治这三大攻坚战，决胜全面建成小康社会；要实现推进现代化建设、完成祖国统一、维护世界和平与促进共同发展三大历史任务，全面提升物质文明、政治文明、

精神文明、社会文明、生态文明，实现国家治理体系和治理能力现代化，提升综合国力和国际影响力，基本实现全体人民共同富裕。

三、实现新时代党的建设的总要求，全面从严治党必须进一步弘扬延安精神

中国特色社会主义进入新时代，我们党一定要有新气象新作为。党的十九大在党的建设理论创新方面的最大亮点，就是鲜明地提出了"党的建设总要求"，把坚持和加强党的全面领导作为根本原则，阐释中国特色社会主义最本质的特征是中国共产党领导，中国特色社会主义制度的最大优势是中国共产党领导；把坚持党要管党、全面从严治党作为根本方针，宣告全面从严治党永远在路上，要坚持问题导向、保持战略定力，推动全面从严治党向纵深发展；以加强党的长期执政能力建设、先进性和纯洁性建设为主线，要求全面增强执政本领。

这个总要求是由六个层次构成的：一个根本原则，就是坚持和加强党的全面领导；一条指导方针，就是坚持党要管党、全面从严治党；一条工作主线，就是加强党的长期执政能力建设，先进性和纯洁性建设；一个总体布局，就是以党的政治建设为统领，全面推进党的政治建设、思想建设、组织建设、作风建设、纪律建设，把制度建设贯穿其中，深入推进反腐败斗争；一个基本要求，就是提高党建工作质量；一个基本目标，就是把党建设成为始终走在时代前列、人民衷心拥护、勇于自我革命、经得起各种风浪考验、朝气蓬勃的马克思主义执政党。这为新时代党的建设提供了一个立体"坐标系"和精准"定位仪"。同时，报告着眼于推动全面从严治党向纵深发展，确定了八项重点工作。

"新时代党的建设总要求"把党的政治建设摆在首位，这是对马克思主义党建理论的重大创新。党的政治建设是党的根本性建设。政党本质上是特定阶级利益的集中代表者，是有着共同政治纲领、政治路线、政治目标的政治组织。政治属性是政党第一位的属性，政治建设是政党建设的内在要求。在十九大确定的新的党的建设总体布局中，党的政治建设是最重要的，是统领、是核心，决定党的建设的方向和效果。政治建设是其他建设的根和魂，党的思想建设、组织建设、作风建设、纪律建设最终必须落实到政治建设上。

政治建设抓好了,对党的其他建设可以起到纲举目张作用。保证全党服从中央,坚决维护党中央权威和集中统一领导,是党的政治建设的首要任务。

四、深刻理解和把握习近平新时代中国特色社会主义思想,坚定政治信仰,塑造政治灵魂必须弘扬延安精神

党的十九大明确指出:"习近平新时代中国特色社会主义思想,是对马克思列宁主义、毛泽东思想、邓小平理论、'三个代表'重要思想、科学发展观的继承和发展,是马克思主义中国化最新成果,是党和人民实践经验和集体智慧的结晶,是中国特色社会主义理论体系的重要组成部分,是全党全国人民为实现中华民族伟大复兴而奋斗的行动指南,必须长期坚持并不断发展。"习近平新时代中国特色社会主义思想紧密结合新的时代条件和实践要求,以全新的视野深化对共产党执政规律、社会主义建设规律、人类社会发展规律的认识,以逻辑严谨、系统完整、相互贯通、内在统一的科学体系,深刻回答了新时代坚持和发展什么样的中国特色社会主义、怎样坚持和发展中国特色社会主义这个重大时代课题,极大丰富发展了中国特色社会主义理论体系,为发展21世纪马克思主义、当代中国马克思主义做出了原创性贡献。

在全党开展"不忘初心、牢记使命"主题教育,就是要深刻学习领会习近平新时代中国特色社会主义思想的历史地位和丰富内涵,贯彻落实习近平新时代中国特色社会主义思想的"8个明确"、新时代坚持和发展中国特色社会主义基本方略的"14个坚持"。学习贯彻党的十九大精神,就是要学好领会习近平新时代中国特色社会主义思想,学好新党章;就是要在学懂、弄通、做实上下功夫,用党的创新理论武装头脑、指导实践、推动工作。

弘扬延安精神，持之以恒推进党的建设新的伟大工程
——为甘肃深化改革提供坚强的政治保证

郭水菊

（武威市委党校）

延安精神是我们党在延安13年由弱变强、由小到大的艰苦奋斗中积淀形成的，已经远远超越了地域和历史时空范围，是中国革命精神之源与中国共产党精神的生长基因。关于延安精神的定义很多，但总体来说有以人民为中心的服务精神、坚定共产主义信念的信仰精神、一切从实际出发的实事求是精神、转变工作作风的批评与自我批评整改精神、群众路线精神、艰苦奋斗的创业精神及民主团结精神等。基于此，习近平不断强调要结合实际弘扬延安精神，求真务实推进党的建设。

过去的革命、战争需要延安精神，现在的国家发展、民族复兴仍然需要这一精神。甘肃因自然禀赋差、工业基础薄弱、当地人民思想保守陈旧、生活安逸不求上进及其他一些客观原因，一直以来整体发展缓慢、不足。2013年，习近平总书记在视察甘肃时提出甘肃发展的"八个着力"点，其中之一便是"转变工作作风，提高党和政府公信力"，而这一点的关键在于一以贯之推进党的建设新的伟大工程。

推进党的建设是甘肃各项事业发展的政治保证和组织保障，是建设幸福美好新甘肃的关键之举。所以，在新时代，面临新问题，甘肃要结合实际弘扬延安精神、学习延安经验，不断推进党的建设新的伟大工程。

一、坚守根本遵旨，不断巩固党的执政地位

《中国共产党章程》总纲部分指出："我们党的最大的政治优势是密切联系群众，党执政后的最大的危险是脱离群众。"中国共产党在延安的13年始终坚持为人民服务的根本遵旨，实行"精兵减政"，减轻人民负担；实行军民大生产运动，解决根据地温饱问题；坚持做到时刻以解决人民之需为己任，以改善和提升人民生活为根本。同样，边区人民在支援前线的过程中，不分男女老幼，都是先公后己，出现了"实行民主真行宪，只见公仆不见官"的场景。所以，毛泽东所提出的"共产党人的一切言论行动，必须以合乎最广大人民群众的最大利益，为最广大人民群众所拥护为最高标准"是党积累的长期有效的执政经验。

十九大报告中提出"为人民谋幸福，为民族谋复兴"的初心和使命，再次强调了党的一切工作要"以人民为中心、为人民服务"。而在实际推进党的建设过程中，一部分地区出现了党脱离群众、远离群众及忽视群众的现象，出现了党和政府公信力下降的危机，这些严重影响着地方各项事业的发展和甘肃省各领域的整体推进。为解决这一问题，甘肃各级政府部门党员领导干部需要汲取延安精神的真谛，始终坚守为人民服务的根本遵旨，坚持走群众路线，以人民满不满意、人民生活质量是否有所提升、人民幸福不幸福为各项政策措施的评判标准。

二、坚定理想信念，筑牢团结统一的思想基础

1941年至1942年，是敌后人民抗日战争根据地最困难的时期。日本侵略军在根据地实行惨无人道的"三光"政策，使根据地经济、文化、社会及生态环境遭受严重破坏。面对敌后抗日根据地穷困潦倒、物资匮乏、危机四伏的困难局面，在延安地区，无论是党员领导干部还是普通大众，都始终以昂扬向上、积极乐观、友好团结、艰苦朴素的奋斗姿态与斗争精神创造着一个又一个的奇迹，取得了一次又一次的成功。他们之所以能不畏艰险克服困难，星星之火形成燎原之势，由革命党转为执政党，其根本原因在于坚定的共产主义信仰。

习近平在不同场合反复指出马克思主义、共产主义信仰是共产党人的命

脉和灵魂，并在十九大报告中强调要把坚定理想信念作为党的思想建设的首要任务。鉴于此，面对一部分党员干部信念、信心、信仰缺失严重，甚至出现信念、信仰偏差造成社会恶劣影响的情况，甘肃各级政府需要着力夯实党的思想根基。通过推进"两学一做"学习教育常态化、制度化，加强党员领导干部的党性教育，传承、弘扬红色革命精神，教育引导广大党员干部不断锤炼党性，保持党的先进性和纯洁性，坚定理想信念，凝心聚力，共谋甘肃新发展。

三、坚持实事求是，发扬敢于担当、追求真理的精神

1935年12月，党中央在瓦窑堡会议上通过《中央关于军事战略问题的决议》《关于目前政治形势与党的任务决议》等决议案，着重批判和反思了左倾教条主义和大革命失败的教训，从中国实际情况出发，提出抗日民族统一战线。将马克思主义与中国实际相结合推进具体工作，是我党实事求是，追求真理的体现；1941年，毛泽东在《改造我们的学习》一文中提出："'实事'就是客观存在着的一切事物，'是'就是客观事物的内部联系，即规律性，'求'就是我们去研究。"并在整顿学风中强调党员干部对马列主义的学习不能仅仅停留在理论上，更重要的是精通和应用，根本目的是要学会用马列主义解决自己的实际问题。此外，在延安整风运动期间，党的领导人带头清理党的历史积案，解决党内冤假错案，以敢于担当、追求真理的精神还原历史真实，给予党员干部干事创业的极大信心与动力。

2013年习近平对甘肃的发展提出八个着力点，这八个着力点的推进落实需要贯彻实事求是的思想路线，党的作风转变亦不例外。只有在政策制定、干部选人用人、落实具体工作等方面坚持实事求是，才能更进一步提高政府的工作效率，更好地去除形式主义、痕迹主义，避免一些破坏党的建设的错误发生。

四、弘扬艰苦奋斗精神，加强党的作风建设

延安时期，简陋的窑洞、补丁衣物、小米稀饭、土炕及咸菜是伴随党员领导干部工作生活的真实存在。就在这样恶劣的环境下，共产党人保持着无私奉献、自力更生的政治品格和精神风貌，以人民利益为先，不断坚持转变

党内所存在的自私自利、贪生怕死、贪污腐化、萎靡不振的风气,保持党艰苦奋斗的政治本色。延安时期的艰苦奋斗精神,锻造了党员领导干部清廉质朴、吃苦务实的工作作风,这也是"小米加步枪"胜过"飞机加大炮"的原因。

尽管甘肃在改革开放四十年以来在经济总量、农业、工业、城镇化、基础设施建设和人民生活质量等方面取得了重大进步,但要与全国同步全面建成小康社会、实现社会主义现代化,还需要大力弘扬艰苦奋斗精神,深入推进全面从严治党,加强廉政建设,抵制拜金主义、享乐主义、利己主义、官僚主义和自由主义,狠刹歪风陋习和贪污腐败,以艰苦奋斗的姿态和清廉高效的工作作风赢得人民群众的信任和支持。此外,新时代,在推进党的建设新的伟大工程之路上虽然会取得一些阶段性成果,但面对复杂多变的形势与问题,我们不能有一劳永逸、"停下来歇歇脚、松口气"的想法,要坚持奋斗,保持党的优良传统。

五、严肃党内政治生活,落实制度治党,维护党的团结与统一

开展严肃认真的党内政治生活是我们党的优良传统和政治优势。延安时期,通过"党内生活民主化"、严明党的纪律、开展批评和自我批评、正确选用干部,党内政治生活得以严肃、认真地开展,也形成了延安时期党内政治生活的优良传统。这一传统的基本目标便是维护党的团结与统一。

为了更好地维护党的团结与统一,提高党的战斗力、凝聚力,延安时期共产党还非常注重党内法规的建立健全。从维护党的集中统一、党性修养的提升、理论学习制度到明确民主集中制的组织制度和实施原则、党内监察制度,保证党的法规制度严明有效,造就了政治生态环境的一片良好。

推进新时代甘肃深化改革,建设幸福美好新甘肃,离不开坚强有力的政治保证和组织保障。面对党内及一些党员干部身上存在的一些问题,要从扎紧党纪党规的"笼子"与认真严肃开展党内政治生活入手,"软硬皆施",预防与解决同行,净化党内政治环境。

人无精神则不立,国无精神则不强,精神是一个民族赖以长久生存的灵魂。继承和弘扬延安精神,吸收和借鉴延安时期的丰富经验,对于推进党的建设新的伟大工程具有重要实践价值,对幸福美好新甘肃的建设具有重要意义。

论延安精神视域下加强党的纪律建设

洪 霞

（兰州大学马克思主义学院）

新时代加强党的纪律建设，要在弘扬延安精神的基础上，坚持自力更生、艰苦奋斗、全心全意为人民服务的时代精神和党的根本宗旨，不忘初心，在全面从严治党的道路上以永不懈怠的决心和毅力助力实现中华民族的伟大复兴。

一、延安精神的内涵

延安精神是传承中华民族优秀传统文化，继承和弘扬革命文化并丰富发展革命文化对社会主义先进文化产生重要渗透力的精神风貌和优良作风。是由坚持正确的政治方向，坚持解放思想和实事求是的思想路线，坚持全心全意为人民服务的根本宗旨，坚持自力更生和艰苦奋斗的优良品质等一整套体系构成。总之，延安精神的内涵具体讲就是自力更生、艰苦奋斗和全心全意为人民服务。

（一）自力更生和艰苦奋斗的时代精神

毛泽东曾将延安和陕甘宁边区概括为长征的"落脚点"，抗日战争的"出发点"和"新民主主义的"试验区。的确，作为红军二万五千里长征的最后据点，中国共产党在这片神圣土地上形成了震撼世界的革命精神，打下了属于四万万人民群众的"江山"。在当时阶级矛盾和民族矛盾交织的复杂时期，人民生活在水深火热之中，革命面临巨大挑战。在此背景下，中国共产党发扬自力更生、艰苦奋斗的优良传统，以铁的纪律约束每一个人，不拿群众一针一线，自己动手创造精神食粮，在极其艰苦的环境下开辟出了一片红色革命根据地。当时，在中国采访的美国学者斯诺说起延安精神写到青年战士时说："没有米饭，我们就吃馒头；没有馒头，我们就吃小米；没有小米，就吃玉米；没有玉米，就吃土豆；没有土豆，就吃蔬菜；没有蔬菜，就喝开水；没有开水，就喝冷水。要是连冷水也没有，那就是真苦了！"这种革命的浪漫主义精神，吃苦耐劳精神，是延安精神最生动的原生形态，是推动延安革命向前不断发展的原动力。

（二）全心全意为人民服务的根本宗旨是延安精神的核心

延安时期党群关系是我党历史上党群关系的典范。密切联系群众，坚持从群众中来到群众中去，一切以人民群众的利益为出发点和落脚点，不管是高级干部还是普通战士都与人民群众打成一片，培养了党和人民的鱼水之情。在陕甘宁边区，为了减轻人民的负担，中国共产党采用党外人士的意见实行"精兵简政"的策略，虚心听取人民群众呼声以及党外人士有利于人民的意见。正是因为充分相信群众的，才得以形成团结抗日以及取得革命战争的胜利，也展现了延安精神最大的凝聚力。总之，这是延安时期党的纪律建设的应有之义，是纪律建设最基本的要求。

二、坚持延安精神与新时代党的纪律建设相契合

纵观党在各个时期的代表大会，纪律是一条主线。它横穿枪林弹雨的年代，来到和平发展的时代，虽艰难困苦却屹立不倒。但真正提出"党的纪律建设"这一概念是在党的十八大上，党的十九大将纪律建设首次与其他五大建设相提并论并写入党章，纪律建设全面加强。

十八大以来党对纪律建设认识的深化。十八大以来，党面临的形势更加复杂，肩负的任务更加艰巨。在此背景下，习近平总书记高度重视党的纪律建设，他在多次场合指出，"加强纪律建设是全面从严治党的治本之策，要把纪律建设摆在更加突出的位置，坚持纪严于法、纪在法前，把纪律和规矩挺在前面。"同时针对党内频频出现的各种违纪现象，习近平总书记指出，"遵守党的纪律是无条件的，要说到做到，有纪必执，有违必查，而不能合意的就执行，不合意的就不执行，不能把纪律作为一个软约束或是束之高阁的一纸空文。"可以说，纪律建设与作风建设和反腐倡廉建设有最直接的联系。如果丢掉党的纪律建设这一优良传统，其他的一切都是空谈，因为党的建设关乎人民的幸福生活，人民的事没有小事。因此，要用铁的纪律维护党的团结统一。

十九大对纪律建设的要求。新时代党面临的执政环境更加复杂，肩负的任务相比十八大更加艰巨，尤其是在十九大和二十大"两个一百年"奋斗目标的历史交汇期。新时代党的建设一改过去主要以思想建设、组织建设、作风建设，制度建设和反腐倡廉建设五位为一体的党的建设要求，全面推进党的政治建设、思想建设、组织建设、作风建设、纪律建设，把制度建设贯穿其中，深入推进反腐败斗争。这是新时代党的建设领域的新要求，以此为出发点形成一种风清气正的新气象，开始一程"壮士断腕""刮骨疗毒"的新作为，从而把党建设得更加坚强有力。

因此，新时代加强党的纪律建设，在政治建设、思想建设、组织建设、制度建设和反腐倡廉建设各个领域贯穿延安精神，将延安精神与新时期党的纪律建设相结合，可以更好地开创从严治党的新局面。

三、新时代加强纪律建设的实践路径

加强纪律建设是全面从严治党的治本之策。我们党是用革命理想和铁的纪律组织起来的马克思主义政党，组织严密，纪律严明是党的优良传统和政治优势，也是我们的力量所在。全面从严治党，重在加强纪律建设。

（一）加强纪律教育

加强纪律教育，不管是教育主体还是教育客体，客体接受主体的纪律教育过程和客体不断促进主体提高纪律认识的水平是加强纪律教育的双向循环模式。在教育别人的同时也教育了自己，在受教育的同时也提高了教育者对纪律的认识高度。首先，明确什么该做什么不该做，什么一定要做什么一定不要做。因为纪律就像规矩，纪律体现修养，规矩体现涵养，共同构成人生的高度，守住人生的底线。其次，坚持开展批评和自我批评。在批评的时候坚持惩前毖后、治病救人，切记一棒子打死人；要用事实说话，团结就是最大的力量。在自我批评的时候不管多小的问题都要认识到，因为"千里之堤毁于蚁穴"。抓早抓小、防微杜渐，把监督执纪"四种形态"贯穿纪律教育的始终，即：党内关系要正常化，批评和自我批评要经常开展，让咬耳扯袖红脸出汗成为常态；党纪轻处分和组织处理要成为大多数；对严重违纪的重处分，做出重大职务调整理当是少数；严重违纪涉嫌违法立案审查的只能是极少数。

(二) 扎紧党规党纪的笼子

我们现在要强调的是扎紧党规党纪的笼子，把党的纪律刻印在全体党员特别是党员领导干部的心上，强调党员领导干部要自重、自省、自警、自励，要讲政治，坚持正确的政治方向、政治立场、政治观点，严守党的纪律。强化巡视监督，推动巡视监督工作纵深发展，以政治纪律为导向，对党的领导弱化、主体责任缺失、从严治党不力等问题，督促有关组织承担起管党治党的责任。以组织纪律、群众纪律、廉洁纪律、工作和生活纪律为参照点，点点深入，面面俱到，发挥从严治党利器作用，推动巡视工作制度化和规范化。

(三) 建立健全问责机制

对于违反党的纪律的各种行为，要建立一对一或一对多问责机制。这里的一对一问责机制是指一种违纪行为对应的一种究责惩处，一对多问责机制是指一种违纪行为对应的多种究责惩处。做到有责必究，究则必果，不管职位高低权力大小，也不管是中央的还是地方的，有问题必须追究责任，层层追究落实责任主体，杜绝问责机制不明确、推诿责任的乱象。分清主次，抓住重点，在问责机制落实对象上，要坚持以领导干部为重点，以上警下，提高工作效率。坚持惩处宽严相济，区别对待，在问责机制上以监督执纪"四种形态"为原则，互相监督，形成互相照镜子的趋势。

总之，纪律建设的全面加强，管党治党从"宽松软"走向"严紧硬"。坚持纪严于法、纪在法前，监督执纪，推行了"四种形态"，抓早抓小、层层设防。这是对党的建设规律的正确把握，是决胜全面建成小康社会，夺取新时代中国特色社会主义伟大胜利的坚强保障。

论中国共产党的领导是中国特色社会主义最本质的特征

王怀强

（中共甘肃省委党校）

2014年9月5日，习近平同志在庆祝全国人民代表大会成立60周年的讲话中指出："中国共产党的领导是中国特色社会主义最本质特征。"中国特色社会主义最本质的特征是中国共产党的领导，中国特色社会主义制度的最大优势是中国共产党的领导，这是党的十八大以来以习近平同志为核心的党中央关于中国共产党历史地位的两个全新论断。这两个科学论断深刻揭示了党的领导与中国特色社会主义的关系，反映了以习近平同志为核心的党中央对共产党执政规律、社会主义建设规律、人类社会发展规律认识的进一步深化。它不仅是中国话语的关键词汇，也是讲好中国故事、中国方案及传播中国声音不可缺少的核心要素，更是中国特色社会主义理论逻辑、历史逻辑、现实逻辑有机统一的必然结论。对中国共产党是中国特色社会主义最本质的特征这一重大论断，至少可以从最大国情、最大逻辑、最大优势、最高力量四个方面来把握其科学内涵。

一、最大国情

2014年5月9日，习近平总书记在参加河南省兰考县委常委班子专题民主生活会时的讲话中深刻指出："中国最大的国情就是中国共产党的领导。什么是中国特色？这就是中国特色。中国共产党领导的制度是我们自己的，不是从哪里克隆来的，也不是亦步亦趋效仿别人的。"这一重大论断是对中国共产党人国情观的重大创新。对于中国共产党来说，国情不仅是一个概念，更是一种观念，是中国共产党领导中国各族人民追求现代化的艰苦过程中逐渐探索形成的一种对现代化道路进行抉择的方法论立场，它的内核是理论联系实际，实事求是，强调对客观情况的全面调查与科学分析。国情是一个国家在政治、经济、文化、社会诸方面所表现出来的基本特征与情状，是一国的历史与现实共同作用下形成的独特本性，是国家一切制度、人民一切生活据以开始的客观前提。将中国共产党的领导视为我国最大的国情，则标志着我们党对党的领导和中国特色社会主义的认识达到了一个新高度，具有重大的理论和现实意义。在理论层面，这一重大论断标志着对传统国情观的重大创新，将中国共产党的领导本身纳入了国情要素中，并将其视为最大国情，极大拓展了我们对当代中国国情的认识，进而深刻回答了什么是"中国特色"，就像习近平总书记深刻指出的，"要回到我们的本源上去认识，一定要认清，中国最大的国情就是中国共产党的领导。什么是中国特色？这就是中国特色"。在现实层面，这一重大论断为我们在新时代坚持和发展中国特色社会主义指明了政治方向，将加强和改善党的领导作为新时代坚持和发展中国特色社会主义的出发点和落脚点。

二、最大逻辑

习近平总书记反复强调，"办好中国的事情，关键在党"。这是中国革命及建设和改革事业得出的一条基本结论，更是中国国家治理的最大逻辑。这一国家治理逻辑是由中国的政治架构决定的。从政治体制和政治架构看，党是各项事业的决策核心和指挥中枢。经过长期发展，我们党已经形成一个庞大严密的组织系统和制度体系。在这个系统中必须坚持党员个人服从党的组织，少数服从多数，下级组织服从上级组织，全党各个组织和全体党员服从党的全国代表大会和中央委员会，核心是全党各个组织和全体党员服从党的全国代表大会和中央委员会。事关党和国家发展的理论路线、大政方针，都是在党的领导核心的统筹谋划下作出部署和安排。对党的领导核心也就是党中央作出的决策部署，党的组织、宣传、统战、政法等部门要贯彻落实，人大、政府、政协、法院、检察院的党组织要贯彻落实，事业单位、人民团体等的党组织也要贯彻落实。各方面党组织都要对党委负责、向党委报告工作。习近平总书记明确指出："我国社会主义政治制度优越性的一个突出特点是党总揽全局、协调各方的领导核心作用，形象地说是'众星捧月'，这个'月'就是中国共产党。在国家治理体系的大棋局中，党中央是坐镇中军帐的'帅'，车马炮各展其长，一盘棋大局分明。如果出现了各自为政、一盘散沙的局面，不仅我们确定的目标不能实现，而且必定会产生灾难性后果。"

三、最大优势

党的十九大报告指出："中国特色社会主义最本质的特征是中国共产党领导，中国特色社会主义制度的最大优势是中国共产党领导。"历史和事实告诉我们，没有中国共产党，就没有中国特色社会主义。与资本主义社会、传统的社会主义相比，中国特色社会主义制度具有自身的基本特征和制度优势，在各种制度优势中，党的领导是最大优势，它决定其他特征和优势的存在、彰显和不断发展。首先，党的政治领导决定国家改革发展的政治立场、政治方向、政治原则。中国共产党鲜明的政治立场，就是坚决维护和实现无产阶级和最广大人民群众的根本利益，国家政策、方针都要符合人民群众的意志。党的意志和人民的意志是一致的，党的意志代表人民的意志，人民的意志是党的意志的根据和遵循。其次，中国特色社会主义制度的制度优势，依赖于党确立的正确思想路线。我们党始终高度重视思想建设、理论建设，在实践中坚持和发展真理，不断研究新情况，总结新经验，解决新问题，在实践中丰富和发展马克思主义，使党的理论和路线方针政策顺应时代发展的潮流和我国社会发展进步的要求，永远走在时代前列。再次，推动中国特色社会主义事业发展的主体是人民，政治领导、思想领导需要体现为组织领导，高度的组织力恰恰是当今世界，中国共产党比之与其他任何类型政治组织的最大优势所在。第四，从社会层面看，中国共产党的性质、立场和价值追求使其具有强大社会公信力和凝聚力，能将个体的利益、意志凝聚为社会合力，彰显出中国特色社会主义制度的强大优势。当西方政党各派别还在争吵不休的时候，我们已经实现了历史性变革，创造了中国奇迹。十八大以来，我国所取得的一系列举世瞩目的巨大成就一再证明了这一点。

四、最高力量

从实际领导力、凝聚力、执行力来看，中国共产党是当代中国最高的政治领导力量。在当代中国,中国共产党得到了中国最广大人民群众的支持和拥护,得到了中国各党派、各团体、各民族、各阶层、各界别、各宗教人士的支持和拥护,也得到了国际社会各方面和有识之士的高度肯定和积极评价。作为一个拥有8900多万名党员的政治团体和政党组织,中国共产党所具有的强大凝聚力、战斗力、创造力,不仅在中国几千年的历史进程中前所未有,在世界政党史和政治史上也是前所未有的。毋庸讳言,在当今中国,没有大于中国共产党的政治力量或其他什么力量,没有一种政治势力或政党组织能够同中国共产党相提并论。正是基于这种经得起实践检验的组织能力、治理能力和执政能力,才可以说党的领导是做好党和国家各项工作的根本保证,是我国政治稳定、经济发展、民族团结、社会稳定的根本点,绝对不能有丝毫动摇。

作为中国特色社会主义事业的领导核心,中国共产党既处在总揽全局、协调各方的领导地位,也发挥着总揽全局、协调各方的根本作用。历史和实践证明,坚持党的领导,是当代中国取得一切发展成就的成功经验,也是我们开拓中国特色社会主义事业须臾不可动摇的根基和原则。

延安精神与党内政治文化建设

王树亮

(西北师范大学马克思主义学院)

中国共产党十八届六中全会，第一次提出党内政治文化建设的科学命题。党的十九大报告，更是在高度强调党的政治建设统领地位的基础上，再次明确了"发展积极健康的党内政治文化，全面净化党内政治生态，坚决纠正各种不正之风"的要求。可见，在全面从严治党工作之中，党内政治文化建设，处于更基本、更深沉、更持久的历史地位。回首党的百年伟大征程，中国共产党一以贯之地重视党内文化建设、精神建设，并孕育了井冈山精神、长征精神、延安精神、抗洪精神和航天精神等优秀瑰宝。其中，延安精神在革命文化和党的全部精神财富之中，占据着极其重要的地位，发挥着绵延不断的精神动力。

中国共产党党内政治文化建设，必须坚定不移地坚持马克思主义的指导，坚定不移地从博大精深的中华优秀传统文化中汲取丰富的精华，必须毫不动摇地秉承新民主主义革命的文化基因，必须毫不动摇地坚持社会主义先进文化的导向，充分彰显中国共产党的党性和政治属性的新样态政治文化。马克思主义是党内政治文化的旗帜，为党内政治文化建设提供了基本原理、正确方向和科学方法；中华民族优秀传统文化是党内政治文化建设内在的中国风格和中国气派，为党内政治文化建设提供着不竭的文化滋养；革命文化是党内政治文化的精神内核，为党内政治文化建设提供着历史依据和前行动力；社会主义先进文化是党内政治文化的社会主义特性，保证了党内政治文化建设的政治定位。

革命文化和红色文化，是中国共产党在伟大的新民主主义革命30年进程中，创造的优秀文化。延安精神，是中国共产党在延安这一伟大的革命圣地

延安精神永放光芒

13年过程中，创造的优秀精神。延安精神是中国共产党创造的一种革命精神，在革命文化体系和红色文化体系中，居于最为重要、最为核心、最具代表性的地位，为中国革命、建设和改革，提供着源源不断、异常强大的精神动力，更为十八届六中全会提出的党内政治文化建设，提供着思想动力、理论武器、精神支撑和理想信念支柱。延安精神包含了实事求是的思想路线精神，自力更生、艰苦奋斗的创业精神，全心全意为人民服务的精神，理论联系实际及不断开拓创新精神等。在党的十九大报告中提出，"弘扬忠诚老实、公道正派、实事求是、清正廉洁等价值观，坚决防止和反对个人主义、分散主义、自由主义、本位主义、好人主义，坚决防止和反对宗派主义、圈子文化、码头文化，坚决反对搞两面派、做两面人"。这一重要论述对加强党内政治文化建设、推动党的政治建设具有强烈的针对性和指导性。纵览延安精神与党的十九大报告部署的党内政治文化建设方略，二者具有内在的相同性和一致性。

一、延安精神包含着"清政"的党内政治文化基因

继承和弘扬延安精神所蕴藏的廉洁政治建设这一光荣传统，践行延安时期形成的全心全意为人民服务的根本宗旨，深入开展党的群众路线、"三严三实""两学一做"和"不忘初心、牢记使命"等教育实践话动，是贯彻落实党的十八届六中全会和十九大，提出的加强风清气正的党内政治文化建设的新任务的新要求。

中国共产党在延安时期，塑造了良好的廉洁政治风气和政治生态，这既是宏观的政治现象，更是深层次的文化底蕴的彰显。这一文化气质是由当时的广大党员干部在尊崇党章基础之上，在伟大的政治实践过程中，在长期的干群关系、同志关系等营造过程中，培育的道德风尚、文化风气和政治文明的复合体。在延安时期，陕甘宁边区政府被称为"民主的政府、廉洁的政府"。美国记者斯蒂尔曾深有感触地讲道："不到延安实在不能深触到中国问题的内脏，到了延安使我对中国问题的认识深化了。"这一认识上的深化主要是，"我体味到共产党常常说的'为人民服务'，在延安所亲见的各种具体事实，我认为是货真价实的"。

坚定正确的政治方向，是延安精神的灵魂；营造良好的政治生态，是延安精神的传承；筑牢党内政治文化根基，是延安精神的时代价值。延安精神

展示这样一个真理，只有坚持正确的政治方向，才能使党始终保持先进性、纯洁性，因此，旗帜鲜明的讲政治是马克思主义政党的根本要求。在全面从严治党的大背景之下，弘扬延安精神、学习延安精神、领会延安精神和践行延安精神，就是要以党的政治建设为统领，不仅要致力于党的"清政、廉政"建设，更要注重更深层、更基本和更持久的党内政治文化建设。加强党的政治文化建设，关键是要加强党员干部队伍的理想信念宗旨建设、思想道德建设、政治建设和党性修养，不断提高党员干部的政治意识、政治责任、政治使命和政治站位，确保党员干部队伍始终坚持坚定正确的政治方向，并将马克思主义的政治观内化为潜在的、自觉的、自信的文化品格。

广大党员干部清清白白、干干净净，是马克思主义政党的基本要求，是全面从严治党的基本目标，更是彰显党的纯洁性的基本规范。只有强化党的政治意识、严明党的政治纪律和规范党内政治生活，才是"清政"的有力保障。

二、延安精神蕴含着"勤政"的党内政治文化基因

艰苦奋斗是延安精神的标志，是"勤政"思想的源头活水。中国共产党从无到有、从弱小走向强大、从曲折中走上康庄大道、从带领全国各族人民站起来、富起来，再到强起来的奋斗历程，就是自力更生、艰苦奋斗的历史，而延安精神是这一伟大历程中最璀璨的明珠。延安精神中包含着诸多的"勤政"思想，著名的南泥湾精神就是最为典型的代表。发扬延安精神，就要提倡"人人为我、我为人人"和全心全意为人民服务的道德风尚，自觉克服"人不为己，天诛地灭"等自私自利的个人主义，坚决抵制铺张浪费、肆意挥霍的享乐主义和奢靡之风等资产阶级思想。

在新的历史条件下，加强党内政治文化建设，必须充分挖掘蕴藏在延安精神中的廉政文化和勤政精神。在党的十八大、十八届六中全会和十九大等重要报告之中，都鲜明地指出党内存在的不良之风，如形式主义、官僚主义、奢靡之风和享乐主义歪风，思想浮躁、学风不正、办事拖拉、推诿扯皮、纪律散漫等邪气，圈子文化、码头文化、山头主义等宗派妖风。由此审视，规范党内政治生活，营造积极健康的党内政治文化，净化党内政治生态环境，就显得尤为重要。延安精神中，艰苦奋斗的优良作风是克服思想作风、工作作风、领导作风、干部生活作风、学风和家风的重要精神武器。在党内政治

延安精神永放光芒

文化建设之中,突出强调延安精神的"勤政"的作风,既是马克思主义政党无产阶级革命性的体现,更是全心全意为人民服务宗旨的落实。为此,广大党员干部,尤其"关键少数",要秉承谦虚、谨慎、不骄不躁的作风,传承艰苦奋斗的优良传统,以人民为中心,做到兢兢业业、勤勤恳恳地为人民服务,在细节之中彰显共产党员的服务精神,在细微之处落实党章党规的政治要求,在党内政治生活之中践行新时代新思想的新要求。

广大党员干部勤勤恳恳、兢兢业业,既是对马克思主义政党"全心全意为人民服务"宗旨的遵循,更是彰显党的先进性的要求。通过党内政治教育活动,可以不断提高政治意识、政治站位和政治觉悟,从思想深处夯实"勤政"之理念。

延安精神作为中国共产党在革命时期积淀的优秀革命文化,不仅是中国共产党成就伟大事业的宝贵精神财富,更是取得不断新的胜利的精神武器。在新时代全面从严治党的战略布局之中,政治建设被摆在党的建设这一伟大工程的首要地位。这就要求,既要抓好显性的组织建设、纪律建设、作风建设、制度建设和反腐败斗争,更要抓牢隐性的思想建设和文化建设。延安精神是党的革命文化的重要组成部分,革命文化又是党的文化核心部分;在新时代加强党内政治文化建设,必须要传承和弘扬延安精神,用好这一革命精神财富,滋养新时代党内政治文化建设这一基础工程。

新时代继承和弘扬延安精神运用微社区提升党的组织力

王亚强

（中共甘肃省委党校）

延安精神主要包括实事求是、理论联系实际的精神，全心全意为人民服务的精神和自力更生艰苦奋斗的精神。2015年春节前，习近平总书记在陕西考察时指出："老一辈革命家在延安时期留下的优良传统和作风，培育形成的延安精神，是我们党的宝贵精神财富。"2017年8月，习近平总书记对延安大学作出重要批示，提到要不忘初心，继续前进，弘扬延安精神、勇于改革创新。组织力是组织内各个要素有机地结合在一起形成的一种整体力，是设计组织结构和配置组织资源的能力，是组织结构力和组织文化力的综合体现。延安时期虽然条件艰苦，但党的组织力强，所以能在各种艰难险阻面前保持强有力的战斗力。

党的十九大提出，新时代要以提升组织力为重点，突出政治功能，把基层党组织建设成为宣传党的主张、贯彻党的决定、领导基层治理、团结党员群众、推动改革发展的坚强战斗堡垒。

一、社区微平台和掌握党的群众组织工作话语权

社区微平台即社区微博和微信，是运用这种微平台智慧型产品创新党的群众工作的新载体。在大数据背景和微平台条件下，创立智慧型的社区微平台可以跨越时空，更好地掌握群众工作主动性，而如何运用社区微平台的社会主义核心价值观教育和话语权，成为社区党群工作的首要任务。

1.设立"微支部"是拓展党的组织方式的新渠道。由于微博微信同时具

备传播 4A 元素，即 Anytime（任何时间）、Anywhere（任何地点）、Anyone（任何人）、Anything（任何事），故其勃兴发展的原因集中体现在公共信息发布优势方面。而社区微博和微信作为新媒体的应用领域之一，近年来以其自媒体特征优势凸显出的实用效能已被纳入各国政党和政府信息化建设内容。

目前网上的"微党委""微支部"越来越多，这种新型党组织覆盖方式，不但能够随时随地地将党的声音推送到群众眼前，而且也能以最快的速度将党务公开，有利于民众的有效监督。一些地方牵头统筹微博和微信的研判受理、协调处置、反馈实施等职责；还有些地方专门设置了微博和微信新闻发言人，承担各单位职责范围内对外信息发布的审核协调处置职责，同时定期传达最新资讯和动态，提供经验交流平台，汇总各社区、部门微发布、受理、处置等统计信息，供上级决策参考。

2. 运用社区微平台是创新大数据时代党的组织工作新手段。微博也对社区党组织组织力有新的考验。社区微平台作为一种公共信息集散地，能灵活而充分地汇集民意信息，可以助力各级党组织民主决策、科学决策，不断夯实党的执政基础，巩固党的执政地位。社区微平台的互动版面，如私人留言板、意见栏以及书记信箱等，让群众有表达诉求的平台。这种私信功能可以打破信息传递者与接受者的界限，克服政府网站常见的信息单行传递弊端，从真正意义上使基层社区党组织和群众之间做到密切联系。

二、社区微平台和提升党的基层组织公信度

2016 年中央组织部党员教育与干部测评中心微信公众号已经推出"党员先锋"微社区，居民通过订阅公众号进入"党员先锋"微社区，与其他人互动交流，明显改变了传统社区往往存在单一、延时、低效等不足，为网友提供了多维度、实时性、高效率的交互平台，通过充分沟通，大幅度提高了党组织的公信力。

1. 加大微平台信息发布力度发挥好微平台优势。微平台的分散性和信息推送特征从根本上改变了信息的发布效能。微平台是正在逐渐成为实现民众知情权、参与权、表达权、监督权等利益诉求的重要新载体。实践证明，党务的信息公开程度和公开质量可以极大地提升党组织的公信力。因此，应当特别重视微平台在党务政务公开、工作机制公开等方面的作用。如可以依托

微博和微信技术的"关注"功能，及时掌握最新网络舆情与真实民意，处理澄清各类质疑矛盾，减少消除大量因信息不对称引起的误解，使"伪事件"和谣言的滋生空间尽可能缩小，形成正能量互促互通的良性循环。

网上微社区建设应该重视利用微博和微信裂变式关注效应，及时在微平台上发布最新工作动态、便民政策等信息，并重视多次转发、评论过程中形成的集聚效应，以便于群众查询监督、增加信息透明度、提升服务水平，从而提升党组织公信力。

2.通过舆情分析研判提高党组织舆情处置水平。除了信息的高效能发布，党组织公信力的提升，还应当重视提升党务工作者自身分析研判舆情的能力。"微支部"只有充分关注自己分管领域的意见领袖的微博，才能及时知晓行业动态、存在的问题，从中发现问题并创新方法和改进思路。重视通过事实使"微博大V"正面引导网民理性判断，增加对党媒的信任度。另外要及时有效地处置突发社区纠纷和网络事件，及早掌握舆论主动权，尊重社区居民的知情权，迅捷地提供权威真实的信息，以赢得社区居民的理解和信任并对惑众者依法进行惩戒。

三、社区微平台和提升党自身的组织能力

目前甘肃各地的微社区运行经验仍然在探索过程中，因此也存在不少发展中的问题。驾驭微平台虚拟社区的能力已成为评价各级党组织战斗能力和执政能力的重要内容之一。微平台虚拟社区中党的群众工作成效直接取决于各级党组织运用新媒体开展党的群众工作的能力，取决于基层社区党员运用微平台享受党员权利、履行党员义务的能力。因此，要注重提高基层党员干部运用微平台的能力和水平。

1.通过微信息管理提升党务干部信息素养。党务工作者应当了解微平台运行规律，提高网上信息的甄别能力、网上舆情的研判能力和网络舆论的引导能力。微平台本身所带的信息互动和广播评论等功能实际上是可供多人同时参加的微讨论区，因此应当充分及时地和各方进行相互协商沟通，集思广益。应当格外注重研究微平台的内在规律和规则，充分重视法律、行政、经济等手段，加强社区微平台的建设与有效管理，特别是要认真研究和充分利用法律手段，依法保证微平台健康有序发展；既要把社区微平台中的网络舆情作为听民声、察民意的重要渠道,又要高度重视和评估舆情回应的专业化科学化水平。

2.在微平台培养组织工作的社区发言人并制度化。没有明确的规章制度和评价机制,就不利于微平台自身的健康发展。应当重视定期邀请某方面领域的专家进行点评,借鉴微平台典型先进做法;健全日常访问督查、指导联系机制,重视在实践中脱颖而出的社区微平台工作人才,特别是重视打造"零距离"服务平台。例如以公众利益为出发点,以服务链为纽带,实现一站式服务联动管理模式,提倡社会热点问题专题集中回复。有条件的地区实行"有问必应"制。基层街道和社区建立微博接收、处置、反馈工作机制,实行限时响应、限时处置。社区志愿者和工作人员要在日常处理中秉承耐心谦虚与严谨真诚原则,通过探讨、咨询、质疑并获得职能部门耐心解答及实际问题的有效解决,化解民怨,调和矛盾,理顺情绪。所有开通微平台的社区相关部门都以网络发言人或网络评论员为主体,将微平台管理人,在职能范围内具体负责对网民反映问题、意见建议及诉求的受理、处置和回复。

3.构建微平台运行和舆情联动处置机制。要尤其重视社区微平台的集聚效应,整合社区区域和所辖部门资源,通过受众收听、转发、评论等微博功能实现社区信息共享。管理和职能部门要加强统筹协调,充分发挥社区微平台的为民服务功能,同时加强与所在地媒体的互动。如对可能引发的越级上访或群体性上访苗头,提前介入、加强协调,由责任单位提早做好预案,及时处置;力求形成一套"发现、受理、转办、处置、反馈"的快速联动运作流程。还可以对微平台虚拟社区群众工作进行过程引导和规范,实现政府对创新活动和创新行为的有意识引导、调控和激励,并通过设计科学合理的评估指标体系及切实可行的政制,促进微平台党群工作科学化地有序发展。

延安精神与中国共产党人的马克思主义信仰

张铁军

(兰州理工大学马克思主义学院)

信仰就是信仰者通过对信仰对象的沉思而实现自己的人生意义、生命价值、终极关怀的过程。信仰是一种行动,这种行动分为心的行动和身的行动,是心的行动指导身的行动的过程,依马克思主义基本原理而言,就是意识的能动性;依王阳明心学而言,就是知行合一;用习近平的话说就是,"心中有信仰,脚下有力量"。信仰是一种精神属性的东西,毛泽东说:"人是需要一点精神的。"人为什么需要信仰?因为人是有所追求的生命存在物。动物是没有信仰的,因为动物只有现实需要而没有追求。追求是未来指向的。当一种追求在自己的肉体生命存在期限内有可期盼的现实性时,这种追求就是一种理想;当一种追求在自己的肉体生命存在期限内没有可期盼的现实性时,这种追求就是一种信仰。动物有"人生",有"生命",这种"生"是一种维持肉体生命存在的"生";但动物没有"人生意义",没有"生命价值"。只有人才有人生意义和生命价值,这种人生意义和生命价值显然是非肉体的精神属性的,也就是说,人生意义和生命价值本身是一种精神属性的追求。"人生意义"之为"意义"者,"生命价值"之为"价值"者,并不是说,人生本身有意义,生命本身有价值;人生之有意义,生命之有价值,是"我"通过"他"而实现的,就是说,人生意义和生命价值是一种对"我"来说的"对象性"活动过程的结果效应,也就是说,"我"只有通过这个"对象性"存在才能实现自己的人生意义和生命价值。这个"对象性"存在就是作为信仰者——"我"的信仰对象。如上所说,信仰是一种行动,"我"的人生意义和生命价值,就是"我"用自己的整个人生和生命在捍卫"我"所信仰的那个信仰对象的过程中所获得的一种精神上的满足感。这种精神上的

延安精神永放光芒

满足,既可以是一种"当下"的满足,比如当一种理想成为现实时所获得的那种满足感;也可以是一种"未来"的满足,比如当"我"在"我"的"当下"沉思"我"的"未来"的肉体生命终点时,由于现实的"我"在每一个"我"的肉体生命存在的"当下"始终都捍卫着"我"所信仰的信仰对象,也就是说,始终为"我"的信仰对象而活着,因而"我"对"我"的肉体生命终点——"死"才没有任何遗憾时的那种满足感。这种对于"未来"的满足感的追求,就是信仰者的终极关怀。

信仰既有宗教信仰,也有非宗教信仰。信仰之为宗教信仰抑或非宗教信仰,是由信仰对象的性质决定的。当信仰对象是一种精神性人格存在时,比如作为基督教信仰的信仰对象的上帝就是一种精神性人格存在(人格神),这个信仰就是宗教信仰;当信仰对象是一种非精神性人格存在时,这个信仰就是非宗教信仰。信仰对象之所以能够成为信仰对象,从信仰哲学的意义而言,是因为这个信仰对象作为一种存在,是一种具有本体论意义的"创造者"角色存在。比如,作为基督教信仰的信仰对象——上帝之所以是信仰对象,是因为上帝创造了人。在基督教那里,人是作为自然人而存在着的肉体生命存在;在马克思主义的历史唯物主义那里,人不但作为自然人而存在着,而且作为社会人而存在着,人是一种社会历史存在物,人不能离开一定的社会历史条件而存在。总而言之,在马克思主义那里,人在本质上是"社会个人",即"社会人"。从马克思主义的历史唯物主义的信仰哲学的意义而言,"人民"作为世界历史的创造者,这就是马克思主义的历史本体论。作为历史本体存在的人民,是一种社会物质存在,而不是一种社会意识存在,也就是说,是一种非精神性人格存在。所以说,马克思主义信仰不是宗教信仰。这里需要指出的是:"对马克思主义的信仰"和"马克思主义信仰"是两个不同的概念。"对马克思主义的信仰"是从科学哲学意义而言的,也就是对马克思主义之作为一种社会科学的坚信,这种坚信如同我们坚信"1+1等于2""三角形的内角和等于两个直角"一样。"马克思主义信仰",如上所述,则是从信仰哲学,亦即从作为历史唯物主义的历史本体论意义而言的。

以"实事求是、为人民服务、艰苦奋斗"为核心内容的"延安精神"在中国共产党人的马克思主义信仰的确立过程中,发挥了里程碑意义的历史作用。从"时间史"的意义而言,"延安精神"也就是延安时期的中国共产党为中国共产党人,亦即马克思主义者所塑造的精神,而把这种延安精神上升到信仰意义层面的杰出的历史人物就是毛泽东,其集中体现就是毛泽东在延安时期并且后来耳熟能详的《纪念白求恩》(1939年12月21日)、《为人民服务》(1944年9月8日)、《愚公移山》(1945年6月11日)三篇著作。在《纪念白求恩》中,毛泽东对中国共产党人的"人生意义"作了深刻地阐述:"一个外国人,毫无利己的动机,把中国人民的解放事业当作他自己的事业,这是什么精神?这是国际主义的精神,这是共产主义的精神,每一个中国共产党员都要学习这种精神。"如前所述,信仰是一种对象性捍卫行动。作为马克思主义信仰者的中国共产党人,就是以抛舍"我"的肉体生命存在的精神("毫无利己的动机")去在捍卫"中国人民"(对象性存在)的"解放事业"的行动中实现着自己的人生意义。信仰就是对信仰对象的极端的爱,因为"极端",所以"毫无利己的动机"。马克思主义信仰就是马克思主义者对人民的极端的爱。毛泽东说:"白求恩同志毫不利己专门利人的精神,表现在他对工作的极端的负责任,对同志对人民的极端的热忱。每个共产党员都要学习他。""从这点出发,就可以变为大有利于人民的人。一个人能力有大小,但只要有这点精神,就是一个高尚的人,一个纯粹的人,一个有道德的人,一个脱离了低级趣味的人,一个有益于人民的人。"

在《为人民服务》中,毛泽东对中国共产党人的"生命价值"和"终极关怀"阐述道:"人总是要死的,但死的意义有不同。""为人民利益而死,就比泰山还重;替法西斯卖力,替剥削人民和压迫人民的人去死,就比鸿毛还轻。""中国人民正在受难,我们有责任解救他们,我们要努力奋斗。要奋斗就会有牺牲,死人的事是经常发生的。但是我们想到人民的利益,想到大多数人民的痛苦,我们为人民而死,就是死得其所。""死得其所",就是信仰者之于"终极关怀"的一种精神上的"未来"满足感。在《愚公移山》中,毛泽东指出:"现在也有两座压在中国人民头上的大山,一座叫做帝国主义,一座叫做封建主义。中国共产党早就下了决心,要挖掉这两座山。我们一定要坚持下去,一定要不断地工作,我们也会感动上帝的。这个上帝不是别人,就是全中国人民大众。"人民,就是中国共产党人心目中的上帝。作为马克思主义信仰者的中国共产党人的这种精神上的"未来"满足感,是在活着的时候的"全心全意为人民服务"的"艰苦奋斗"中而确认的。也就是说,信仰者对于"死"的关怀，亦即终极关怀是通过"生"的价值，亦即生命价值来确认的；而"生"的价值又是以对"死"的关怀为心理指导而行动的结果。中国共产党人就是在"全心全意为人民服务"的现实行动中实现着自己的生命价值，确认着自己的终极关怀，完成着自己的高尚纯粹。这样的人，才是完美的人。

　　共产主义事业是全人类解放的事业，是实现人的自由而全面发展的事业。马克思在17岁时的中学毕业作文《青年在选择职业时的考虑》中就对自己的信仰作了思考，这就是：为"人类的幸福"而工作，并在这种工作中实现"自身的完美"。"在选择职业时，我们应该遵循的主要指针是人类的幸福和我们自身的完美。""人的本性是这样的：人只有为同时代人的完美、为他们的幸福而工作，自己才能达到完美。"耶稣基督为拯救人类而上了十字架。"历史把那些为共同目标工作因而自己变得高尚的人称为伟大的人物；经验（非宗教信仰——作者注）赞美那些为大多数人带来幸福的人是最幸福的人；宗教本身也教诲我们，人人敬仰的典范（耶稣基督——作者注），就曾为人类而牺牲自己——有谁敢否定这类教诲呢？"中学时代的马克思的生命价值、终极关怀是什么呢？马克思接着说："如果我们选择了最能为人类而工作的职业，那么，重担就不能把我们压倒，因为这是为大家做出的牺牲；那时我们所享受的就不是可怜的、有限的、自私的乐趣，我们的幸福将属于千百万人，我们的事业将悄然无声地存在下去，但是它会永远发挥作用，而面对我们的骨灰，高尚的人们将洒下热泪。""面对我们的骨灰，高尚的人们将洒下热泪"，这就是马克思之于自己的终极关怀的一种精神上的高尚的、永恒的、无私的"未来"满足感，这种满足感是建立在为"人类的幸福"而工作的生命价值上的。

　　"实事求是"是中国共产党的思想路线。中国共产党人是唯物主义者，中国共产党人的马克思主义信仰不是宗教信仰。中国共产党人是辩证唯物主义者，承认意识的能动作用。"不忘初心，方得始终。"——为人民谋幸福是中国共产党人的初心，全心全意为人民服务是中国共产党的一切工作的出发点和落脚点。中国共产党人要把人民放在心中至高无上的地位。孟子说："耳目之官不思，而蔽于物。物交物，则引之而已矣。心之官则思，思则得之，不思则不得也。此天之所与我者。先立乎其大者，则其小者不能夺也。此为大人而已矣。"所谓"先立乎其大者"，就是"立心"，心中要始终装着人民。中国共产党的事业是人民的事业。《大学》谓"格物致知诚意正心修身齐家治国平天下",王阳明训"物"为"事","事"就是"物+心",这样就实现了从"格物致知"之"物"到"诚意正心"之"心"的完美过渡。"实事求是"就是"格物致知"的马克思主义的辩证唯物主义的注解。"实事求是"就是马克思主义的实践哲学的认识路线。"是"之作为一种真理,是从"事"中来的。"心必有事焉",这个"事"是遇"人民"于"心"中而作用于"物"(实践)的物质与精神、存在与意识辩证统一的意识的能动性过程。就是说,"实事求是"是真理(在"物"中求真理)与价值(在"心"中有人民)的统一,亦即"全心全意"(心)和"为人民服务"(物)的统一。实事求是而忘记人民,其所得真理是抽象的真理,是没有价值取向的真理——这不是以马克思主义作为自己的信仰、以人民作为自己的信仰对象的中国共产党人的真理观。"我是谁?我从哪里来?我到哪里去?"邓小平说:"我是中国人民的儿子。""我是人民的儿子,我生于人民,我归于人民。"共产主义既是一种人类社会发展的真理,又是一种解放全人类的价值,共产主义本身就是真理和价值的统一。中国共产党人要始终发扬延安精神,始终秉持人民立场,始终坚持实事求是的思想路线,始终保持艰苦奋斗的精神品质,活着的时候为人民而活,死后才能归于人民——永远活在人民的心中,实现自己的终极关怀——永垂不朽!每一个共产党员应该始终牢记:"人的生命是有限的,但为人民服务是无限的,我要把有限的生命投入到无限的为人民服务中去。"只有这样,面对死亡,我才能无所感憾,才能死得其所,才能在精神上获得"未来"的满足感,因为——正如保尔·柯察金所说:"人,最宝贵的是生命,生命对于每个人只有一次。这仅有的一次生命应该怎样度过呢?每当回首往事的时候,不会因为虚度年华而悔恨,也不因碌碌无为而羞愧。在我临死的时候,我能够说,我的整个生命和全部精力,都献给了人类最宝贵的事业——为人类解放而斗争!"中国共产党人的信仰就是在为中国特色社会主义事业和共产主义事业奋斗终身的过程中通过对信仰对象——人民的沉思(全心全意为人民服务)而实现自己的人生意义、生命价值、终极关怀的过程。

弘扬延安整风精神 着力改进干部作风

朱彩萍

（中共甘肃省委党校）

延安，是中国革命的圣地，是中国共产党人的精神之都。20世纪40年代，我们党针对当时党内存在的突出矛盾和问题以延安为中心开展了历时4年之久的整风运动，这是中国共产党历史上第一次全党范围的马克思主义教育运动，是党的作风建设的一次伟大创举。通过整风，极大地提高了党员干部的马克思主义理论水平，形成了理论联系实际、密切联系群众、批评与自我批评的三大优良作风，使全党在思想上、政治上、组织上达到了空前的团结和统一，为抗日战争和新民主主义革命在全国的胜利奠定了坚实的思想和组织基础。从那时起，整风升华为一种精神，融入党的血脉，成为我们党自我净化、自我完善、自我革新、自我提高的锐利武器，成为党加强自身建设不可或缺的重要思想和重要方法。"打铁必须自身硬"，习近平总书记多次强调，要"以整风精神开展批评与自我批评，解决党内突出问题"。2013年2月，他视察甘肃时做出"着力改进干部作风，提高党和政府公信力"的指示，这是对新时代干部作风建设提出的明确要求。我们要深刻领会其核心要义，将弘扬整风精神内化为自觉行为，在转作风增信用上下功夫，以作风转变的实际成效取信于民。

第一，要抓好学习这个根本方法。 延安整风的主要目的是为了澄清思想，分清是非，辨别真伪，提高认识。因此，学好文件，用马克思主义理论武装全党，是整风运动的重要方法。整风伊始，中央明确强调"学习是共产党员的责任"，学习要与工作联系起来，要通过学习不断改进、提升工作。为了增强整风学习的实效性，各地和延安都成立了学习组，毛泽东还担任中央学习组的组长。通过整风学习，提高了全党的马克思主义理论水平，明辨了是非，凝聚了共识。

十八大以来，一方面，我们前所未有地靠近世界舞台中心，前所未有地接近实现中华民族伟大复兴的目标，前所未有地具有实现这个目标的能力和信心。另一方面，我们面临的各种困难、风险、挑战层出不穷。如果不能主动加快知识更新、优化知识结构、拓宽眼界和视野，我们就无法赢得主动、赢得优势、赢得未来。习近平总书记指出："好学才能上进。中国共产党人依靠学习走到今天，也必然依靠学习走向未来。"面对新形势新任务，作为新时代的广大党员干部要有本领不够的危机感，要有加强学习的紧迫感，自觉把学习作为一种政治责任、精神追求，努力学习，要刻苦钻研，精读细嚼，时时学、事事学、处处学，时刻绷紧学习这根弦，做到为人民服务向前推进、思想武装同步跟进，做学习的表率。

第二，要解决好对待人民群众的态度这个核心问题。对待人民群众的态度既是个立场问题、情感问题，也是个作风问题、党性问题。良好作风的养成单靠行为训练是不够的，它还需要价值观与立场情感因素的加入。否则，如果没有人民至上的价值情怀，即使群众的困难和问题摆在眼前也会视而不见，麻木不仁。这也是中央为什么再三强调要筑牢"为民务实清廉"价值观的根本原因所在。延安整风中，党的各级干部对人民群众的批评、意见和建议，之所以能够闻过则喜、闻过则思、闻过则改，就是因为他们有人民至上的价值观。毛泽东同志当时把党群关系、干群关系，曾形象地比喻为"鱼水"关系、"种子土地"关系和"主人公仆"关系。全党数十万党员、干部模范地践行党的群众路线，建立起了与人民群众水乳交融、血肉相连的关系，由此收获了中国革命的胜利成果。党的十九大报告指出，"必须坚持以人民为中心的发展思想，不断促进人的全面发展、全体人民共同富裕。"从"人民对美好生活的向往，就是我们的奋斗目标"，到"让人民群众有更多获得感"，再到"以人民为中心的发展思想"，一系列重要论述和实践，清晰地勾勒出以习近平同志为核心的党中央治国理政的"民生逻辑"和"人民至上"的执政情怀。牢固树立并自觉践行以人民为中心的发展思想，这是新时代每一名党员干部应有的立场和站位、态度和情怀。我们要时刻把人民放在心中最高位置，把群众满意作为检验工作的最高标准，不断提高服务群众的能力和水平，实现好人民群众日益增长的美好生活需要。

第三，要用好批评与自我批评这个锐利武器。延安整风之所以能够成为党的建设史上的一次伟大创举,是因为其通过批评与自我批评的教育形式,清除了党内的思想路线错误,达到了自我纠错和自我完善的目的,开拓了思想建党的新途径。新形势下,党面临"四大考验""四种危险"的严峻挑战,有的党组织软弱涣散、原则性战斗性不强,一些地方党内生活庸俗化、功利化,好人主义盛行,歪风邪气滋长,严重损害党群干群关系。这些问题存在的原因是复杂的,其中一个重要方面,就是批评与自我批评这个利器的威力没有发挥出来。正如习总指出的"现在,批评和自我批评这个利器在很多地方变成了钝器,锈迹斑斑,对问题触及不到、触及不深,就像鸡毛掸子打屁股不痛不痒,有的甚至把自我批评变成了自我表扬,相互批评变成了相互吹捧"。事实表明,党内生活松一寸,党员队伍就散一尺。因此,不论岁月如何更替,条件如何变化,我们都要坚持以整风精神规范党内生活,用好批评和自我批评这个锐利武器,揭短亮丑、动真碰硬、深挖根源、触动灵魂,有效防范政治灰尘和政治微生物侵袭,促进党的组织健康发展和党员干部健康成长。

第四,要抓好领导干部这个"关键少数"。作风好不好,关键看领导。从领导干部做起,以身作则、率先垂范,教育才有说服力,制度才有威慑力。古人讲"政者,正也……""一屋不扫,何以扫天下",讲的就是这个道理。延安整风之所以能取得那么好的成效,与老一辈无产阶级革命家身体力行、以上率下分不开,尽管他们身负全党重任,工作日理万机,却从不搞特殊,和战士、群众一样吃小米、穿粗布,一样挥锄头、摇纺车,始终保持工农群众本色。当年毛泽东说他是枣园村的村民并非戏言,毛泽东为枣园村60岁以上的24位老农民集体做寿、周恩来亲自为他们放电影的佳话可以为证。在党的领袖及其他高级领导干部亲民、爱民、为民作风的感召和激励下,廉洁奉公、艰苦朴素蔚然成风,充满着被斯诺称赞为"只见公仆不见官"的"兴国之光",这正是中国共产党在延安这个穷乡僻壤干出一番大事业的秘密所在。十八大后,中央制定"八项规定",并且雷厉风行,身体力行,以实际行动为全党做出表率,这是一种无言的要求、无声的号召,极大地增强了广大党员干部加强和改进作风的信心。只有从领导做起,一级抓一级,说到做到,言必行、行必果,党风建设才能真正取得成效。否则,就可能流于形式。作为新时代的党员领导干部,要以忠诚干净担当的标准严格要求自己,正确行使人民赋予的权力,清正廉洁,加强自律,慎独慎微,在全面从严治党中做出好成绩、树立好形象，永葆共产党人的公仆本色。

　　第五，要抓住制度建设这个重点环节。转变作风，建章立制至关重要。思想教育是基础，解决的是自律问题，制度保障是关键，解决的是他律问题，二者紧密结合才能真正收到实效。延安整风中，党和边区政府采取一系列措施确保政府廉洁，并摸索出以建设廉洁政府为目标、以思想教育为前提、以法治建设为基础、以制度建设为保障、以群众监督为特色的政党倡廉与反腐之路，锻造出一个艰苦奋斗、以身作则、风清气正、禁绝贪污的成熟政党，一扫几千年来官场的陋习和官僚生活，以延安为中心的陕甘宁边区呈现出毛泽东曾向世人自豪宣告的"十个没有"的光明进步景象，所有来到延安的观察者，看到的是一个与贪污成风的国统区迥然不同的地方。十八大以来，我们党以法治思维和方法抓作风建设，随着《中国共产党巡视工作条例》《中国共产党廉洁自律准则》《中国共产党纪律处分条例》等法规条例的颁布或修订，党内法规体系逐步健全，党风廉政建设迈入制度化、法治化的轨道。但仍有不少党员干部纪律规矩意识淡薄，"四风"问题反弹回潮的隐患仍然不容忽视，从被动的"不敢"到主动的"不愿"，中间的道路还很远。加强和改进干部作风建设不可能一蹴而就，也不可能一劳永逸。制度的生命力在于执行，执行制度最终靠人。离开了历史责任，没有忠诚干净担当，再好的制度也形同虚设。当前，尤其要依据相关的法律政策和纪律规定，抓紧探索建立科学合理的奖惩激励机制，树立正确的用人导向，通过制度保证，使勤政为民、求真务实的干部得到褒奖，使好大喜功、弄虚作假的干部受到惩戒，在广大党员干部中形成勤政为民、求真务实、踏实苦干的浓厚风气，形成奋发有为、开拓进取、艰苦奋斗的浓厚氛围。同时，要强化对制度落实的监督执行力度，确保各项制度在领导干部作风建设中充分发挥作用。

弘扬延安精神与打赢脱贫攻坚战
——加强我省党员干部理想信念教育的思考

蔡中宏

（兰州交通大学马克思主义学院）

  学习贯彻落实党的十九大精神和省第十三次党代会精神，建设幸福美好新甘肃，必须深入贯彻落实好习近平新时代中国特色社会主义思想，特别是习总书记视察甘肃的重要讲话和"八个着力"的重要指示精神，打好精准扶贫、精准脱贫攻坚战，实现与全国同步建成小康社会目标，这是甘肃的头号工程，是一项重大而紧迫的政治任务，也是全省各级党组织和党员干部的重大使命和责任。

  改革开放四十年，虽然甘肃各项事业取得了较大发展，但整体发展仍然相对滞后。目前，实现"两个一百年"奋斗目标，特别是全面建成小康社会是全国的首要政治任务。我省打赢脱贫攻坚战，建设幸福美好新甘肃，关键在于全面加强党的建设、提高党员干部的思想政治素质。因此，我们必须继承和弘扬延安精神、南梁精神、老区精神，以及"人一之我十之、人十之我百之"的甘肃精神，把加强党员干部理想信念教育作为推进党的政治建设的首要任务来抓，通过党员干部理想信念教育，提高党员干部的思想政治素质和工作能力，提振全省人民的精气神，为我省与全国一道同步实现全面建成小康社会目标提供强大精神动力。

一、打赢脱贫攻坚战必须加强党员干部的理想信念教育

  打好脱贫攻坚战，建设幸福美好新甘肃，从根本上讲，要靠党的领导。全面加强党的领导，关键是要依靠党的各级组织和党员领导干部。

全省各级党组织要切实担负起全面从严治党的政治责任,加强对党员干部的理想信念教育,着力改进干部作风,提高党和政府公信力,努力营造风清气正的政治生态。政治路线确定之后,干部就是决定因素。因此,我省要打赢脱贫攻坚战,建设幸福美好新甘肃,就必须着力加强党员干部的理想信念教育。只有切实加强全省党员干部的理想信念教育、提高党员干部的政治素质和精神境界,才能全面推进中国特色社会主义伟大事业在甘肃成功实践。

理想信念关系党的前途命运,是灵魂,是方向,是政治方向的集中体现。邓小平同志曾指出:"为什么我们过去能在非常困难的情况下奋斗出来,战胜千难万险使革命胜利呢?就是因为我们有理想,有马克思主义信念,有共产主义信念。"实践表明:理想信念不论对于个人还是组织来说,既是导航系统,又是动力系统。加强理想信念教育,是保持党团结统一的思想基础,是实现民族复兴的行动向导,是共产党人的政治灵魂和安身立命之根本。因此,理想信念教育是全面从严治党的基础工程,也是建设幸福美好新甘肃的重要任务。

全省各级党组织要采取更加有力的举措,把理想信念教育贯穿到全面从严治党和建设幸福美好新甘肃的全过程,融入到加强和规范我省各级党组织政治生活的各方面,不断提高各级党组织和党员干部的思想政治素质。加强全省党员干部的理想信念教育,既要党组织的教育,又要党员的自我教育,要真正做到组织教育与党员自我教育的有机结合。

二、组织教育是加强党员干部理想信念教育的重要保证

我们党是马克思主义执政党,也是马克思主义学习型政党,坚定的理想信念是党员干部最重要的政治素质,也是党员干部首要的政治标准。为此,必须把理想信念教育作为全省党建和思想政治工作的首要任务加以落实。

首先,全省各级党组织的学习教育要常态化、制度化。要抓好党组织,党委(党组)中心组的学习教育,主要是"两学一做"要做到常抓不懈。党委(党组)中心组学习教育,是党的理论武装工作的重要抓手,是加强党员领导干部理论学习和理想信念教育的有效途径。要突出学习重点,重点加强马克思主义理论特别是习近平新时代中国特色社会主义思想的学习,要做到学深悟透用好。同时,要加强党章党规、党史国史学习。要创新学习形式,综合运

延安精神永放光芒

用集体研讨、个人自学、专题调研等方式，提升学习质量和效果。要完善学习制度，加强督促检查，把学习情况作为领导班子和领导干部考核的重要内容，建立健全学习教育的规章制度，提高制度化规范化水平。要大力弘扬马克思主义优良学风，把理论学习同贯彻落实党中央重大决策部署结合起来，同解决我省改革发展稳定中的实际问题结合起来，真正做到学而信、学而用、学而行。

其次，全省党员干部要不断增强"四个自信"，牢固树立"四个意识"，坚定政治定力，自觉运用马克思主义立场观点方法，旗帜鲜明地抵制各种错误思想侵蚀。当前，思想理论领域存在一些错误思潮和错误观点，有的影响力和迷惑性还比较大；如果不及时加以正确引导，就难以统一党员干部的思想认识，甚至会动摇党员干部的理想信念。因此，要坚持讲政治、顾大局，健全党内重大思想理论问题分析研究和情况通报制度，定期研判和通报思想理论领域的重要动向，向党员干部客观全面地讲清楚深层次思想理论问题，分清是非曲直，坚守政治定力。尤其要针对西方宪政民主、"普世价值"、新自由主义、历史虚无主义等错误思潮旗帜鲜明地进行批判，引导党员干部认清其实质和危害。要用社会主义核心价值体系和核心价值观引导党员干部提高政治站位，坚守政治底线，对错误言论和错误思潮要敢于亮剑、敢于交锋、敢于斗争。要在政治上、思想上和行动上始终与党中央保持高度一致。

最后，要创新学习教育的方式方法。当前，时代背景和党员队伍都发生了很大变化，理想信念教育的方式方法也需要与时俱进、改进创新。要深入研究和把握新形势下理想信念教育的特点和规律，继承好的经验和做法，探索新的途径和办法，不断增强针对性、时代感和吸引力。要坚持开展党内集中学习教育，总结运用好长期实践经验，特别是党的十八大以来党的群众路线教育实践活动、"三严三实"专题教育和"两学一做"学习教育的新鲜经验，持续不断地加强党员干部的学习教育。要联系党员干部思想实际，坚持先进性要求和广泛性要求相结合，解决思想问题与解决实际问题相结合，教育人和理解人、关心人相结合。要充分运用全媒体多样化的传播形式，使学习教育现代化，以增强针对性和实效性。

三、自我教育是加强党员干部理想信念教育的根本途径

人的正确思想不是从天上掉下来的，也不是头脑中固有的，而是来自社会实践。因此，对于每个党员来说，树立坚定的理想信念，既要向理论学习，又要向实践取经，努力做到理论联系实际、学以致用，用科学理论武装头脑、指导实践、推动工作。

首先，要认真学习马克思主义理论。党员干部要自觉用马克思主义的科学理论武装头脑，掌握马克思主义的立场观点方法，重点要学习马克思主义的哲学，这是党员干部的看家本领。通过学习马克思主义哲学，不断增强党员干部的辩证思维能力，提高政治鉴别力、洞察力和工作的系统性、预见性、创造性。在新的形势下，要深入学习和掌握当代中国马克思主义——习近平新时代中国特色社会主义思想。要使党员干部做到真学、真懂、真信、真用，真正做到内化于心、外化于行，自觉贯彻落实在各项工作具体实践中。

其次，要学习人类一切有益的文明成果。以史为鉴，可知兴替。党员干部要善于学习人类一切优秀文化和文明成果，特别要重视对中华优秀传统文化、革命文化和社会主义先进文化的学习，不断增强文化自信。在当今全球化的时代背景下，还必须学习借鉴世界各国的先进经验，必须开阔视野，了解世界，学习和吸收人类一切文明的有益成果。通过对历史的学习和国际的比较，更加坚定马克思主义信仰，更加坚定中国特色社会主义共同理想和共产主义远大理想，更加坚定中国特色社会主义道路自信、理论自信、制度自信、文化自信。

最后，要积极投身中国特色社会主义伟大实践。坚持和发展中国特色社会主义是当今中国的主题。党员干部要在实际工作中，自觉坚持和运用马克思主义的科学世界观和方法论指导实践，要在建设幸福美好新甘肃和与全国同步实现全面建成小康社会的实践中，善于总结群众创造的好做法和好经验，掌握和运用马克思主义的科学世界观和方法论，解决实际问题，在实践中自觉加强党性锻炼。这种实践也包括思想政治领域的实践，要密切联系甘肃实际，在新的伟大斗争实践中传承并发扬延安精神、南梁精神、老区精神和甘肃精神。大力弘扬党的优良传统和作风，自觉培育和践行社会主义核心价值观，真正做到坚持马克思主义信仰、共产主义远大理想和中国特色社会主义共同理想

延安精神永放光芒

不动摇。

总之，在全面推进中国特色社会主义的伟大实践中，在打赢脱贫攻坚战、建设幸福美好新甘肃的进程中，我省广大党员干部既要坚定理想信念，又要脚踏实地，要大力弘扬延安精神、南梁精神、老区精神，特别是甘肃精神，真正把这些革命精神贯穿在实际工作中，把理想信念的坚定性体现在做好本职工作上，把坚定的理想信念转化为推动工作的强大精神动力，在各项工作实践中自觉发挥模范带头作用，以自己的实际行动展现党员干部理想信念的力量，以良好的思想政治素质和优良的工作作风为建设幸福美好新甘肃做出新贡献。

延安精神是打赢新时代脱贫攻坚战的重要法宝

陈海萍

（甘肃省酒泉一中）

习近平总书记指出："延安精神是中华民族优良传统的继承和发展，是我们党的性质和宗旨的集中体现。弘扬延安精神，对于推进中国特色社会主义事业、实现中华民族伟大复兴具有重要意义。"党的十九大报告指出："坚决打赢脱贫攻坚战。让贫困人口和贫困地区同全国一道进入全面小康社会是我们党的庄严承诺。"进入新时代，以"坚定正确的政治方向，解放思想、实事求是的思想路线，全心全意为人民服务的根本宗旨，自力更生、艰苦奋斗的创业精神"为主要内容的延安精神必将成为打赢新时代脱贫攻坚战，实现党的庄严承诺的重要法宝。

一、延安精神为打赢脱贫攻坚战明确政治方向

强劲的动力来自坚定正确的政治方向。坚持坚定正确的政治方向是延安精神的灵魂，它集中体现在共产党人的理想信念上。而坚定的理想信念则是共产党人永不枯竭的原动力。早在延安时期就形成了坚持坚定正确的政治方向，就是立足最低政治纲领，胸怀共产主义最高理想，在争取民族独立、人民解放的伟大斗争中锻造铁一般的理想信念和铁一般的纪律，坚定对马克思主义的信仰，坚定对共产主义和社会主义的信念，坚定对党和人民的忠诚，挺起精神的脊梁。进入新时代，必须坚持以习近平新时代中国特色社会主义思想为指导，深入贯彻落实党的十九大精神，坚定维护以习近平同志为核心的党中央权威和党的集中统一领导，坚持正确政治方向，坚持"四个意识"，牢固树立"四个自信"，与党中央同心同向，同心同德，集中发力，把打好脱贫攻坚战作为首要政治任务和头等大事，立足贫困面大、贫困程度深、脱

贫难度大的省情实际,以脱贫攻坚统揽经济社会发展全局,集全省之智,集全省之力,奋力脱贫攻坚,确保到2020年,全省剩余的52个片区贫困县、4个插花贫困县全部摘帽,剩余的188.7万贫困人口全部脱贫,与全国人民同步进入全面小康社会。

二、延安精神为打赢脱贫攻坚战筑牢思想基石

解放思想、实事求是是党的思想路线,也是延安精神的精髓。中国共产党能够在短短的二十八年时间里,由一个仅仅五十余人的小党,成长为领导中国人民取得革命成功、缔造中华人民共和国的执政党,在西方人看来"几乎是不可想象的""难以置信的",这与中国共产党不断总结以往的经验教训,并逐渐在全党确立实事求是的思想路线密不可分。进入新时代,要打赢脱贫攻坚战同样必须汲取延安精神的精髓,坚持解放思想、实事求是的思想路线。习近平总书记强调:"消除贫困、改善民生、实现共同富裕,是社会主义的本质要求,是我们党的重要使命。""脱贫攻坚是底线任务,是必须完成的任务。"打赢脱贫攻坚战必须始终坚持党的思想路线不动摇,认真贯彻习近平总书记对甘肃"八个着力"的重要指示精神,从甘肃实际出发,紧盯"两不愁三保障"脱贫标准,以深度贫困地区为重点,着力推进扶贫开发,尽快改变贫困地区面貌。坚持精准扶贫、精准脱贫,实施"一户一策",落实产业扶贫、教育扶贫、健康扶贫、生态扶贫、金融扶贫、党建扶贫、精神扶贫、兜底保障等政策,下足"绣花功夫",真正让扶贫扶到点上根上,做到扶真贫、真扶贫。

三、延安精神为打赢脱贫攻坚战夯实党的根基

全心全意为人民服务是延安精神的核心,也是党的根本宗旨。服务群众、赢得群众,是延安时期的基本经验。全心全意为人民服务就是要始终坚持人民的利益高于一切,一切从人民的根本利益出发,这是中国共产党区别于其他任何政党的显著标志之一。党的根基在人民,党的血脉在人民。贫困人口是人民的重要组成部分,是我们党最需要维护好、实现好、发展好其根本利益的弱势群体。甘肃曾经是革命老区,也属边疆民族地区,更是全国脱贫攻坚任务最重的省份之一。"小康不小康,关键看老乡"。进入新时代,必须坚持以人民为中心的发展思想，要从延安精神中汲取人民至上的力量，做到"心中有民"，服务群众。把脱贫攻坚作为全面建成小康社会的"底线任务"，作为补齐全面建成小康"发展短板"的最大机遇，增强使命感和责任感，把党的好政策落实到最贫困的地区和群众中，让困难群众真正感受到党的关怀和温暖，让他们知道党在革命年代曾经依靠他们，在新时代也没有忘记他们，进一步巩固党和人民群众的血肉联系，让甘肃革命老区在内的"陕甘宁边区"、贫困地区、民族地区的贫困老百姓与全国人民同步进入全面小康社会，共享盛世发展成果。

四、延安精神为打赢脱贫攻坚战提供精神动力

自力更生、艰苦奋斗是延安精神的显著特征，也是中国共产党人成就伟业的不竭动力。自力更生、艰苦奋斗的精神是自信、自强、自立的主体精神，是一种不畏艰险、顽强拼搏、奋发有为、昂扬向上的创造精神，是克勤克俭的高尚品德。习近平总书记指出："打赢脱贫攻坚战，中国民族千百年来存在的绝对贫困问题，将在我们这一代人的手里历史性地解决。这是我们人生之大幸。让我们共同努力，一起来完成这项对中华民族、对整个人类都具有重大意义的伟业。"成就伟业需要不懈奋斗，更需要延安精神。打赢脱贫攻坚战要始终保持自力更生、艰苦奋斗的政治本色，从延安精神中汲取矢志奋斗的力量。当然，"扶贫不是慈善救济，而是要引导和支持所有有劳动能力的人，依靠自己的双手开创美好明天"。在新的历史条件下，能否打赢脱贫攻坚战，激发内生动力是关键。要把扶贫与扶智、扶志相结合，加强党的前沿阵地建设，选好配强能发挥作用愿担当作为的村党支部书记队伍，培养能致富愿带富的农村致富带头人队伍，打造一支永远不走的致富队。要调整充实扶贫一线工作队伍，发挥贫困村第一书记和驻村工作队作用，在脱贫实战中磨炼干部，打造一支能征善战的服务队和战斗队。加大延安精神的宣传实践，建立正向激励引导机制，对艰苦奋斗、自力更生、积极致富脱贫的农户给予奖励，对不愿致富、"等靠要"的老赖给予"惩罚"，不断激发和培育贫困地区、贫困群众敢脱贫愿致富的强大内生动力，在全省全国范围内形成人人争当致富模范，人人争当脱贫先进的良好氛围，凝聚起全党全国人民磅礴之力，全面打好打赢脱贫攻坚战。

延安精神永放光芒

总之,延安精神是中国共产党人领导争取民族独立、人民解放的革命精神,更是新时代全面打赢脱贫攻坚战的伟大时代精神和重要法宝,必将继续闪耀时代光芒,滋养中华民族的灵魂气质,激励亿万中华儿女为实现中国民族伟大复兴的中国梦做出伟大贡献。

弘扬艰苦奋斗的延安精神　加快甘肃脱贫攻坚步伐

范　义　安林瑞　朱柏萍
（甘肃行政学院）

1935—1948年，中共中央和毛泽东在陕北延安极其艰苦的环境下，领导、指挥了抗日战争和解放战争，在为争取民族独立和人民解放事业的不懈奋斗中，继承和发展了红船精神、井冈山精神、长征精神等革命传统，形成了中国共产党的延安精神。"习近平总书记说自己的根在这里，其实中华民族的老根就在这里！延安和陕甘宁边区，曾经是中共中央所在地，曾经是中国解放战争总后方。新中国大踏步从延河河畔走进了天安门广场！延安精神，就是中华民族的民族之魂！"（《习近平的七年知青岁月》，第338页）

延安精神的研究也不断证明，延安精神是中国共产党革命精神的重要组成部分，艰苦奋斗、实事求是、服务群众是延安精神的基本内涵。"伟大的爱国主义精神、彻底的唯物主义精神、革命的英雄主义精神"是延安精神基本的逻辑结构体系，其中延安精神体系的实质和核心，就是"艰苦奋斗"，这也是延安精神的本质特征之所在。

甘肃与延安相邻，当年的陕甘和陕北革命根据地成为党中央和中央红军长征的落脚点，以艰苦奋斗为核心的延安精神对甘肃也有着必然的影响和感召。省委省政府提出的"敢死拼命甘肃精神"，也就是艰苦奋斗的延安精神的集中反映。

本文试从弘扬艰苦奋斗这个延安精神的实质和核心性意义上，就加快甘肃脱贫攻坚步伐的问题做一思考。

一、弘扬艰苦奋斗的延安精神是加快甘肃脱贫攻坚步伐的内在诉求

延安时代的艰苦奋斗精神，是通过情感、理性、意志诸多层面的自信自

强自尊表现出来的，实际上就是为人民服务精神的具体体现，它是我党战胜一切困难、克敌制胜的法宝。新中国成立之后，艰苦奋斗作风又在党领导的社会主义革命、建设和改革开放过程中得到不断深化，尤其是在今天纵深推进的新时代中国特色社会主义建设事业中发挥着重要作用。因此，我们甘肃在脱贫攻坚任务中，不仅要弘扬长征精神、南梁精神，而且要进一步弘扬具有革命英雄主义特征的艰苦奋斗作风，尤其是"敢死拼命的甘肃精神"，增强体现延安精神的自信自强自尊意识，坚决打赢甘肃的脱贫攻坚战。

2013年2月，习近平总书记在甘肃视察工作时强调指出："甘肃省贫困问题比较突出，贫困面大，贫困程度深。3个连片特困地区有58个县，把扶贫开发工作抓紧抓实，坚决打好新一轮扶贫开发攻坚战。"还指出："我们党是靠实事求是、艰苦奋斗起家的，不能离开优良作风。"要"多到条件最艰苦的地方去关心疾苦，在服务群众、为群众谋利益的具体实践中带领群众前进"。这些重要论述，对于今天甘肃坚决打赢脱贫攻坚战有着重要的指导意义。

从2013年到今天已经5年过去了，回顾总结甘肃的扶贫开发的今天，纵向地看，全省的扶贫是又好又快，扶贫对象已经由5年前的500多万减到了2018年的100多万；但横向地看，与其他省份比较差距仍然很大。随着脱贫对象贫困程度深的特殊性制约因素的增多，要真正做到在2020年保质保量按时完成脱贫任务，挑战严峻，剩下的"硬骨头"任务异常艰难。延安精神是甘肃敢死拼命精神的理论源泉，也是甘肃脱贫攻坚的不竭动力。只有发扬省委、省政府提出的"敢死拼命"的艰苦奋斗精神，坚定"啃硬骨头"的信念，才能完成脱贫攻坚的任务。

二、弘扬艰苦奋斗的延安精神，要下功夫确立实事求是的指导思想

"彻底的唯物主义精神"是延安精神科学体系中的哲学思想。实事求是，是艰苦奋斗的精髓，是中国共产党的政治本色，也是我们党员干部做人做事的遵循。说老实话、办老实事、做老实人是实事求是的人格追求。

甘肃的精准脱贫，是一项系统工程，需要全方位、多层次、立体型的协调运作。首先，需要我们进一步搞好全面调查研究，吃透一村一社、一家一户、一人一事的动态性状态性信息，做到原汁原味原生态、实话实说实在。这就要求我们的干部必须要讲实事求是，必须要强化忠诚意识，高标准严要求，

心中时刻有着担当,多到脱贫攻坚工作最需要的地方去解决问题,多到脱贫攻坚工作最困难的地方去打开被动局面,多到脱贫群众中了解他们内心的"喜怒哀乐、酸甜苦辣",以对接群众的期盼性和诉求性、提高群众的满意率。坚持实事求是,摆正自己在脱贫工作中的位置,要花气力大兴调查研究之风,研究新情况、拿出新办法、解决新问题、创造新业绩,坚决杜绝贪图安逸的思想;实事求是,要强化一心一意为脱贫群众服务的意识,必须做到有喜报喜,有忧报忧,取信于民;实事求是,要树立一盘棋的思想,正确处理好个人、部门利益的关系,不断为打赢脱贫攻坚战营造一个良好的工作环境。

三、弘扬艰苦奋斗的延安精神,要下功夫养成"勤俭办一切事情"的行动自觉

勤劳俭朴是中华民族的美德。勤俭办一切事情,是延安艰苦奋斗精神的基本要求。延安时期,我们靠的就是勤俭办事这个法宝,赢得了革命的一个个胜利。新时代的今天,面临甘肃脱贫攻坚发展中的问题、前进中的困难,必须要吸取甘肃政治生态上曾经出现的教训,要清醒地看到,甘肃的财政始终是比较困难的,尤其是甘肃脱贫攻坚的任务异常艰难繁重,更加需要养成"勤俭办一切事情"的思想自觉和行动自觉来保证。

因此,我们的干部必须要一以贯之地继承和发扬勤俭节约、廉洁勤政的优良传统和作风,学会精打细算,做到不该花的坚决不花,该省的一定要省下来。一粥一饭,当思来之不易;半丝半缕,恒念物力惟艰。厉行节约、反对铺张浪费,不是提倡人们吃差点、穿差点去当"苦行僧",不是要降低人们的生活水平,而是要塑造人们内在的人格品质和精神风貌。

勤俭办一切事情,必须树立廉洁奉公的公仆意识。廉洁是我们的政治资本和立身资本。要廉洁,就必须加强个人修养,树立正确的世界观、人生观、价值观,模范地执行党内法规和中央、省委关于廉洁自律的各项规定,自觉接受组织和群众的监督,做到存正气,禁贪欲,不为金钱所驱,不为名利所囚,不为物欲所诱,不为人情所扰,以两袖清风养一身正气。

四、弘扬艰苦奋斗的延安精神,要下功夫锤炼真抓实干的作风

透视延安原生态形抗大精神、延安整风精神、南泥湾精神、延安县精神、

白求恩精神和张思德精神等，折射出的就是艰苦奋斗的实践、实事求是的真理。不论是革命战争年代，还是今天的新时代，就是要靠艰苦奋斗这个克敌制胜的法宝。艰苦奋斗，落实在行动上，就是要动真格抓实干。实干是一种工作作风，也是一种政治品格。要真正打赢脱贫攻坚战，关键在"实干"，出路在"实干"，最后的落脚点还是在"实干"。当前，说得多、做得少、抓落实不够的问题仍然存在。各级干部要把干事业作为一种使命、一种追求，发扬时不我待、只争朝夕、不畏艰难、永争第一的精神，克服浮躁情绪，抛弃私心杂念，自觉同脱贫群众一块儿奋斗、一块儿生活、一块儿排忧解难共谋发展。凡是定下来的事情要雷厉风行、抓紧实施；部署了的工作就要督促检查、一抓到底；一些关键的、重要的环节，就要身先士卒，靠前指挥，不折不扣完成任务。做一名忠诚干净担当的干部，就必须要有"我以我血荐轩辕"的胆识和气魄，把全部的精力用在干事业求发展上，努力做到敢干难事、能干大事、会干新事、干出"干货"，以赢得组织的认可、群众的满意。

五、弘扬艰苦奋斗的延安精神，要下功夫优化开拓创新的竞争制度和机制

艰苦奋斗，离不开开拓创新。面临脱贫攻坚的严峻考验，如果我们没有敢为人先、敢闯敢试的勇气和魄力，要真正实现脱贫攻坚就无从谈起。有了敢闯敢试敢干的精神状态，没有项目就可以找到项目，没有资金就可以找到资金，没有人才就可以培养和引进人才，没有出路就可以寻找出路。因此，要正视而不回避目前的困难，不等不靠不要，提倡敢冒风险，敢办别人想不到、不敢办、办不好、办不了的事。

勇于开拓创新，必须要完善奖勤罚懒、奖优罚劣的正向竞争激励制度，建立省市县乡（镇）村五级联动正向激励竞争机制。同时，还要把习近平总书记在甘肃视察工作时指示的"完善专项扶贫、行业扶贫、社会扶贫'三位一体'格局"构建好。各级党委政府要把艰苦奋斗的作风融入脱贫攻坚工程之中，贯穿于干部培养选拔和管理监督全过程。把忠诚干净担当脱贫攻坚工作能力水平的高低，作为考核、选拔干部的重要依据，用干部脱贫的良好形象凝聚人心，使不玩虚招、踏实肯干、艰苦奋斗、争创优秀成为广大干部的共识，不断夺取脱贫攻坚的新胜利！

弘扬延安精神 助推教育扶贫再上新台阶
——以酒泉市移民区教育扶贫为例

关燕炯

（酒泉市委党校）

习近平总书记在十九大报告指出"建设教育强国是中华民族伟大复兴的基础工程"，指向明确、要求具体、切中要害。近年来，甘肃省教育厅认真贯彻落实习近平总书记的讲话精神和省委、省政府重大战略部署，紧紧围绕甘肃省"1236"扶贫攻坚行动，充分发挥教育在扶贫攻坚中的基础性、先导性作用，积极推进教育精准扶贫，服务全面小康社会建设。

扶贫攻坚、脱贫攻坚、精准扶贫、精准脱贫工作都体现着延安精神的时代价值，打好扶贫攻坚战，就是要做到"扶贫先扶智，治贫先治愚"。用延安精神扶贫，拓宽教育扶贫的新思路是与社会发展趋向相一致同时也是与时俱进的。这种教育扶贫思路不仅在理论上有着其先进性的理念，而且更有着实践中的可操作性。今天，我们更是要用艰苦奋斗的延安精神、全心全意为人民服务的延安精神、理论联系实际的延安精神助推精准扶贫。

一、用艰苦奋斗的延安精神精准扶贫，毫不动摇的坚守教育扶贫的主阵地

酒泉市是全省移民大市，现有移民人口35 294户、15.75万人。截至2016年年底全市移民普通劳动力有1.58万人，占移民总人口的58.7%，其中：技能劳动力仅占0.28%。移民群众受教育程度低、农业生产技能弱、自我发展能力不足。近年来，酒泉市把科技智力扶贫作为扶贫攻坚的重要举措来抓，着力加强农民实用技能培训和创业致富能力培训，移民科技文化素质不断提升，为贫困乡村移民脱贫致富打下了坚实的基础。

（一）改变传统教育观念，增强教育扶贫发展信心。由于大多数移民来自贫困地区，移民群众的贫困程度深、贫困面大。受小富即安、满足现状等观念的束缚，相当一部分群众思想保守，接受新技术、新事物的观念淡薄。为了从根本上改变贫困群众自身发展顽疾，各县市区从"扶贫先扶志、治贫先治愚"入手，从改变思想观念和生活习惯入手，持续加大宣传教育和典型示范引导，教育移民牢固树立自力更生、艰苦创业，建设"第二故乡"的观念和信心，不断增强自我发展、加快发展的勇气和决心。

（二）围绕产业，按需施策施教。全面实施"农村学校建设攻坚工程"，为贫困家庭孩子创造均等的入学机会。酒泉市下辖的玉门市是一座搬迁城市，也是全省17个插花贫困县之一，3.6万移民群众来自省内东部贫困地区21个县市，有整建制移民乡4个，移民乡建乡时间短，社会事业起步晚。在精准扶贫过程中，我们坚持项目优先安排、资金优先保证、设施优先配备的"三优先"原则，近三年先后投入资金1.6亿元用于农村学校教育布局调整和硬件设施建设，全市移民乡学校一次性达到标准化办学要求，彻底改变了破旧的面貌，教育公平的阳光沐浴到了每一个移民家庭。

（三）全面实施"精准扶贫阳光助学工程"，确保每一名家庭困难学生都能按期入学接受教育。在精准扶贫过程中，酒泉市下辖玉门市委、市政府高度重视，千方百计筹措资金，确保各项资助政策不折不扣得到贯彻落实。2017年上半年为就读玉门一中的694名贫困家庭高中学生落实国家助学金69.4万元，为172名贫困家庭高中学生补助学杂费9.632万元；为省财政厅、教育厅下拨我市在省内高职（专科）院校就读的建档立卡贫困家庭学生免除学费和书本费专项补助资金8.4万元；为37名贫困家庭幼儿园儿童和30名贫困家庭高中学生进行了建档立卡；共为8151名家庭贫困幼儿免除学杂费407.55万元。

二、用全心全意为人民服务的延安精神，打好教育扶贫攻坚战

（一）阻止贫困现象代际传递，保证移民区农村学校有充足的人力资本存量。完善教师队伍建设机制，筑牢乡村教师队伍基础。努力提高乡村教师待遇，把贫困县乡村幼儿园教师纳入乡村教师生活补助范围，乡村中小学、幼儿园教师每月享受不低于300元的生活补助。加大贫困地区师资补充力度，

按需设岗、按岗招聘、精准补充。面向全省招聘中小学、幼儿园教师,其中乡村教师占96.4%。重点加强乡村教师培训,扎实推进"三计划两工程",实施"精准扶贫教师培训三行动",采取送培下乡、专家指导、校本与网络研修等形式,切实增强培训的针对性和实效性。

(二)保障移民地区学生享受均等化教育。扶贫先扶智,治贫先治愚。扶智、治愚就是发展教育。农村教育脱贫的主要对象,是广大的在校学生。而如今,农村学校学生移民数量激增,这给我们的教育扶贫工作带来了极大的困难。要从根本上解决学生移民数量激增这一问题,我们就要保障农村地区学生享受与城市学校学生平等的教育。农村地区学生如果能够享受与城市学校平等的教育,就能够留住大批发展性外流的学生乃至一部分生存性外流的学生。留住这部分学生,对刺激边远贫困地区经济的发展有重要的现实意义。

(三)解决好移民区农村学校萎缩的结构性和主观性问题。针对教育资源分配不公的结构性问题,政府有责任"让13亿人民享有更好更公平的教育,获得发展自身、奉献社会、造福人民的能力"、合理分配教育资源。城市与乡村的发展不该有差异,城市学校学生与乡村学校学生在获取国家教育资源上,应该享有平等的权利。教育资源的合理分配,有助于解决农村学校萎缩的结构性问题。针对受人口政策和入学制度影响的主观性问题,政府"要心里装着困难群众",制定、出台更合理的方针政策。

三、用理论联系实际、不断开拓创新的延安精神毫不动摇地助推教育扶贫

(一)全面实施"乡村教师素质提升工程",为贫困家庭孩子提供优质的教育服务。推进教育精准扶贫,提高教育质量,教师队伍是关键。为全面深化城乡学校结对帮扶,让城市优秀教师"沉下去",农村骨干教师"浮上来",共选派32名城市学校校长、中层干部到农村学校支教一年,组织城乡教师轮岗交流360人次,选派农村骨干教师赴江苏、上海、西安等地参加培训300多人次,用最前沿的教育理论武装农村教师头脑。市政府专列资金400多万元,为698名乡村中小学、幼儿园教师全面落实乡村教师生活补助,为200名农村幼儿代课教师人均月增资500元,依据边远程度和工作量为中小学班主任落实了差别化班主任津贴和寄宿制学校教师岗位补助,使农村教师月工资待

延安精神永放光芒

遇高于城市教师500~800元，建成农村教师周转宿舍98套，为农村教师扎根基层创造了条件。加大农村教师培养力度，有效提高基层教师能力素养。"百年大计，教育为本，教育大计，教师为本"，酒泉市把转变教师的教育教学观念、提高教师业务水平作为推进教育均衡发展的基础工程，逐步形成了"以先进教育理念培训为先导，以优化教师发展环境为载体，以教育科研活动为支撑，以教师专业发展为目标"的教师培训机制，为教育扶贫奠定了良好基础。

（二）全面实施"精准扶贫项目夯基工程"，建立扶贫脱贫长效机制。开展技能扶贫，培养一技之长。依托石油中专实训基地和各乡镇农民文化技术学校，建立面向农民朋友的职业教育"培训包"，采取"群众点菜、专家主厨"的方式，2017年，完成农民教育培训3.5万人，3821人获得职业技能培训资格证书，实现"输出一人、脱贫一户"，让贫困农民拥有一技之长，能够脱贫致富。开展项目扶贫，培育增收产业，精准扶贫中酒泉市下辖的玉门市教育局负责包挂玉门市柳湖乡兴旺村36户贫困户，局机关干部与每个帮扶对象建立深化双联行动民情连心卡，可以随时与帮扶对象取得联系，深入农户家中促膝交谈，共同制订产业增收计划，提高贫困户脱贫造血功能。2015年落实重点产业帮扶资金10万元，2016年协调重点产业帮扶资金5万元，带动该村建成百亩拱棚示范点一个，教育局机关干部所帮扶的柳湖乡兴村36户贫困户，已有32户脱贫，人均纯收入4000元以上，还剩4户属于提高脱贫户。

教育扶贫无小事，精准扶贫没有休止符，办百姓家门口的好学校，我们永远不会停下脚步。

甘南州教育脱贫亟需破解几对矛盾

何军民

（甘肃行政学院）

教育脱贫，是精准脱贫的重要内容，也是全面建成小康社会的基本指标。甘南藏族自治州作为甘肃藏区主体区域，其教育发展的质量高低和教育脱贫的效果强弱直接影响着藏区的和谐稳定发展。进入新时代，加大民族地区经济社会发展改革力度，特别是深入推进教育领域综合改革，既是推进甘肃民族地区全面建成小康社会和推进现代化发展的需要，也是更好服务和保障全省改革发展稳定大局，建设经济发展、山川秀美、民族团结、社会和谐的幸福美好新甘肃的使命所在。笔者在调研中发现，当前甘南州教育脱贫中亟需破解如下几对矛盾。

一、义务教育与寺院教育之间的矛盾

《中华人民共和国义务教育法》明确规定："义务教育是国家统一实施的所有适龄儿童、少年必须接受的教育，是国家必须予以保障的公益性事业。"《中华人民共和国宪法》也明确规定："中华人民共和国公民有宗教信仰自由。"从法理上看，就义务教育适龄少年儿童而言，是进入学校接受义务教育，还是入寺信仰宗教，这是客观存在的矛盾和问题。在教育脱贫控辍保学工作中，针对各个寺院中应该接受义务教育的入寺适龄少年儿童，甘南州动员各方面的力量做了大量的劝返工作，但因义务教育与宗教信仰之间存在的客观矛盾，依然有一大批义务教育适龄少年儿童在寺院学习生活，这是不可否认的事实。

破解义务教育与寺院教育的矛盾冲突问题，既是多年来甘南藏区稳定发展中存在的老问题，也需要我们在推进藏区现代化发展中具有新思维。在法治思维之下，可以探索构建义务教育与寺院教育融合发展机制，在藏传佛教寺院设立义务教育教学点，政府委派专职教师在寺院开展义务教育和常规的教学管理，也可聘请寺院中思想道德好、文化素养高、僧俗群众都认可的教职人员为义务教育兼职教师，并给予他们一定的岗位津贴，对寺院中接受义务教育的适龄少年儿童给予正常的义务教育经费补助和生活补助，同时教育主管部门联合宗教事务管理部门加大对寺院义务教育教学点的督查考核力度，确保入寺的义务教育适龄少年儿童接受完整的义务教育，经考核合格后颁发义务教育合格证书，实现藏传佛教与社会主义社会相适应。例如，碌曲县郎木寺镇的赛赤寺院和西仓镇的西仓寺院中客观存在的学校和教学点，对于我们构建义务教育与寺院教育融合发展机制就具有很大的启发价值。

二、高考招生中精准扶贫专项计划专业设置与藏区经济社会发展所需专业之间的矛盾

近年来，省内外有关高校积极响应党和国家关于精准脱贫和支持藏区发展政策，在高考招生中加大了对藏区高中毕业生的支持力度，扩大了招生规模。在高等院校的精准扶贫专项招生计划上，基础性学科和冷门专业设置较多，当前甘南藏区经济社会发展中紧需的农牧业产业发展、生态产业经济、文化旅游管理、双语教育等相关专业设置较少。大学生毕业后，回到甘南工作的人数也较少，而且所学专业非所用。比如，由甘肃民族师范学院培养的双语教师参加工作后不久就被选拔到蔬菜公司工作，导致不能学以致用和用所非学等情况成为了常态。

加大甘南州各类人才培养力度，增强各类人才的培养效果，这是破解此类矛盾的根本出路。除西北民族大学、甘肃民族师范学院等省内民族院校要加大对甘南州高考照顾力度外，省教育厅要积极争取省内外其他高校对甘南州人才培养的帮扶力度，能够立足甘南实际和甘肃藏区经济社会发展趋势，在针对甘南州教育扶贫高考招生专项计划中增设生态产业经济、农牧业产业发展、文化旅游管理、双语教育等专业，增强甘南州各类人才培养的针对性和实效性。

三、教师数量充足与结构性教师紧缺的矛盾

从总人数和师生比例看，甘南州教师总量是充足的，师生比例也是符合

义务教育的师生比例标准的。因全州有206个教学点，师资力量分散较大，实际教学效果不高。像临潭县陈旗镇大石头滩教学点1名老师教授5名学生的情况在全州就比较常见。在教学点，师生比例偏低、教育受益面窄、教育资源利用率低等成了普遍存在的问题，而中小学音体美、语文、双语理科等专业老师和寄宿制学校中生活辅导老师、工勤人员编制却很紧缺。此类矛盾的存在，严重制约了甘南义务教育的均衡化和高质量发展。

加大专职教师培养力度是破解此类矛盾的根本出路。一方面，可以开设音体美教师短期速成培训班。在确保各教学点和各学校师资总量不减少的情况下，加大对现有教师专业化培训和转岗培训力度，在甘肃民族学院等学校开设音体美教师短期速成培训班，改善结构性教师紧缺的现状。另一方面，可以加大全科通识教育课程教师培养力度。小学教育中，语文、数学和英语课程都是基础学科课程。开设小学语文、数学、英语课程，是新时代每位小学教师都应该具备的基本素质。要加大中小学全科通识教育课程教师的培养力度，发挥各科教师在义务教育中的价值作用，以积极应对人数少、年级多、班额小的情况。

四、生活待遇提高激发的积极性与职称晋升难带来的失望感之间的矛盾

近年来，甘南州落实相关政策，有效提高了乡村教师待遇，有效激发了广大教师的积极性，促进了甘南州教育的快速发展，得到了社会各界的普遍认可。同时，受职称晋升条件高、名额少、机会少等因素的影响，广大教师一旦晋升到副高职称后，再也不敢奢望晋升到高一级的职称，无形中使得教师的进取心衰退、拼搏精神缺失，其对教育工作的热情全凭着一种责任心在支撑。职称晋升难度带来的失望感，很大程度上消解了近年来待遇有所提高激发的积极性，产生了新的矛盾。

中小学教师的职称改革红利要惠及广大中小学教师，让他们对甘南州的教育发展有希望、有信心、有力量。要进一步落实中小学职称晋升中的相关政策，增加中小学教师高级职称人数比例，适当降低或者取消中小学教师在课题研究、论文发表、评奖获奖等方面的硬性指标，更多注重教师的师德师风、教学能力在职称评定中的权重，建立教师职称晋升的正向激励机制，提高教

育行业吸引力，推进甘南州教育高质量发展和均衡化发展。

五、"两免一补"的政策期望与实际执行中出现的矛盾

义务教育中"两免一补"政策的执行落实，为农村贫困家庭带来了福音，有效减轻了广大农牧村贫困家庭的经济负担，避免了因贫辍学失学问题的发生，赢得了广大人民群众的认可和信任。但在具体政策执行落实中却出现了差异，如临潭县的营养餐补助仅仅限于寄宿制学生，凡是住宿在学校的学生就有生活补助，就可以在学校就餐，而对于距离学校近、没有住宿的贫困家庭的学生则不能享受这一政策带来的福利。而卓尼县全县农牧村学生统一能够享受营养餐补助的政策福利，对全体农村孩子实行教育补助，农村学生都可以在学校吃营养早餐、午餐和晚餐。

要根据实际情况，对"两免一补"政策做出适当修改，对义务教育阶段所有上学学生都能够给予一定的生活补助。要让国家的改革红利切切实实惠及每一位学生，每一位家长，每一位老师。同时，学校、家庭和社会都要加强对学生的教育引导和管理，增强爱惜粮食和勤俭节约意识，避免营养餐供应中的浪费，保证孩子们都能够健康成长。

六、精准脱贫助学贷款收效好与贷款资金回收慢之间的矛盾

近年来国家实施的助学贷款政策，减缓了困难学生上学压力，为广大贫困家庭学生圆满完成大学教育提供了强有力的保障，得到了社会各界的普遍认可和支持。目前，党委政府在对各县市的精准脱贫考核中，将大学毕业生贷款回收率高低作为一项重要参考指标。事实上，有的地方助学贷款回收偿还慢，并不是因为毕业的大学生不偿还，而是受当前经济发展形势和就业形势的影响，部分大学生毕业后就业难、待遇低、生活成本高，短期内偿还助学贷款压力大、难度大，他们一旦还了贷款，生活就没有了保障，有可能又返贫。要取消精准脱贫助学贷款回收的考核指标，将精准脱贫助学贷款还款周期做出调整。将偿还周期适当延长到大学毕业就业后5~10年，以使广大助学贷款大学生就业后能够安心工作，为社会做出更大更多的价值。

延安精神与扶贫攻坚

黄兴平

(酒泉市文化广播影视新闻出版局)

延安精神是以毛泽东为代表的中国共产党人,创造性地把马列主义基本原理同中国革命具体实践相结合,培育形成的;主要内容是"坚定正确的政治方向、解放思想实事求是的思想路线、全心全意为人民服务的根本宗旨、自力更生、艰苦奋斗的创业精神"。扶贫是为帮助贫困地区和贫困户开发经济、发展生产、摆脱贫困的一种社会工作,旨在扶助贫困户或贫困地区发展生产,改变穷困面貌。1994年3月,国务院制定和发布关于全国扶贫开发工作的纲领。当时全国农村8000万贫困人口,力争用7年左右的时间(从1994年到2000年)基本解决贫困人口的温饱问题。以该计划的公布实施为标志,我国的扶贫开发进入攻坚阶段。2015年,中共中央、国务院发布《关于打赢扶贫攻坚决战的决定》,明确提出到2020年要解决区域性整体贫困问题,实现现行标准下贫困人口全部脱贫。党的十九大更进一步要求,到2020年要解决区域性整体贫困问题,贫困县全部摘帽,做到真脱贫,脱真贫。形成于上世纪的延安精神与本世纪所从事的打赢扶贫攻坚战决胜全面小康社会的伟大工程之间有着尽然必然的逻辑关系:延安精神是扶贫攻坚的强大精神动力,实施扶贫攻坚是弘扬延安精神的必然要求。

延安精神是扶贫攻坚的精神动力

坚决打赢扶贫攻坚战,确保到2020年所有贫困地区和贫困人口一道迈入全面小康社会,这是以习近平同志为核心的党中央对全国人民的庄严承诺。当前,贫困问题依然是我国经济社会发展中最突出的"短板",脱贫攻坚形势复杂严峻。至2015年年底,我国还有5630万农村建档立卡贫困人口,主

延安精神永放光芒

要分布在 832 个国家扶贫开发工作重点县、集中连片特困地区县（以下统称贫困县）和 12.8 万个建档立卡贫困村，多数西部省份的贫困发生率在 10% 以上，民族 8 省区贫困发生率达 12.1%。现有贫困人口贫困程度更深、减贫成本更高、脱贫难度更大，依靠常规举措难以摆脱贫困状况。从发展环境看，经济形势更加错综复杂，经济下行压力大，地区经济发展分化对缩小贫困地区与全国发展差距带来新挑战；贫困地区县级财力薄弱，基础设施瓶颈制约依然明显，基本公共服务供给能力不足；产业发展活力不强，结构单一，环境约束趋紧，粗放式资源开发模式难以为继；贫困人口就业渠道狭窄，转移就业和增收难度大。实现到 2020 年打赢脱贫攻坚战的目标，时间特别紧迫，任务特别艰巨。

面对复杂的形势和艰巨的任务，延安精神为我们提供了强大的精神动力。延安精神是一种先进的群体意识和崭新的精神风貌，是值得我们永远继承弘扬的宝贵精神财富和取之不尽、用之不竭的力量源泉。从 1935 年 10 月到 1938 年 9 月，在延安精神的孕育过程中，我们党围绕倡导抗大精神和白求恩精神，提出了"马克思主义中国化"的重大任务。1939 年 5 月，毛泽东在为抗大成立三周年的纪念文章中提出："抗大的教育方针是：坚定正确的政治方向，艰苦奋斗的工作作风，灵活机动的战略战术。"毛泽东多次到抗大讲话，反复强调确立坚定正确的政治方向的重要性。抗大这所培养高级军政干部的最高军事学府，在抗日战争中，培养了大批德才兼备的干部，并最终形成了艰苦奋斗、英勇牺牲的抗大精神。白求恩是加拿大一位著名的胸外科专家，共产党员。1939 年，他在晋察冀抗日前线工作期间，因抢救伤员，患了败血症，牺牲在抗日前线。毛泽东为此写了《纪念白求恩》一文，高度赞扬了他对工作极端负责任，对同志极端热忱，毫不利己、专门利人的崇高精神。1938 年 9 月，毛泽东在六届六中全会上第一次明确提出"马克思主义中国化"的历史任务。毛泽东强调："使马克思主义在中国具体化，使之在其每一个表现中带着必须有的中国的特性，即是说，按照中国的特点去应用它，成为全党亟待了解并亟须解决的问题。""马克思主义中国化"的历史任务的提出对推进党的理论创新、对延安精神的形成具有决定性意义。从 1938 年 9 月到 1945 年 6 月，在延安精神的形成期，面对日本帝国主义对抗日根据地的疯狂扫荡、国民党的军事包围和经济封锁以及连年的自然灾害，我们党开展了大生产运动。1939 年 2 月，中共中央在延安召开了生产动员大会，毛泽东发出"自己动手，自力更生，艰苦奋斗，克服困难"的伟大号召，兴起了轰轰烈烈的大生产运动；自力更生、艰苦奋斗的革命精神，成为了延安精神的重要组成部分。为了增强党性，保持党的先进性，从1942年初开始到1945年，以延安为中心，在全党范围内普遍开展整风运动；实现了全党新的团结和统一，并形成了实事求是、理论联系实际的延安整风精神。从1945年6月到1948年3月，在延安精神的成熟期，党的七大的胜利召开，确立了毛泽东思想在全党的指导地位。毛泽东在七大上总结的党的优良作风，即理论与实际相结合的作风、和人民群众密切联系在一起的作风、批评和自我批评的作风，是共产党人革命精神的核心，是马克思主义政党区别于其它任何政党的显著特征，从一定意义上讲，也是对延安精神的理论概括，标志着延安精神的成熟。

把握坚定正确的政治方向，我们就会对党中央发出的精准扶贫号召有更深一步的认识和理解，会对打赢扶贫攻坚战决胜小康社会充满信心和力量；以理论创新、解放思想、实事求是为指导，我们就能围绕"四个全面"战略布局，牢固树立并切实贯彻创新、协调、绿色、开放、共享的发展理念，把精准扶贫、精准脱贫作为基本方略，采取超常规举措，拿出过硬办法，举全党全社会之力，坚决打赢脱贫攻坚战。有对工作极端负责任，对同志极端热忱，毫不利己、专门利人的白求恩精神，我们就能视贫困农民如亲人，做好每一项繁琐细致的工作；有了自力更生、艰苦奋斗的革命精神，我们就能克服扶贫攻坚中的一切困难，最终取得伟大的胜利。

实施扶贫攻坚是弘扬延安精神的必然要求

全心全意为人民服务是我们党的根本宗旨，也是延安精神的重要组成部分。中国农民占了中国人口的多数，是人民的主体。中国农民在中国革命和社会主义建设中都做出了巨大的贡献。贫困地区在农村，贫困人口主要是农民。全心全意为人民就要求我们心中不能没农民；全心全意为人民，更不能忘了最贫困的那部分人民群众。

党的十八大以来，以习近平同志为核心的党中央，以高度的责任感把精准扶贫、精准脱贫作为实现第一个百年奋斗目标的重点工作，摆在治国理政的重要位置，把我们党领导的反贫困实践推进到一个新的境界。"小康不小康，关键看老乡"。只有全国人民共同的富裕才是真富裕，只有各族人民共同的

延安精神永放光芒

小康才是真小康。小康路上，一个都不能少，一个都不能掉队。农村贫困人口如期脱贫、贫困县全部摘帽、解决区域性整体贫困，是全面建成小康社会的底线任务，是我们党对全国人民作出的庄严承诺。让贫困人口脱贫，体现党的理想信念宗旨和路线方针政策，是习近平总书记情之所系、心之所惦。扶贫工作是第一民生工程、头等大事，是当前所有工作的重心。

改革开放以来，我国的扶贫开发事业大踏步发展，随着社会的发展，我国的扶贫开发的标准在逐渐提高，我国现今更加注重发展型的民生改善。而在"十三五"时期，扶贫工作不仅要改善贫困人口生产生活条件，更要注重提升群众接受的教育、医疗、文化等方面的公共服务水平，提升了这些水平就能使他们跟上全面小康的步伐。脱贫攻坚战极大地改变了贫困地区人民群众的生产生活状态和精神面貌，对促进社会进步、民族团结和谐、国家长治久安发挥了重要作用。脱贫攻坚战不仅能让全体人民安居乐业，更能促进社会的和谐稳定，如此国家也才能长治久安。

我们的党来自人民，植根于人民，服务于人民。建设有中国特色社会主义的出发点和落脚点，就是全心全意为人民谋利益。党作为国家各项事业领导核心，自然也是脱贫攻坚工作的中坚力量。打赢脱贫攻坚的战事关乎巩固党的执政基础。我们党只有始终践行以人民为中心的发展思想，坚持为人民服务的根本宗旨，真正做到为人民造福，执政基础才能坚不可摧。只有全体人民过上了好日子，才能巩固党的执政基础。如此我们就必须在脱贫攻坚战事中加强党员干部作风建设，充分调动各方力量，落实责任、传导压力，只有党员干部在日常的工作中能转变作风态度，全心全意地为人民着想，在扶贫攻坚上才能从百姓的实际出发，才能从当地的实际出发，这样才能从根本上解决问题。

延安精神的产生和形成不是偶然的，它是马克思列宁主义、毛泽东思想哺育的结果，是党的第一代领导集体领导广大人民群众在长期的斗争实践中形成的，是一定政治、经济、特殊历史条件的必然产物，是我们战胜困难、夺取胜利的重要法宝。在打赢扶贫攻坚决胜小康社会的伟大实践中，延安精神仍然是我们党凝聚人心、团结奋进的强大动力。

延安精神依然是我们打赢脱贫攻坚战的强大精神动力

康 民

(中共甘肃省委党校)

延安精神是中国共产党人在中国革命的伟大斗争实践中,把马克思主义的基本原理与中华民族的优秀传统风范以及中国共产党人的斗争实践相结合而产生的理想追求、精神风貌、思想品德、行为准则、工作作风的结晶,是毛泽东思想和党的优良传统的重要组成部分。延安精神具有超越时空的普遍价值,对中国革命、建设和改革开放的历史发展产生过深远影响。同样,在决胜全面建成小康社会、建设现代化强国的新时代,伟大的延安精神依然能够在甘肃打赢脱贫攻坚战中,发挥重要作用,提供强有力的精神动力。

一、弘扬延安精神能够让我们在打赢甘肃脱贫攻坚战中保持政治定力

政治定力就是在思想上、政治上、排除各种干扰、消除各种困惑,坚持正确立场、保持正确方向的能力。延安精神的灵魂是坚定正确的政治方向,几十年来,它始终引领着中国革命、建设和改革开放的政治路线和政治方向。显然,在打赢脱贫攻坚战的过程中,也需要坚定信心信念,把打赢脱贫攻坚战、实现两个100年奋斗目标作为各级党组织和广大党员的精神依托。

当前我国的扶贫开发已进入啃硬骨头、攻坚拔寨的冲刺阶段。就我省扶贫工作而言,应当看到脱贫攻坚任务还十分艰巨。习近平总书记指出,让贫困人口和贫困地区同全国一道进入全面小康社会,是我们党的庄严承诺,是必须完成的重大任务。面对脱贫攻坚这场全国同步参与、全球"现场直播"的政治大考,务必牢固树立"四个意识",切实坚定"四个自信",自觉做

到"两个维护",深入学习贯彻习近平新时代中国特色社会主义思想特别是习近平扶贫思想,在政治上、思想上、行动上、作风上向党中央看齐、向习近平总书记看齐,以高度的政治自觉推进脱贫攻坚工作。今年6月,党中央、国务院下发了《关于打赢脱贫攻坚战三年行动的指导意见》,就完善顶层设计、强化政策措施、加强统筹协调等做出了新部署、提出了新要求,为打赢打好脱贫攻坚战指明了方向、提供了遵循。因此,只有切实增强脱贫攻坚的责任感、自信心,在脱贫攻坚战中大力弘扬延安精神,以不怕牺牲、勇往直前、敢死拼命的决心和信心,倒排工期,挂图作战,以时不我待的紧迫感,把中央的新部署新要求坚决贯彻落实到位。

二、弘扬延安精神能够为我们在打赢甘肃脱贫攻坚战中进一步增强战斗力

在延安整风运动中,中国共产党把"实事求是"确立为党的思想路线,从而使实事求是成为延安精神的思想精髓。正是由于坚持了延安精神的"实事求是"思想路线,才使得中国共产党在革命、建设和改革开放进程中具有坚强的战斗力,取得了伟大成就。我省贫困地区脱贫攻坚任务艰巨,必然会面临一些特殊困难和问题。啃硬骨头就要有硬办法、实措施,脱贫攻坚中面对的困难、需要解决的问题有很多,但坚持实事求是、解放思想仍十分重要。要在政策、力量、机制上推出加强版、创新版、精准版。贫困地区,主要集中在特困片区等贫困程度更深、致贫成因更复杂、脱贫难度更大的区域,常规帮扶办法难以奏效,必须充分认识深度贫困的多样性和差异性,因地制宜、综合施策、精准帮扶、精准攻坚。必须构建与之相匹配的政策体系和攻坚力度,坚决杜绝擅自拔高标准或随意降低标准,做到用有限时间、有限资金,解决有限问题、完成有限目标,确保脱贫质量。要科学摆布攻坚力量和脱贫时序,采取超常规的办法解决深度贫困难题,把剩余贫困人口脱贫落实到产业、就业、易地扶贫搬迁等具体措施上,分解到年、精准到人,做到逐年对账销号、项项查漏补缺。拿出更大的决心、更明确的思路、更精准的举措和超常规的力度,从历史实践中汲取经验智慧,从当前发展现实中积聚各方力量,坚定凌云志、续用绵久功,用心用情合力攻坚,坚决打赢脱贫攻坚战,谱写与全国一道进入全面小康的壮丽篇章。

三、弘扬延安精神能够为我们在打赢甘肃脱贫攻坚战中形成强大的凝聚力

延安精神集中表现在"想人民群众之所想、急人们群众之所急"的价值导向上。实践已证明：全心全意为人民服务是中国共产党的根本宗旨。在打赢甘肃脱贫攻坚战的过程中，更需要坚持党的根本宗旨，始终把人民利益放在第一位。各级党组织要把打赢脱贫攻坚作为重大政治任务，切实放在心上、扛在肩上、抓在手上，进一步增强责任感、使命感和紧迫感，以百倍的干劲、扎实的作风，在识别贫困对象上下功夫，在合理确定深度贫困地区脱贫目标上下功夫，在加大深度贫困地区投入支持上下功夫，在推进深度贫困地区产业发展上下功夫，在培育深度贫困群众内生动力上下功夫，在加强贫困地区脱贫攻坚督查考核上下功夫。充分发挥基层党组织的战斗堡垒作用，党员干部的先锋模范作用，进一步拓宽农村基层党员来源渠道，注重从农村致富能手、退伍军人、返乡创业就业人员中选拔培养发展优秀党员，加大在青年农民中培养和发展党员的力度，加强党员教育管理。鼓励党员带头发家致富做好示范，带头学习技术、带头发展产业、带头脱贫奔小康；鼓励党员主动与贫困群众结成对子，相互帮助，在信息、资金、技术等方面给予全方位的帮扶，激励贫困群众心热起来、行动起来，打赢脱贫攻坚这场硬仗。

四、弘扬延安精神能够使我们在打赢甘肃脱贫攻坚战中提升创新驱动力

自力更生、艰苦奋斗的工作作风不仅是延安精神的根本内容，而且也是延安精神的重要标志。以毛泽东为代表的中国共产党人在延安时期总结出来的重要原则——"独立自主，自力更生"，其内在精神就是独立自主地探寻适合我国情况的具体发展道路，以提升自身的自主创造力。

在今天，同样要求我们在打赢脱贫攻坚战中，清醒认识脱贫攻坚"冲刺期"的形势和挑战，以"独立自主、自力更生"精神，不断创新路子、探索模式、完善体制，确保打赢扶贫攻坚战。近年来，我省一些地区探索出了片区扶贫、产业扶贫、电商扶贫、金融扶贫、旅游扶贫、社会扶贫等扶贫品牌和创新模式，助推贫困人口脱贫致富。弘扬延安精神，关键是要把创新发展摆在脱贫

延安精神永放光芒

攻坚全局的核心位置，切实把贫困地区的发展基点放在创新上，进一步形成脱贫致富的内生动力和强大驱动力。一是创新扶贫产业技术。科技创新始终是引领发展的第一动力，产业扶贫在脱贫攻坚中具有举足轻重的地位，其中的关键，就是要发挥好产业技术尤其是现代农业技术对贫困地区的带动和引领作用。要积极推广先进实用科学技术，培育壮大特色区域产业，带动和帮助贫困农户振兴产业，提高收入，谋求致富。二是创新扶贫资源使用方式。建立"多条渠道进水、一个龙头出水"的项目整合机制和部门协作机制，以扶贫规划为引领，以重点扶贫项目为平台，把专项资金、相关涉农资金和社会帮扶资金捆绑集中使用，统筹运用好资金、资产、资源，集中力量精准脱贫。第三，创新扶贫开发模式。加强贫困地区路、水、电、通信等基础设施建设，有效改善贫困群众的生产生活条件。统筹推进贫困地区科教文卫体等社会事业发展，提高贫困人口素质。大力推进贫困地区特色产业发展，加快一、二、三产业融合发展。第四，创新扶贫考评体系。完善年度脱贫攻坚报告、督查和验收制度，对贫困县的考核验收，要提高减贫、民生、生态方面指标的权重，努力形成书记抓扶贫、全党动员促攻坚的良好局面，务求到2020年使脱贫攻坚战取得全面胜利！

延安精神与甘肃省脱贫攻坚的共融路径问题探讨

李莉莉

(兰州大学马克思主义学院)

一、延安精神的内容

延安精神是中华民族宝贵的精神财富,是延安时期一代共产党人理想信念、精神追求、工作和生活作风的真实反映,延安精神从孕育、形成到成熟有一个过程,有其丰富的内涵,如抗大精神、白求恩的精神、党领导的理论整风学习教育活动,体现着党的性质和宗旨、先进性和纯洁性、优良传统和作风,体现着马克思主义的世界观和方法论,并最终凝结成理论联系实际、密切联系群众、批评与自我批评的作风,是中国共产党人的精神结晶。延安精神最本质的内涵,就是坚定正确的政治方向,解放思想、实事求是的思想路线,全心全意为人民服务的根本宗旨,自力更生、艰苦奋斗的创业精神。"弘扬延安精神,对于推进中国特色社会主义事业、实现中华民族伟大复兴具有重要意义。"

二、延安精神与甘肃脱贫攻坚共融的重大意义

甘肃省东部是延安时期陕甘宁边区的一部分,延安精神从孕育到成熟都深深影响着甘肃这片热土。甘肃省面对脱贫攻坚重任,可以从延安精神中汲取物质和精神力量。"理想信念是一个国家、民族和政党团结奋斗的精神旗帜,坚定理想信念,坚守共产党人精神追求,始终是共产党人立身安命的根本。"

延安精神与甘肃扶贫攻坚共融,有助于加强党的领导,切实为民服务。延安时期,毛泽东同志在《为人民服务》一文中说过:"我们这个队伍完全是为着解放人民的,是彻底地为人民的利益工作的。"甘肃省有58个"国扶

贫困县",全国贫困发生率20%以上的省份有3个,甘肃就是其一,贫困发生率占到23.4%。

延安精神与甘肃扶贫攻坚共融,有助于发扬艰苦奋斗的精神。据国家环境保护部对我国生态脆弱地区与贫困地区的调查统计,我国贫困人口中约有80%是居住生活在生态环境脆弱敏感地带的,这部分地区对自然灾害更为敏感,适应力更加脆弱。甘肃的定西等地形成"深度贫困+生态敏感区+攻坚扶贫"这样一种逻辑关系。甘肃省大部分深度贫困区自然条件恶劣,生产力十分落后,在2017年,甘肃全年减贫67万人,贫困发生率由2016年年底的12.97%下降到9.6%。有6个片区县、13个插花县申请摘帽退出,就是党中央和地方政府与甘肃人民一同艰苦奋斗的结果。

延安精神与甘肃扶贫攻坚共融,有助于掌握实事求是的思想武器。习总书记讲过,"伟大的延安精神教育和滋养了几代中国共产党人,始终是凝聚人心、战胜困难、开拓前进的强大精神力量"。贫困的本质是人的素质水平与地区发展需要的不一致,比如农民思想守旧,安于现状,以及落后的教育水平。贫困地区的人们接受新知识和新技术的能力水平低,市场经营意识不足,贫困地区缺乏发展的动力。

三、延安精神与甘肃省脱贫攻坚的共融路径

从延安精神中汲取马克思主义的信仰力量,在脱贫攻坚中加强党的领导,做好廉政建设。扶贫攻坚是我国"十三五"经济社会发展规划的重要任务,关乎全面建成小康社会目标的实现。习总书记强调:"全面从严治党要继续从延安精神中汲取力量。"党的十八大以来,党中央出台八项规定,开展群众路线教育实践活动、"三严三实"专题教育、"两学一做"学习教育等,大力推进反腐倡廉。习总书记说,"延安精神是中华民族优良传统的继承和发展,是我们党的性质和宗旨的集中体现。"延安精神主要是延安时期在党的作风建设方面的思想精华,必须加强党的领导,严格党内生活,严肃党的纪律,密切联系群众,保证领导干部在有效监督之下高效运转,因为"作风建设永远在路上"。甘肃作为脱贫攻坚的重点省份,脱贫攻坚的重任必须坚定党的领导,发扬延安精神,坚定马克思主义信仰,牢记党的根本宗旨,结合区域脱贫攻坚情势,统筹谋划,带领深度贫困地区人民脱真贫、真脱贫,

比如加强扶贫资金监管，保证资金落实精准到位；打破扶贫政策措施实施的体制和机制障碍，做好制度安排；狠抓党员干部队伍建设，防止扶贫领域的腐败作风，真正实现"人民对美好生活的向往，就是我们奋斗的目标"。

从延安精神中汲取自力更生、艰苦奋斗的物质力量，促进农村经济提质增效。毛泽东在《关于正确处理人民内部的矛盾问题》中讲过："要使中国富强起来，需要几十年艰苦奋斗的时间，其中包括执行厉行节约、反对浪费这样一个勤俭建国的方针。"江泽民总书记在1989年9月视察延安时说："把经济搞上去，靠什么方针？还得靠发扬延安精神，归根到底要艰苦奋斗，自力更生，勤俭持家，勤俭建国。"甘肃定西市、陇南市、甘南州、临夏州和天水市集中了全省大部分的贫困人口，面对生态敏感，自然条件恶劣，高寒阴湿、干旱、泥石流、沙化、盐渍化、鼠虫害等现状，甘肃始终秉承自力更生、艰苦奋斗的精神，充分利用并发展当地马铃薯、草食畜、高原夏菜、优质林果、现代制种等特色优势资源，通过规模化生产基地建设走农业产业脱贫致富之路，继续在大力发展龙头产业、人才引进、科技创新、政策支撑、缓解自然资源硬约束等方面融入延安精神。

从延安精神中汲取解放思想、实事求是的思想力量，统筹解决脱贫攻坚难题。习近平总书记指出："实事求是，是马克思主义的根本观点，是中国共产党人认识世界、改造世界的根本要求，是我们党的基本思想方法、工作方法、领导方法。"第一，要"实事求是"地面对问题。甘肃脱贫攻坚仍在路上，返贫率高，贫困发生率高，全省还有189万贫困人口尚未脱贫；有52个片区县、4个插花县需要摘帽等，生态环境保护、基础设施建设、传统产业转型升级、干部作风等问题依然严峻。第二，实事求是地解决问题。在体察民情、省情、国情的基础上，要聚焦重点难点打好脱贫攻坚战，全面推进产业扶贫，发展文化教育事业，加强农村基础设施建设，落实精准扶贫的各类保障资金和措施，建设重大生态工程，解决环境保护的突出问题。脱贫攻坚还要解放思想，因地、因势制宜，如习总书记所言，"用绣花的功夫实施精准扶贫，对贫中之贫、困中之困、难中之难、坚中之坚的地方，要采取超常措施加以扶持。"第三，解放思想、实事求是是我们认识新事物，适应新形式，完成新任务的思想武器。理念是行动的先导，加强理想信念教育，坚定人民的精神追求，大力弘扬社会主义核心价值观，用马克思的话说，理论一经掌握，也是一种物质力量。解放思想、实事求是是延安精神的精髓，甘肃省应在精神文化建设中融入延安精神，增强教育服务区域经济社会发展和脱贫攻坚的能力。

弘扬延安精神　助推甘肃脱贫

石　琳

（中国工农红军西路军纪念馆）

一、延安精神的丰富内容

（一）坚定正确的政治方向

为共产主义理想而奋斗是延安精神的出发点和归宿。中国共产党自成立起，就把追求中华民族和全人类的解放、把实现共产主义作为自己的远大理想和奋斗目标，并为之奋斗不息。延安时期是中国抗战最艰难的岁月，无论条件怎样艰苦，环境多么恶劣，都没有吓倒共产党人。抗日军民在党的领导下，情绪饱满、士气高昂，充满着革命乐观主义和英雄主义的精神。正是这种始终不渝、顽强拼搏、不怕牺牲和为人民解放事业献身的精神，为崇高的共产主义理想奋斗的坚强意志形成了延安精神的灵魂；正是因为有了共产主义理想这个闪光的灵魂和不灭的航灯，才使延安精神由朴素走向成熟。

（二）实事求是的思想路线

多年前，我党开展的延安整风是一次普遍的马克思主义教育运动。经过整风，自20世纪30年代开始盛行的宗派主义和教条主义的流毒得到思想上的清算，全党确立了一切从实际出发、理论联系实际、实事求是的辩证唯物主义的思想路线。经过整风，党达到了空前的团结和统一，凝聚力和战斗力大大增强，为抗战的最终胜利做了思想准备。也正是在延安整风时期，形成了我党特有的三大优良作风：实事求是、密切联系群众、批评与自我批评。而"实事求是"既是延安精神的思想基础，又是延安精神的精髓。邓小平同志曾指出："毛泽东思想的基本点就是实事求是，就是把马列主义普遍原理同中国革命具体实践相结合。毛泽东同志在延安为中央党校题了'实事求是'

四个大字，毛泽东思想的精髓就是这四个字。"建立在"实事求是"基础上的延安精神，成为抗日战争和中国革命胜利的保障。

（三）全心全意为人民服务的根本宗旨

全心全意为人民服务是党的根本宗旨，也是共产党人的根本立场。毛泽东同志一贯倡导、坚持和实践一切为人民服务的思想。他说："我们这个队伍完全是为着解放人民的，是彻底地为人民的利益工作的。"毛泽东把党与人民、干部和群众比作鱼和水的关系，教育党的干部要密切联系群众，把人民群众当作自己的主人和永远服务的对象。延安时期，无论是党政工作人员，还是干部战士，都自觉地为人民谋益、办好事，培养了党和人民的鱼水之情。为了减轻人民的负担，党领导了边区的大生产运动，实行"精兵简政"，推广合作社经验，为人民办实事等等，充分体现了我党时刻关心群众，一切为了群众，虚心听取群众意见和尊重群众首创精神的思想。正是由于充分相信群众、依靠群众，才使党的凝聚力、感召力不断增强，从而实现了延安时期党的空前团结与统一的局面，形成人民战争的深厚基础，直至夺取抗日战争的最后胜利。因此，密切联系群众，全心全意为人民服务，成为党领导革命事业蒸蒸日上的根本原因。它既是延安精神的核心，也是党的一切工作的核心。

（四）自力更生、艰苦奋斗的创业精神

自力更生、艰苦奋斗是延安精神的重要组成部分，是党在长期革命斗争中形成和发展起来的优良传统，也是我党战胜困难、求得胜利的一项重要法宝。延安时期，由于日本侵略者的疯狂扫荡和蒋介石的经济封锁，解放区军民的生活和财政经济遇到了严重困难。在严峻的形势下，广大抗日军民在党的领导下开展了生产自救的大生产运动，培育形成了"自力更生、艰苦奋斗"的延安精神。正是在这种精神的指引下，几十年来，党团结各族人民，以无比顽强的意志、坚韧不拔的精神去克服和战胜无数艰难险阻，在异常困难的情况下取得一个又一个胜利。这种自力更生、艰苦奋斗的创业精神，仍然是今天和平建设时期的重要法宝。

二、用延安精神助推脱贫攻坚行动，让甘肃实现与全国一道步入小康社会的目标

在新时期，以习近平同志为核心的党中央站在历史和政治的高度，总揽

全局，审时度势，做出了实施精准扶贫、全面建设小康社会、实现中华民族伟大复兴的中国梦的战略决策。实施精准扶贫，全面建设小康社会，对于地处西部的甘肃来说，无疑是一个千载难逢的历史机遇。甘肃作为经济欠发达的内陆省份，要实现如期脱贫，与全国一道步入小康社会的目标，需要做的工作很多。在脱贫攻坚行动中，要大力弘扬以"坚定正确的政治方向，解放思想、实事求是的思想路线，全心全意为人民服务的根本宗旨，自力更生、艰苦奋斗的创业精神"为主要内容的延安精神，把延安精神内化为党员干部的精神动力，外化为党员干部的具体行动，从而把党的优良传统转化为推动脱贫攻坚行动深入开展的强大动力；这对于践行党的群众路线，密切党同人民群众的血肉联系，促进群众脱贫致富，加快甘肃全面建设小康社会进程，实现与全国同步进入全面小康社会的目标具有重大而深远的现实意义。

（一）弘扬延安精神，坚持坚定正确的政治方向，增强脱贫攻坚行动的决心和信心。当前，社会思想、价值观念日益多样化，各种思潮相互交织、相互影响、相互激荡，只有坚定正确的政治方向，高举中国特色社会主义伟大旗帜，坚定不移地走中国特色社会主义道路，才能在新形势下不断巩固全省人民团结奋斗的共同思想基础，筑牢理想信念根基，最大限度地凝聚各方面智慧和力量，共同投身于脱贫攻坚行动的伟大实践。

（二）弘扬延安精神，坚持解放思想、实事求是的思想路线，强化脱贫攻坚行动的实效。开展脱贫攻坚行动是一次解放思想、转变作风的创新之举，各级干部要坚持党的群众路线，践行党的群众路线，使我们的思想更加符合发展变化的形势。特别要克服等、靠、要的思想，树立新的开放意识、自强意识、市场意识、竞争意识、风险意识、效益意识和创新意识。广大干部要通过进村入户，实地调研，了解实情，重点了解贫困对象的实际，分析致贫的原因，因地制宜，因户施策，为帮联户找出一条致富的好路子，找到解决问题的好措施。

（三）弘扬延安精神，坚持全心全意为人民服务的根本宗旨，在脱贫攻坚行动中诚心实意为人民群众谋福利。随着我国经济体制的深刻变革、社会结构的深刻变动、利益格局的深刻调整、思想观念的深刻变化，只有始终牢记全心全意为人民服务的根本宗旨，坚持立党为公、执政为民，才能切实做到权为民所用、情为民所系、利为民所谋，实现脱贫攻坚行动目标，真正体现发展为了人民、发展依靠人民、发展成果由人民共享。

（四）弘扬延安精神，坚持自力更生、艰苦奋斗的创业精神，在脱贫攻坚行动中加强干部队伍作风建设。改革开放以来，我省经济社会发展纵向看，取得了长足发展，成就显著；但横向看，仍属于欠发达地区。只有继承和发扬自力更生、艰苦奋斗的创业精神，才能不忘传统、永葆本色、厉行节约、勤俭办事，把有限的资金和资源用在经济社会发展和改善民生最急需的地方；才能主动作为、勇于担当、不等不靠、埋头苦干，把脱贫攻坚行动任务落到实处，确保行动持续深入开展、取得实实在在的成效、实现与全国同步进入全面小康社会的目标。

参考文献

［1］邓小平.邓小平文选（1975—1982）［M］.北京：人民出版社，1983.

［2］毛泽东.毛泽东选集（合订本）［M］.北京：人民出版社，1968.

［3］邓小平.邓小平文选（第三卷）［M］.北京：人民出版社，1993.

［4］习近平总书记关于延安精神的重要论述.

［5］习近平总书记在深度贫困地区脱贫攻坚座谈会上的重要讲话［J］.求是，2017第17期.

用延安精神助推脱贫攻坚

石战涛

（甘肃省地方史志办公室）

延安精神是延安时期，以中国共产党人为核心的中华民族优秀分子，在争取民族独立和人民解放的伟大斗争实践中，他们的理想追求、精神风貌、思想品德、行为准则、工作作风的精华与结晶。是中国共产党及其领导的根据地军民在革命实践中所表现出来的一种积极向上的精神风貌和优良作风。

坚定正确的政治方向是延安精神的灵魂。为共产主义理想而奋斗是延安精神的出发点和归宿。中国共产党自成立起，就把追求中华民族和全人类的解放、实现共产主义作为自己的远大理想和奋斗目标，并为之奋斗不息。抗日战争期间，延安成为革命者向往和敬仰的地方，数以万计的进步青年，为了追求理想和信念，追求正确的政治方向，奔赴革命圣地延安。他们在这座革命的大熔炉中，经过血与火的洗礼，使自己的灵魂得到净化，思想境界得到逐步升华，从而坚定了共产主义信念，将共产主义远大理想作为一生的奋斗目标。

解放思想、实事求是的思想路线是延安精神的精髓。我党在延安开展的整风运动，使党内开始盛行的宗派主义和教条主义的流毒在思想上得到清算，全党确立了一切从实际出发、理论联系实际、实事求是的辩证唯物主义的思想路线。形成了我党特有的三大优良作风：实事求是、密切联系群众、批评与自我批评。解放思想、实事求是的精神贯穿于延安精神的各个方面，是延安精神的精髓。

全心全意为人民服务的根本宗旨是延安精神的核心。延安时期，是我党历史上党群关系最密切，党的群众路线执行得最好的时期之一。无论是党政工作人员，还是干部、战士，都自觉地为人民谋利益、办好事，培养了党和人民的鱼水之情。正是由于充分相信群众、依靠群众，才使党的凝聚力、感召力不断增强，从而实现了延安时期党的空前团结与统一的局面，形成了人民战争的深厚基础，直到夺取抗日战争的最后胜利。因此，密切联系群众，全心全意为人民服务是延安精神的核心。

自力更生、艰苦奋斗的创业精神是延安精神的标志。延安时期，由于日本侵略者的疯狂"扫荡"和蒋介石的经济封锁，解放区军民的生活和财政经济遇到了严重困难。在严峻的形势下，党领导广大军民开展了生产自救的大生产运动。他们吃小米、住窑洞、穿补丁衣服、开荒种地、纺纱织布，以无比顽强的意志、坚忍不拔的精神克服和战胜无数艰难险阻，在异常困难的情况下取得一个又一个胜利，在实践中培育了自力更生、艰苦奋斗的创业精神。

当前面对扶贫困难和艰巨任务，用延安精神振奋党员干部精神，充分调动群众内生动力，以壮士断腕的决心、刮骨疗毒的勇气，坚持自力更生、艰苦奋斗显得比较紧迫。

延安精神是全面建设小康社会，打赢脱贫攻坚战的精神动力。党中央、国务院做出的关于脱贫攻坚的战略部署，紧紧围绕统筹推进"五位一体"总体布局和协调推进"四个全面"战略布局，以新的发展理念深入实施精准扶贫精准脱贫工作，是当前我党进行的一项伟大的事业。伟大的事业需要依靠伟大的团结，伟大的实践需要有伟大的精神作支撑，以实现贫困人口稳定脱贫为目标，这必然要求共产党人发扬革命传统，发扬延安精神。

延安精神的本质，是全心全意为人民服务。金杯银杯不如老百姓的口碑，在脱贫攻坚冲刺决胜之年，要攻坚克难、啃下最难啃的"硬骨头"，必须发扬为人民服务的思想境界和革命精神。精准扶贫的本质就是服务，领导干部的角色就是人民群众的公仆。党员干部心中装着困难群众，一心一意为了困难群众脱贫致富真抓实干，在困难面前保持革命乐观主义精神，一定会按时全面打赢脱贫攻坚战。

延安精神确立了坚定正确的政治方向。脱贫攻坚中坚定正确的政治方向毫无疑问就是为实现中国梦而努力、而奋斗、而牺牲。当前就是要按以习近平同志为核心的党中央为实现第一个百年目标，全面建成小康社会的基本要求，集中一切力量和资源完成脱贫攻坚任务。作为甘肃省扶贫攻坚队的党员干部，面对扶贫攻坚的困难，应保持坚定正确的政治方向，苦中作乐，自觉地增强道路自信,毫不动摇地实施精准扶贫精准脱贫,千方百计增加群众收入。

延安精神确立了实事求是的辩证唯物主义思想路线。要向习近平总书记学习调查研究"身入"基层更要"心到"基层,深入实际、深入基层、深入群众、进行各种形式和类型的调查研究,在此基础上做出正确的决策。也就是做好当前的"一户一策",以满腔的热情,"甘当小学生的精神",深入实际、深入基层、深入群众、多层次、多方位、多渠道地调查了解情况,为开展脱贫攻坚工作"充好电",不能心中无数胆子大、情况不清点子多。只有放下架子、扑下身子,不辞辛劳深入群众,深入田间地头,同基层党员群众一起讨论问题、倾听百姓呼声、因户施策,才能取得精准扶贫的效果。

发扬延安精神脱贫攻坚。"自力更生、艰苦奋斗"是延安精神的标志。当前扶贫攻坚的条件相比南泥湾时的情况,肯定好上很多。党员干部应与群众一道把这种"自力更生、艰苦奋斗"的精神充分激发出来,在脱贫攻坚主战场上形成无坚不摧的巨大力量。在脱贫攻坚冲刺决胜之年,要采取扶贫与"扶志"相结合,激发群众的内生动力,调动贫困群众脱贫致富的积极性;只有调动群众共同打一场与时间竞争、与问题对抗、与自己较量的艰难而伟大的扶贫攻坚战,才能化难为易、转危为机,才能把精准扶贫精准脱贫推向前进。

将延安精神寓于脱贫攻坚战之中

孙 健

（西北师范大学马克思主义学院）

延安精神是马克思列宁主义与中国革命实践、中华优秀传统文化相结合的重要成果，是中国共产党在长期革命斗争中所形成的优良传统和作风的精华，集中体现了中国共产党人的崇高理想、坚定立场、必胜信念、严明纪律和奋斗精神。"坚定正确的政治方向""解放思想、实事求是""全心全意为人民服务""自力更生、艰苦奋斗"是延安精神的内涵所在。进入新时代，面对坚决打赢脱贫攻坚战这一重大任务，要进一步挖掘延安精神所具有的丰富历史意蕴和现实价值，运用好这一宝贵的精神财富，将延安精神寓于脱贫攻坚战之中，使其成为打赢脱贫攻坚战的强大精神动力。

一、坚定正确的政治方向是打赢脱贫攻坚战的首要原则

方向问题是关乎事业成败的首要问题。在革命时期，坚定正确的政治方向主要体现在我们党始终坚持用马克思列宁主义指导中国革命，以实现共产主义为目标，并不断将马克思主义基本原理和中国革命实践相结合。作为马克思主义中国化的重要成果，延安精神体现了正确的政治方向和坚定的理想信念，为延安时期的革命斗争提供了坚实的方向保证。可以说，坚定正确的政治方向是延安精神的灵魂。

习近平总书记指出："各级党委和政府要把打赢脱贫攻坚战作为重大政治任务，强化中央统筹、省负总责、市县抓落实的管理体制，强化党政一把手负总责的领导责任制，明确责任、尽锐出战、狠抓实效。"甘肃省是全国打赢脱贫攻坚战最困难的省份，面临的形势异常严峻，工作任务十分艰巨，

挑战前所未有。① 目前，甘肃省仍有未脱贫的189万建档立卡贫困人口，57个贫困县，7262个贫困村，可以预见，甘肃省在2020年实现全面脱贫依然存在相当大的难度。但是，消除贫困、改善民生、逐步实现共同富裕，是社会主义的本质要求，是我们党的庄严承诺，直接关系到能否全面建成小康社会，也直接关系到党的执政基础和国家的长治久安。

完成打赢脱贫攻坚战这一重大政治任务，必须以坚定正确的政治方向为首要原则，深入学习贯彻落实习近平新时代中国特色社会主义思想和党的十九大精神，进一步贯彻落实习近平总书记视察甘肃时的重要讲话和"八个着力"重要指示精神，坚定理想信念，牢固树立"四个意识"，增强"四个自信"，在思想上、政治上、行动上同以习近平同志为核心的党中央保持高度一致，让理想信念贯穿到具体的工作中，自觉抵制各种错误思想，确保脱贫攻坚工作始终朝着正确的政治方向开展。

二、"解放思想、实事求是"是打赢脱贫攻坚战的行动路线

"解放思想、实事求是"是马克思主义的活的灵魂。在延安时期，我们党开展了整风运动，以反对当时党内存在的主观主义、宗派主义和党八股，有力地整顿了学风、文风、党风，纠正了路线上存在的错误。整风运动是把"解放思想、实事求是"确立为思想路线的标志，这一思想路线也是延安精神的精髓所在。延安的实践证明，在思想上实现了最大限度地解放后，在具体的实践中才能做到一切从实际出发。在具体的实践中坚持一切从实际出发，又能够促进思想摆脱束缚。延安时期也是我们党的思想理论逐渐走向成熟的关键时期，正是因为在这一时期确立和坚持了"解放思想、实事求是"的路线，我们党才能准确判断纷繁复杂的革命形势，积极适应艰难严峻的革命环境，果断选择正确的革命道路。

在目前的脱贫攻坚工作中，有一部分党员干部对打赢脱贫攻坚战的认识不到位，没有树立起正确的政绩观，在思想上好高骛远，工作措施简单粗放；功利心过强，在具体工作上急于求成，强行赶时间进度；不顾实际情况，照搬照抄其他地方的经验做法；理念落后，工作的精准性不足，不注重"造血式"

---

① 中共甘肃省委，甘肃省人民政府.关于打赢脱贫攻坚战三年行动的实施意见[Z].2018年8月22日：1-2.

扶贫；牺牲工作实效性，搞数字脱贫和材料脱贫。另一方面，还有相当数量的贫困群众缺乏脱贫的积极性和主动性，脱贫的信心不足；对形势的认识不到位，仅把脱贫攻坚看作是党和政府的一项工作，与自己无关；限于信息闭塞和文化水平不高，思想观念保守陈旧，不良风气在贫困群众中依然盛行。这些问题很大程度上是思想认识上的问题，究其原因是思想解放的程度不够，认识与实践脱离了客观实际。

必须以"解放思想、实事求是"为行动路线，充分打开思路，从实际出发，进一步提高认识。对于党员干部而言，要及时更新工作理念，加强学习，转变工作态度，改进工作举措，戒除浮躁和功利心，在深入调查研究的基础上安排脱贫攻坚的进度、制定脱贫攻坚对策，做实每一项工作，不断提高针对性和实效性。对于贫困群众而言，要打破落后思想观念的束缚，改变不良习俗风气，主动学习脱贫事迹，自觉向脱贫典型看齐，自觉接受先进科学文化的熏陶，端正心态，根据自身能力和条件，探索致富的出路和办法，以饱满的热情和坚定的决心摆脱贫困。

三、"全心全意为人民服务"是打赢脱贫攻坚战的内在要求

为人民服务这一思想孕育于我们党早期的革命实践中，成熟于延安时期，直接揭示了中国共产党的性质和宗旨。毛泽东曾指出："全心全意地为人民服务，一刻也不脱离群众；一切从人民的利益出发，而不是从个人或小集团的利益出发；向人民负责和向党的机关负责的一致性；这些就是我们的出发点。"① 在延安时期，我们党针对党员干部大力开展关于群众路线的教育和实践，同时建立一系列民主制度，让人民群众真正参与到公共事务中。这些举措取得了很好的成效，"党员干部是为人民服务的公仆"渐渐成为一种共识，"全心全意为人民服务"成为了延安精神中居于核心地位的组成部分。

带领贫困群众脱贫致富本质上就是为人民服务，党员干部是带领群众脱贫致富的关键力量。可以看到，在甘肃贫困地区的一些党员干部尚没有做到全心全意为人民服务，在一些地方"四风"依然突出。这部分党员干部对贫困群众的迫切需要不以为然，对脱贫工作的具体情况不管不问，对党和国家

---

① 毛泽东选集（第3卷）[M].北京：人民出版社，1991：1095.

的政策不落实，把深入群众、深入基层当成了"走过场"，在考核工作业绩时只看材料不看效果，在落实优惠政策时优亲厚友，贪污挪用、截留私分、虚报冒领、强占掠夺扶贫资金。这些做法严重背离了全心全意为人民服务的宗旨，侵犯了贫困群众的切身利益，阻碍了打赢脱贫攻坚战的进程。

全心全意为人民服务是打赢脱贫攻坚战的内在要求，实际上为人民服务思想与群众路线是一个问题的两个方面，所谓"一切为了群众，一切依靠群众"①。因此，党员干部在脱贫工作中必须持续改进工作作风，密切党同人民群众的血肉联系，深入到贫困群众当中去，了解贫困群众最真实的所思、所想、所需，帮其寻找致富门路。严格有效落实自身的工作责任，在制定和执行政策时充分考虑贫困群众的利益。以人民群众为师，尊重贫困群众的意愿，发挥群众的创造力。以人民群众为镜，主动接受监督，公开回应质疑。公正廉洁用权，依法办事，严肃惩治扶贫领域的腐败。

四、"自力更生、艰苦奋斗"是打赢脱贫攻坚战的根本途径

延安地区气候干旱，土壤贫瘠，当时还缺乏必要的水利设施，粮食产量十分有限。再加之当时较差的交通条件，敌人的围困封锁，频发的自然灾害，党中央到达延安地区后的几年时间里，生活条件相当困难。为了克服困难，广大军民在党中央提出的"发展经济、保障供给"方针指引下，自力更生，克服困难，开展大规模的生产运动。一系列的生产运动为当时的革命斗争提供了物质支撑，改善了人民群众的生活条件，实现了经济上的自给自足。"自力更生、艰苦奋斗"是在当时延安极为困难的条件下形成的工作作风，也是延安精神的根本内容所在，直接反映了延安精神的鲜明特征。

甘肃省的脱贫攻坚任务具有更强的复杂性和艰巨性，这不仅在于甘肃的很多贫困地区自然环境恶劣、可利用的资源匮乏、交通和信息闭塞，更在于一些党员干部贪图享乐、为官不为、思想懈怠，缺乏艰苦奋斗的精神和干事创业的勇气。一些贫困群众在行动上不够积极主动，"等、靠、要"的问题十分突出，仅仅满足于最低层次的生活保障；"懒汉"思想严重，满足于既有物质的享受，对劳动和创业的态度冷淡；缺乏必要的脱贫知识和技能，具

---

① 刘翠萍.延安精神的内涵特点与实践成效述论[J].榆林学院学报，2018年，第5期：101.

备脱贫的意愿但是力不从心。这些问题能否解决，直接关系到打赢脱贫攻坚战的基础能否牢固。

脱贫只能依靠自身，任何外部的物质援助都只能是暂时的，因此，党员干部和贫困群众各自都要有所作为，坚持以"自力更生、艰苦奋斗"为根本途径。党员干部要率先提振自身的精神状态，克服懈怠情绪，树立昂扬的斗志，有针对性地引导贫困群众树立自立自强意识，克服"等、靠、要"思想；因地制宜地开展产业扶贫，鼓励贫困群众在产业中劳动，在产业中致富。另一方面，贫困群众要增强摆脱贫困的信心，认真学习专业知识和劳动技能，不断拓宽致富的事业和思路，本着更加积极主动的心态，直面贫困，不畏挑战，踏实苦干，靠自己的双手脱贫致富。

自打响脱贫攻坚战至今，甘肃省已经取得了一定的成绩，但是任务依然艰巨，打赢脱贫攻坚战还是面临着不容低估的困难。将延安精神寓于脱贫攻坚战之中，充分传承和运用好老一辈革命家留下的这笔宝贵精神财富，坚定正确的政治方向不动摇，充分解放思想，立足省情实际，从人民的利益出发，自力更生，艰苦奋斗，可以助推脱贫攻坚战的早日成功。

参考文献：

［1］毛泽东选集（第3卷）［M］.北京：人民出版社，1991：1095.

［2］中共甘肃省委，甘肃省人民政府.关于打赢脱贫攻坚战三年行动的实施意见［Z］.2018年8月22日：1-2.

［3］刘翠萍.延安精神的内涵特点与实践成效述论［J］.榆林学院学报，2018年，第5期：100-103.

甘肃改革开放40年扶贫帮扶的经验和启示

王 锐

（中共甘肃省委党校）

帮助贫困地区的群众摆脱贫困，不只是贫困地区的事，也不只是扶贫部门的事，需要在各级党委政府领导下，动员社会各方面力量帮助贫困地区摆脱贫困。改革开放40年甘肃大地上如火如荼、波澜壮阔的扶贫帮扶，展现了陇原各族人民建设幸福美好新甘肃的坚定信心，绘就了城乡结对、干群合力脱贫奔小康的绚丽画卷，谱写了全社会关注支持"三农"发展的壮丽诗篇。回顾改革开放40年甘肃扶贫帮扶的生动实践，必须认真总结、倍加珍惜和牢牢汲取其中蕴含的丰富经验，把今后扶贫帮扶工作做得更好。

一、必须坚持以联系群众、服务群众为出发点和落脚点

甘肃欠发达的省情，决定了我们必须发扬"人一之，我十之；人十之，我百之"的甘肃精神，在前进中付出比别人更多的艰辛和努力；也决定了我们必须践行党的群众路线，发扬密切联系群众的政治优势，激发党员干部服务群众、促进发展的激情和干劲，调动广大群众脱贫致富的积极性和创造性。改革开放40年来，全省广大帮扶干部与群众在生活中、劳动中、战斗中沟通感情、交流认识、共谋对策，通过坚持群众路线、树立群众观点、站稳群众立场、增进同群众的感情和掌握群众工作的方法，强化了实践锻炼，增强了党性修养。广大帮扶干部更加深刻地认识到，任何时候、任何情况下，人民群众是历史创造者的观点不能忘记，全心全意为人民服务的宗旨不能背离，密切联系群众的优势不能丢弃，要始终做到与人民群众同呼吸、共命运、心连心，在服务人民群众的过程中展现自己的人生价值。

二、必须坚持以解决问题、促进发展为根本检验标准

扶贫帮扶就是针对农村发展和农民脱贫致富中存在的突出问题而开展的，由于各种原因，制约甘肃农村发展的瓶颈比较突出，改革开放40年来，各帮扶单位和帮扶干部紧紧围绕制约甘肃"三农"发展的普遍性和根本性重大问题，各帮扶单位和帮扶干部把人民群众满意不满意作为最高评价标准，深入调研摸底，把破解农村发展和农民脱贫致富的难题作为开展扶贫帮扶的重要环节，结合帮扶单位和帮扶干部的实际，做到能帮什么就帮什么，能帮成什么就帮成什么，能在哪些方面有作为就在哪些方面用力发挥优势。以此推动农村经济发展和让农民群众享受更多改革发展成果，使扶贫帮扶取得明显成效。对于贫困村和贫困户，各帮扶单位和帮扶干部也反复进行宣传教育，使他们明白了扶贫帮扶的根本目的就是要使贫困户致富的思路宽起来，致富的路子宽起来，尽快摆脱贫困，同时也要让贫困户懂得帮扶单位和帮扶干部只是帮扶而不是包办，要脱贫致富关键还是要靠自己积极性和主动性的发挥，靠自己的辛勤努力和艰苦奋斗。

三、必须坚持以强化调查研究为根本手段和方法

没有调查就没有发言权，没有调查更没有决策权。注重调查研究既是辩证唯物主义认识论的基本要求和党的优良传统，也是党员干部做好工作的基本方法。要使扶贫帮扶取得实实在在的效果，前提条件就是通过调查研究掌握农村的脉动，了解农业的态势，感知农民的期求。改革开放40年来，广大帮扶干部注重调查研究，把下乡进村作为开展工作的基本途径，把驻村蹲点作为同农民打交道的重要形式，把与农民同吃、同住、同劳动作为掌握农村实际情况的有效方式，运用解剖麻雀的调查方法，认真倾听农民群众的呼声，全面了解掌握制约农村发展和农民增收的难题，分析农村发展缓慢和农民致贫的原因，不断厘清发展的思路。与此同时，广大帮扶干部秉持谦虚好学的精神，问计于基层干部和农民群众，在向基层干部和农民群众学习的过程中使思想认识接地气、使素质本领有提高。

四、必须坚持以夯实党执政的基层基础为重要着力点

基础不牢，地动山摇。这就意味着在党执政的过程中要加强基层基础工作，最大限度地凝聚人民群众的智慧和力量。只有找准农村基层党建与帮扶工作的切入点和结合点，才能推动扶贫帮扶取得成效。改革开放40年来，甘肃在扶贫帮扶中把夯实党执政的基层基础、群众基础作为重要着力点，充分发挥村党支部的战斗堡垒作用、村党支部书记的引领带头作用、村党员的示范帮带作用，通过"帮扶单位包村、村党支部领党员、党员带贫困户"的方式，构建党支部引领、党员示范的服务型基层党建模式，党支部战斗堡垒和党员先锋模范作用也得以充分发挥。与此同时，广大帮扶干部宣传了党的方针政策，了解了农民群众的所思所盼，疏导了农民群众的诉求情绪，加强了基层思想政治工作，农民群众的思想认识和理论水平都有所提高，对党的各项惠农政策更加了解、更加熟悉、更加认同，脱贫致富的信心更足了，党群干群关系更加和谐融洽了，夯实了党在农村的执政基础和群众基础。

五、必须坚持以自上而下、强力推动为基本方式

风成于上，俗化于下。在扶贫帮扶中必须充分发挥各级领导班子和领导干部示范带动作用。改革开放40年来，全省各级领导干部带头完成扶贫帮扶任务，落实结对帮扶责任，深入所联系贫困县的贫困村和帮扶户，想农民群众之所想，急农民群众之所急，抓住关键环节和重点问题，上下联动，通力合作，动员一切可以动员的力量，帮助贫困村和贫困户解决了一大批实际困难。哪里任务最为艰巨、哪里需要解决的难题最为多，哪里农民群众最为需要，哪里就能看到领导干部的身影。榜样的力量是无穷的，各级领导干部扛起带领贫困农民群众脱贫致富的大旗，严格落实扶贫帮扶领导责任，充分发挥在扶贫帮扶中的"主心骨"作用，把扶贫帮扶的责任扛在肩上、抓在手上、落实到具体工作中，以身作则，带头示范，建立责任清单，由此形成了一级做给一级看、一级带着一级干、层层抓落实、上下贯通齐推进、全体帮扶干部心怀群众、勇于敢当、敢于创新、大胆探索、积极投身扶贫帮扶工作的良好局面。

六、必须坚持以不断完善帮扶政策制度为根本保障

扶贫帮扶持久深入地开展下去,必须靠制度机制作保障。扶贫帮扶的实践证明,必须把实践中一些好的做法上升到制度层面固定下来,使扶贫帮扶成为常态。改革开放以来,甘肃在扶贫帮扶过程中,注重健全完善各项制度。比如,立足扶贫帮扶实际,建立和完善了党委统筹谋划、政府主抓落实、职能部门各负其责、全社会广泛参与的市县乡四级帮扶干部包抓贫困村和贫困户的的帮扶工作机制,形成了纵向到底、横向到边的领导体系、组织体系和责任体系。又比如,通过建立和完善扶贫帮扶监督检查、考核评价等制度,督导引导帮扶单位和帮扶干部集中精力聚焦主业,稳扎稳打抓好扶贫帮扶,对干得好的帮扶单位进行表彰,对干得好的帮扶干部提拔重用,等等。总之,通过与时俱进地制定政策制度保障了扶贫帮扶各项任务的顺利推进。

总之,改革开放40年,通过各级各方面的帮扶,甘肃农村的贫困面大幅度地降低,群众生产生活条件全面改善,富民产业不断培育壮大,生态环境显著改善,社会事业发展质量明显提高,自我发展能力逐步提升。今后,我们要认真总结40年来甘肃扶贫帮扶的好做法、好经验,发扬自力更生、艰苦奋斗的优良传统,继续加大扶贫帮扶的力度,千方百计汇聚各方面智慧和力量,广泛调动各方面的积极性和主动性,坚决打好打赢脱贫攻坚战,确保甘肃与全国一道全面建成小康社会。

改革开放以来扶贫开发中的"甘肃经验"

杨 智 陆喜元

(甘肃政法学院马克思主义学院)

甘肃省是我国第一个大规模、有计划、有组织开发式扶贫的试点区,第一个集中连片推进区域性扶贫开发行动的实验区,第一个实施大规模异地扶贫和生态移民搬迁行动的先行区,在我国农村扶贫开发中具有重要地位。自1982年"两西"建设以来,甘肃省大规模农村扶贫开发已经走过了37年的岁月。经过长期大范围、全方位、高强度持续扶贫开发,甘肃省贫困地区农村生产生活条件发生了翻天覆地的改变,发展能力显著增强,贫困人口大幅减少。全省农村贫困人口从1982年的1254万减少到2017年年底的189万,贫困发生率由74.8%下降到9.6%。在各级党组织的坚强领导下,经过不断地探索、检验、完善,逐步形成了具有西北地区特色的扶贫开发模式和实践经验,有学者称之为"甘肃经验",并得到广泛认可。"甘肃经验"为丰富中国特色社会主义扶贫开发理论增添了新内容,为世界反贫困理论的发展补充了新材料,在国际上特别是亚非拉美发展中国家产生了较大影响,成为甘肃的一张名片。我们可以这样认为:世界扶贫看中国,中国扶贫看甘肃。集雨节灌、母亲水窖、全膜双垄沟播玉米、地膜穴播小麦等实用科技和"整村推进"模式、扶贫资金"要素分配法"等科学管理机制等得到广泛赞誉和推广。甘肃人民探索出的"整村推进"模式被写入《中国农村扶贫开发纲要(2001—2010年)》。在2004年5月召开的"全球扶贫大会"上,甘肃的"整村推进"扶贫开发模式成为全球70个国家选出的8个成功案例之一。近年来,国际社会特别是发展中国家纷纷组团来甘肃考察学习"甘肃经验"。

"甘肃经验"内涵丰富,主要包括以下几方面的内容。

一、政府主导，久久为功

自"两西"建设以来，甘肃省各届党委和政府都高度重视扶贫开发，特别是贫困地区，始终将扶贫开发列为中心工作。从"两西"建设到"四七"攻坚，再到"1236"扶贫攻坚，甘肃省的扶贫开发一直保持了政策的稳定性和连续性。对于贫困地区，各级党委和政府把扶贫开发列为重中之重的工作，党政负责人长期担当扶贫第一责任人，层层抓落实，久久为功。当前，在全面建成小康社会的冲刺阶段，甘肃省各级党委和政府更是以"敢死拼命"的姿态投入扶贫攻坚，集中全力啃下扶贫开发的最后最难的"硬骨头"。中央对甘肃扶贫事业的支持也一直保持稳定，特别是在扶贫开发资金投入上，政府的投入长期保持稳定增长态势。习近平总书记多次亲自来甘肃考察指导扶贫开发工作。有关结对帮扶单位长期坚持对口帮扶，帮扶力度只增不减。甘肃省扶贫开发的成绩，充分体现了社会主义制度的优越性，诠释了"立党为公、执政为民"的执政宗旨。

二、群众参与，自我造血

扶贫经验证明，只有增强扶贫对象的自我"造血"功能，才能保障脱贫的可持续性。"输血"式扶贫往往导致受扶贫困户过度依赖扶贫政府，出现"越扶越贫，越贫越扶"的恶性循环。甘肃在扶贫开发中，注重发挥受扶对象的主体性，提高他们对扶贫开发活动的参与度，增强受扶群体的责任感和主人翁意识，从而增强扶贫对象的自我发展能力，同时赢得群众对基层政府的信任和支持。在贫困村扶贫开发项目的选择和实施过程中，甘肃省各级扶贫部门和机构注重发挥群众在项目选择及实施过程的参与和监督，并通过公开公示保障群众的知情权、参与权。2001年，甘肃省将"参与式农村快速评估方法"与整村推进相结合，创新推出了"参与式整村推进"扶贫开发模式，此模式充分调动了贫困户的主体积极性。注重以财政资金撬动群众投入，采取以奖代补或贷款贴息等方式引导群众增加投入。甘肃省于2011年出台了《甘肃省村级公益事业建设一事一议财政奖补试点工作操作规范》，"一事一议"模式就是采取村民民主决策和申报、群众承担部分资金和劳务、政府财政资金进行奖励或补贴。此模式不但缓解了基础设施减少中财政资金困难，而且锻炼提高了群众自力更生的能力。

在对贫困户的帮扶中,尽可能减少发钱发粮的救济式帮扶,注重培育贫困户的自我发展能力,解决能力贫困问题,如通过提升劳动者素质"拔穷根",通过培育富民产业"改穷业",通过强化基础设施"换穷貌",通过易地搬迁"挪穷窝",通过金融扶贫解决发展资金难题,通过教育培训阻断贫困代际传递等等,力求从根本上解决致贫的瓶颈制约,增强贫困家庭的自我可持续发展能力。

三、集中力量,破解瓶颈

扶贫开发中,只有将有限的扶贫资源集中于部分地区的主要制约瓶颈问题,打"歼灭战",做到开发一片脱贫一片、帮扶一村脱贫一村,避免"年年贫年年扶、年年扶年年贫"的恶性循环。这就需要政府在扶贫开发中,由过去的平均化投入转向逐区域重点投入。甘肃在扶贫开发实践中,扶贫开发投入逐步向特困地区聚焦。甘肃的贫困地区被主要划分为三大集中连片区域(六盘山区、秦巴山区、四省藏区),三大片区又被进一步根据地缘特征划分为225个特困片带。资金和项目进一步向这些地区集聚。按照"整村推进"的模式,各贫困村按一定的时间顺序整体扶贫开发。将扶贫开发与新农村建设结合起来,整合政府各部门如农林、水利、交通、扶贫、发改等部门的资金力量和项目,在一定时期内将有限的资源集中投入到某些特困地区,使其在短期内根本解决制约发展的主要难题,为可持续脱贫奠定坚实基础。"猛药去疴",有效缩短了特困地区脱贫致富的"病程"。

四、创新体制,激发活力

制度也是生产力,体制机制的创新对于扶贫开发的效果具有至关重要的作用。甘肃在长期扶贫开发中,不断创新体制机制,使有限的资源发挥尽可能多的效益,有效提高了扶贫开发的活力。党政"一把手"扶贫责任制落实扶贫领导责任。省、市、县逐级签订扶贫目标责任书,党政主要领导为扶贫开发第一责任人,贫困县市区的党委书记担任扶贫攻坚领导小组组长,将提高贫困人口生活水平和减少贫困人口数量列为贫困地方党委和政府的重点考核指标,为扶贫开发提供了坚强的政治保障。"整村推进"的资源整合机制有效集中了帮扶力量，有效解决了扶贫开发中"九龙治水"的难题。该模式从1998年试点，2007年又在"整村推进"的基础上推出了"连片开发"模式，开展"县为单位、整合资金、整村推进、连片开发"试点，探索"整村推进"与整流域、片带推进。自开展精准扶贫以来，甘肃省在连片贫困区域内按照"统一规划、统一实施"和"渠道不乱、用途不变、各司其职、各记其功"的原则，有效整合资源，形成了"大扶贫"帮扶格局。扶贫资金"要素分配法"克服以往扶贫开发中基层政府重资金争取、轻资金管理的问题，提高了基层政府扶贫的积极性。此方法于2001年制定，2014年又创新推出了因素法与竞争性分配相结合的财政专项资金分配机制。精准扶贫机制有效提高了扶贫效率，落实了"扶真贫、真扶贫"。根据中央"精准扶贫"的要求，2015年年初甘肃省制订了"1+17"精准扶贫方案，逐户建档立卡，建立数据库，动态管理。按照"缺什么补什么"的原则，一村一方案，一户一对策，每村每户都有帮扶单位和帮扶人。投入稳定增长机制保障扶资金投入的稳定性。近年来，甘肃省政府明确规定，省级和片区县政府按照当年地方财政收入增量的20%以上、市级政府按10%以上、插花县按15%以上的增长机制逐年增加扶贫专项资金预算。市场机制提高了资金效率，如"投牛还犊""投羊还羔"滚动发展机制提高帮扶效益。

五、治贫治愚，扶贫扶志

"授人以鱼不如授人以渔"，甘肃省在对贫困户的帮扶中，注重扶贫与"扶智""扶志"相结合，注重教育扶贫，提高困难群体的自我发展能力和坚强意志，是甘肃扶贫开发的重要特点和优点。甘肃文化底蕴厚重，历史上长期积淀的耕读文化为科教事业的发展奠定了雄厚的基础。在扶贫开发中，各级政府高度重视教育事业，不断改善办学条件，努力阻隔贫困代际传递。会宁"三苦两乐"精神就是典型代表。技能培训也是重要的扶贫路径，远程培训、送技上门等措施有效提高了扶贫对象的劳动技能。同时，还注重提高群众战胜贫困的精神动力。在长期与贫困作斗争中形成的"甘肃精神"和"陇人品格"，就是对这种精神的高度概括。"庄浪精神""通渭文化"是在自然条件极端恶劣的条件下，充分发挥人的主观能动性，不怕苦、不怕累、克服万难、发愤图强、团结互助的突出代表。甘肃人民在实践中形成的精神财富，比经济建设成就更为宝贵，必将影响、激励一代又一代的后来者，为中华民族永续发展提供源源不断的精神动力。

　　"甘肃经验"还有诸多内容，需要我们进一步探索和凝练，并大力推广。"甘肃经验"说明贫困并不可怕，可怕的是没有战胜贫困的信心、勇气和对策。甘肃贫困地区农村能够脱贫，那么其他地区同样也可以脱贫。"甘肃经验"表明，加强党的领导，充分依靠群众，增强贫困群众的自我发展能力才是扶贫开发的关键。"甘肃经验"证明，中国特色社会主义制度是脱贫致富的制度基础，没有党、政府和社会各界的大力帮扶，甘肃贫困地区农村就没有今天的成就。甘肃扶贫开发的成果也充分彰显了社会主义制度的优越性和中国特色社会主义理论、制度、道路、文化的合科学性与价值性。

弘扬延安精神　助推甘肃农村脱贫攻坚

于舒迪

（兰州交通大学马克思主义学院）

一、甘肃省贫困地区的基本情况

甘肃省位于中国的西北内陆地区，地形复杂多样，气候差别大，生态环境脆弱，交通不便，自然资源相对匮乏，农业发展困难。这对于在农业人口为多数的甘肃农村来说，从根本上扶贫脱贫难度较大。甘肃省贫困率高达20%以上，贫困人口265万之多，深度贫困地区为"一区一州"、23个深度贫困县区、40个深度贫困乡镇、3720个深度贫困村。由于自然环境的制约，甘肃省绝大部分人口想要通过农业作为主要经济来源实现"小康"生活，现阶段还是有一定困难的，加之青壮年人口外出务工较多，留下从事农业劳动人员普遍年龄偏高、文化程度较低，缺乏创新能力，无法获得稳定的经济收入。

（一）生态环境脆弱，自然灾害频发

甘肃省土地广阔，总土地面积约为45.44万平方公里，居全国第7位，折合6.8亿亩，但地貌复杂多样，山地、高原、河谷、戈壁、沙漠等交错分布，山地与丘陵占全省的78.2%。全省土地利用率为45.66%，尚未利用或无法直接利用的土地占全省总土地面积的54.34%。全省的耕地面积为5227.78万亩，但旱地占了70%以上，对农作物限制较大，对于"靠天吃饭"的农业来说，产量也无法得到保障。全省草地资源较丰富，占全省土地资源总面积的34.67%，占全国草地的6%，是中国主要的牧业基地之一。但2016年甘肃省牧业的生产总值仅占甘肃省生产总值的4.16%，尤其是甘肃少数民族牧区是典型的欠发达地区，2016年甘肃省少数民族牧区的牧业生产总值仅550676万元，占全省牧业生产总值的18.37%，占甘肃省生产总值的0.67%。甘肃省

自然灾害频发，自然灾害的种类也纷繁复杂，如干旱、沙尘暴、暴雨、冰雹、滑坡、泥石流等。甘肃省气候类型多样，水资源短缺，大部分地区气候干燥，年平均降水量在40~750毫米之间，年际变化大，季节分配不均，干旱、半干旱区占总面积的75%。因为降水量不均、土壤肥力不足、水土流失严重，耕地分散，无法形成大规模农业经营规模。

（二）基础设施不完善

甘肃省地处亚欧大陆内部，地势复杂，多为山地和丘陵，交通运输不便。甘肃省土地面积居全国第七位，但其2016年铁路运营总里程才3527公里，居全国第19位，仅占全国铁路运营总里程的2.8%；2016年公路里程142126公里，仅占全国公路里程的3%。甘肃省总体地势崎岖，修路难度大，修建所需材料运输困难，成本高，基础设施建设困难程度大。如"兰渝铁路"全长855公里，施工难度极大，风险极高，耗时长达8年多才建成。修建基础设施的同时还要兼顾甘肃省频发的自然灾害，尤其是滑坡泥石流，甘肃省现有的公路依然有滑坡泥石流频发路段，严重影响人们的日常生活。

（三）文化结构较低，缺乏创新能力

甘肃省由于地处偏远，种族众多，民族风俗等多种因素影响，贫困地区的人们思维方式比较落后，对于外界新生事物的接受能力有限，新的生产方式、技术等无法得到有效普及。第六次人口普查中甘肃省的文盲率高达8.69%，文化程度较低。农业水利设施、农业科研与机器设施普及滞后，抗灾能力弱。农产品结构单一，缺乏创新意识，没有形成大规模再加工产业，使得销量及运输成为农产品销售的重要问题。

二、弘扬延安精神，助推甘肃农村脱贫攻坚

习近平总书记在中国延安精神研究会召开第五次会员代表大会的贺信中指出："延安精神是中华民族优良传统的继承和发展，是我们党的性质和宗旨的集中体现。弘扬延安精神，对于推进中国特色社会主义事业、实现中华民族伟大复兴具有重要意义。"我们要正确理解延安精神的内涵，不能把延安精神只局限于延安地区或者是延安时期的精神，而是要全面理解延安精神其精神层面、物质层面等各方面的内涵和意义。在不同的历史时期和历史条件下，延安精神仍然有其重要的时代价值，对全面建成小康社会和实现两个

延安精神永放光芒

"一百年"中国梦等社会主义新时期的目标具有十分重要的现实意义。

（一）不忘初心，坚定正确的政治方向

延安精神是改革开放和社会主义现代化建设的一个精神支柱，在新的历史时期，我们要立足于社会主义初级阶段的实际，不忘初心，牢记使命。2018年10月18日，在第五个国家扶贫日到来之际，习近平对脱贫攻坚工作作出重要指示强调，要咬定目标加油干，如期打赢脱贫攻坚战。甘肃农村的脱贫攻坚项目只有坚持中国共产党的领导，坚定跟党走的决心，积极响应党关于脱贫攻坚的政策与方案，才可以帮助贫困地区早日脱贫，最终实现共同富裕。

（二）坚持解放思想、实事求是的思想路线

解放思想就是要打破贫困地区人民落后的旧思想，宣传新的思想观念，引导人们接受新生事物，提高对于新生事物的接受能力，开拓创新精神。我们在帮助贫困地区脱贫攻坚时要转变传统思想，授人以鱼不如授人以渔，在实际的生产生活中，根据自身的实际需求，运用劳动人民的智慧，建立有效的水利设施，开创新的高效率生产工具或机械设施，提高抗灾能力。甘肃省的自然环境恶劣要求我们要实事求是，根据具体情况，设身处地的研发和创造适合当地人民的生产方式和致富道路，坚持绿色发展新理念，不断用习近平新时代中国特色社会主义思想指导脱贫致富工作。例如，将自然环境极其恶劣地区的居民移民搬迁，利用当地的自然资源及少数民族特色开发旅游业等。

（三）全心全意为人民服务的根本宗旨

弘扬延安精神，始终保持党同人民群众的血肉联系，是党带领人民不断从胜利走向胜利的重要保证。全心全意为人民服务要求我们深入人民群众中，聆听人民群众的需求，解决人民群众最迫切的问题，维护人民群众的切身利益。甘肃省13个市州、58个集中连片特困县、17个插花型贫困县需要有效的实施脱贫攻坚，全心全意为人民服务更是脱贫攻坚的重中之重，脱贫攻坚的目的就是满足人民的需求，使人民过上"小康"生活。为了确保脱贫攻坚顺利进行，保证全心全意为人民服务，2018年3月22日，甘肃省委办公厅、省政府办公厅印发《甘肃省脱贫攻坚责任制实施办法》，明确省、市、县各级责任，形成条块结合、纵横衔接的目标责任体系，保障人民群众的切身利益。

(四) 自力更生、艰苦奋斗的创业精神

在脱贫攻坚工作中,最主要的还是要靠自身奋斗来实现脱贫致富。脱贫攻坚不单要依靠党和政府的政策和支持,更要调动起人民的主观能动性,使贫困地区的人民积极地参与到脱贫攻坚中来,从根本上改变人民的思维方式,提高人民积极创新的能力和意识。2018年3月7日,中共甘肃省委办公厅、甘肃省人民政府办公厅关于印发《甘肃省深度贫困地区脱贫攻坚生态扶贫实施方案》的通知中提出,要因地制宜,牢固树立和践行"绿水青山就是金山银山"的发展理念,充分发挥林业推进深度贫困地区脱贫攻坚的作用,加快推动深度贫困地区生态改善、经济发展和百姓增收,全力助推我省打赢深度贫困地区脱贫攻坚战。甘肃省应该发挥自力更生、艰苦奋斗的创业精神,克服一切困难,不忘初心,利用一切可以利用的资源和环境,开拓思维,创造新的有效致富途径。同时,甘肃省可以运用独特的自然资源和少数民族传统文化,发展旅游业,拉动甘肃省的经济发展,如:敦煌莫高窟历史文化悠久深邃;甘南藏区自然环境优美,有一望无垠的草原和独具特色的藏族传统文化;等等。甘肃省要充分利用这些自然优势,发展第三产业,创新收入增长点,这对我省脱贫攻坚工作有很大的助推作用。

延安精神永放光芒

延安精神与脱贫攻坚

张卫婷

（酒泉日报社）

党的十八大以来，以习近平总书记为核心的党中央对脱贫攻坚工作高度重视。贫困地区和贫困人口的脱贫关系着全面建成小康社会目标的实现，也关乎中华民族伟大复兴的中国梦的实现；尤其是对于我省这样的西部欠发达地区来说，要推进高质量发展，解决好贫困问题显得更为重要。延安精神是中国共产党在困难的革命年代这一特殊历史时期形成的一种革命精神，是中华民族宝贵的精神财富，大力弘扬延安精神，把延安精神贯穿于脱贫攻坚工作的始终，对推进精准脱贫、稳定脱贫、高质量脱贫具有十分重要的现实意义。

那么，延安精神最本源的内涵是什么？在新时代，在脱贫攻坚中，又该怎样弘扬延安精神，以使其给我们提供强大的动力源泉、精神支撑和工作保障？

一、延安精神的形成和内涵

1935年，长征胜利后，党中央在延安开始了13年的辉煌历程。13年中，党中央领导红军在这里自力更生、艰苦奋斗，解决了生存问题；建立了边区政府，对文化、宗教、社会管理、文艺创作等提出了一系列的治理思想和治理措施，推进了文艺繁荣发展和社会安定和谐；开展了整风运动，反对主观主义以整顿学风，反对宗派主义以整顿党风，反对党八股以整顿文风。树立了联系群众、调查研究、实事求是的优良作风，统一了全党思想，为抗日战争的胜利提供了思想和组织保证。通过各个方面的治理，陕北、延安呈现欣欣向荣气象。再加上红歌和红色文艺的广泛传播，在全国激发了"到延安去"的热情。延安，不仅成了共产党人的圣地，革命的圣地，也成了全国热血青年的向往之地。正是在 13 年的奋斗中，在中央红军和当地群众战天斗地的实践中，形成了原生形态的抗大精神、整风精神、张思德精神、南泥湾精神、白求恩精神、延安县同志们的精神和劳模精神，这些精神归纳提炼升华，形成了伟大的时代精神——延安精神。

延安精神的内涵：坚定正确的政治方向，解放思想、实事求是的思想路线，全心全意为人民服务的根本宗旨，自力更生、艰苦奋斗的创业精神。

这是江泽民同志 2002 年 3 月到陕西视察时概括的延安精神的四大内涵，也是目前公认和运用最为广泛的基本的内涵。这一内涵定位是延安精神所有内容解读的高度凝结，无论从哪个视角看延安精神，都可以从这四大内涵中找到归宿与根据。

延安精神诞生于延安时期，是那时候的时代精神，作为强大的精神力量，支撑中国共产党取得了国家统一、民族独立、人民解放的伟大胜利。新时代，延安精神依然具有极大价值，弘扬延安精神对我们推进脱贫攻坚工作具有重大意义。

二、弘扬延安精神，打赢脱贫攻坚战

有关资料显示，我省是全国打赢脱贫攻坚战最困难的省份，2013 年，共识别认定建档立卡贫困人口 552 万人、建档立卡贫困村 6220 个。全省 86 个县市区中，有 58 个县列入国家六盘山、秦巴山和藏区"三大片区"，还有 17 个县属于插花型贫困县。2017 年，甘南州、临夏州和天祝县共 17 个县被整体列入国家重点支持的"三区三州"范围，省上又确定了 18 个深度贫困县。

多年来，我省高度重视并大力推进扶贫开发工作。特别是省十三次党代会以来，省委、省政府站在"百年目标、全党使命"的高度来推动脱贫攻坚工作。坚持把脱贫攻坚作为全省头等大事和第一民生工程来抓，紧盯"两不愁、三保障"目标，聚焦深度贫困地区，瞄准最困难的群体，扭住最急需解决的问题，着力夯实精准帮扶、产业扶贫、各方责任、基层队伍和工作作风基础，扶贫工作有力有序有效扎实推进。全省建档立卡贫困人口由 2013 年年底的 552 万人减少到 2017 年年底的 189 万人；贫困发生率由 26.5% 下降到 9.6%，58 个片区县农村居民人均可支配收入达到 7194 元，脱贫攻坚取得了阶段性成效。

同时，应清醒地看到，剩余贫困人口集中在深度贫困地区和革命老区，

延安精神永放光芒

促进稳定脱贫、高质量脱贫任务依然艰巨，攻克深度贫困堡垒难度更大。当前，我省脱贫攻坚进入了攻城拔寨的最关键时期，打赢脱贫攻坚战是背水一战的"一号工程"，是硬仗中的硬仗。对此，要发扬延安精神，着力补短板弱项，抓实抓好脱贫攻坚工作。

坚定正确的政治方向，坚定理想信念，全力推进脱贫攻坚任务落实。坚定正确的政治方向在不同的历史时期具有不同的实际内容，在当前，就是强化"四个意识"，坚信党一定能够带领人民实现脱贫致富，实现全面小康，实现中华民族伟大复兴；在思想和行动上与党中央保持高度一致，坚决贯彻落实中央部署要求，把脱贫攻坚放在重要位置，拿出战之必胜的决心和信心，按照《党中央、国务院关于打赢脱贫攻坚战三年行动的指导意见》，将《打赢脱贫攻坚战三年行动的实施意见》和产业扶贫、就业扶贫、教育扶贫、光伏扶贫、旅游扶贫、交通扶贫、饮水安全、危房改造、兜底保障、资金投入等政策措施落到实处，做到真扶贫、扶真贫、真脱贫，实现"两不愁、三保障"，让贫困群众与全国人民一道全面建成小康社会。

解放思想、实事求是，因地制宜、因户施策，全力推进脱贫攻坚任务落实。习近平总书记在《在中央农村工作会议上的讲话》（2017年12月28日）中指出，"脱贫攻坚要坚持实事求是，不能层层加码，提不切实际的目标。"这就要求我们在推进脱贫攻坚工作中，实事求是，因地因时而宜，因户因人而异，做到精准、务实。紧扣"两不愁、三保障"标准，科学摆布攻坚力量和脱贫时序，采取超常规办法解决深度贫困难题，把剩余贫困人口脱贫落实到产业、就业、易地扶贫搬迁等具体措施上，坚定不移落实精准方略，抓细抓实"一户一策"，推进脱贫政策和帮扶措施精准到村到户到人。突出产业和就业，结合自身优势和资源禀赋，确定发展模式、培育主导产业、调整种养结构、壮大合作组织等，积极发展各种新业态，加大劳务培训和转移就业力度，不断拓宽贫困群众增收渠道。着力抓好危房改造、易地扶贫搬迁、土地改良、水利设施建设等，不断改善贫困群众生产生活条件。落实保障政策，提高保障水平，降低因病因学致贫返贫几率。聚焦深度贫困地区和老弱病残等特殊困难人口，引导资源要素聚集，做到脱贫攻坚不漏一村、不落一人。

强化宗旨意识，牢记初心使命，全力推进脱贫攻坚任务落实。当前，脱贫攻坚工作中，形式主义、官僚主义、弄虚作假、急躁和厌战情绪以及消极腐败现象仍然存在。对此，要强化宗旨教育，深入学习贯彻习近平新时代中国特色社会主义思想和党的十九大精神，坚定不移贯彻落实党中央关于脱贫攻坚工作的一系列决策部署，用心用情用力做好脱贫攻坚工作。加强监督检查，全面从严治党，加大扶贫领域监督执纪问责力度，严肃查处弄虚作假、搞数字脱贫，督促各级各部门把脱贫攻坚的责任、政策和工作落实到位。

发扬自力更生、艰苦奋斗作风，激发内生动力，全力推进脱贫攻坚任务落实。延安时期，党带领人民自力更生、艰苦奋斗，开展大生产运动解决粮食问题，用木柴烧炭解决取暖问题，发动群众纺布制衣支援前线，最终实现了民族解放、抗日战争的胜利。与封闭受困的环境相比，当下，脱贫工作受到各方面高度重视，帮扶措施、帮扶力量、帮扶资金等倾斜聚集，基础条件相对更好，贫困地区和贫困群众应大力发扬自力更生、艰苦奋斗的精神，从思想上认识到脱贫攻坚决不能仅仅依靠党和政府，破除等靠要思想，变"要我富"为"我要富"，充分发挥首创精神，积极发展产业、增收致富。在推进精准扶贫工作中，坚持把扶贫同扶智、扶志结合起来，加强科技培训，加大宣传引导，充分利用乡村大舞台平台，通过群众喜闻乐见的快板、小品等宣传艰苦奋斗精神，充分利用冬季集中教育等有利时机，宣传自力更生、艰苦奋斗的事和人，发动致富带头人、身边脱贫致富典型现身说法，激发群众内生动力，真正调动贫困群众脱贫致富的积极性和主观能动性。

弘扬延安精神完成脱贫攻坚任务

甄喜善

(西北民族大学马克思主义学院)

一、以延安时期的自力更生、艰苦奋斗精神实现脱贫攻坚

自力更生、艰苦奋斗是中国共产党长期一贯的精神,在延安时期表现得更加充分。中国共产党是靠艰苦奋斗起家的,中国共产党和人民的事业是靠艰苦奋斗不断发展壮大的。回顾党的历史,从在上海成立到井冈山时期,从遵义会议到延安时期,从西柏坡到夺取全国政权,从新中国成立到改革开放新时期,艰苦奋斗是工作作风,也是思想作风,是中国共产党的优良传统和政治本色,是凝聚党心民心、激励全党和全体人民为实现国家富强、民族振兴共同奋斗。

自力更生、艰苦奋斗是一种依靠自己的力量,不怕艰难困苦,奋发图强,艰苦创业,为国家和人民的利益乐于奉献的斗争精神。自力更生、艰苦奋斗是无路走出路,死路变活路,小路变大路,穷路变富路的过程。自力更生、艰苦奋斗是实事求是的必然要求,是一切从实际出发的必然结果。党在延安时期自力更生、艰苦奋斗搞轰轰烈烈的大生产运动,这绝不是我们没事找事有这个偏好,而是不这样做我们就面临困死、饿死和解散的危险。当年日本人和国民党顽固派对陕甘宁边区在经济上搞层层封锁,就是想把共产党及其领导的人民困死、饿死在延安,或是想达到解散的目的。但共产党人没有被这种困难所吓倒,不但不能背困死、饿死,更不能解散,而是要在九死一生中找到中华民族的出路。以毛泽东等为代表的中国共产党人,决心自己动手丰衣足食。发动了著名的大生产运动,每一个人每一个士兵都充分动员起来,大家集体干,集体克服困难。从领导到普通士兵无一例外都得干活,都有生

产任务。毛泽东在窑洞前后自己种菜，同时进行了著名的三五九旅开发南泥湾大生产运动。延安的干部群众为了革命的胜利，长期艰苦奋斗，克服一切困难和挫折，曾久住潮湿阴冷的窑洞。毛泽东曾说，蒋介石比我们条件好，有高楼有洋房有电灯，但就一条，全国人民不听他的，老百姓把希望寄托在我们身上，寄托在延安的土窑洞里。通过延安时期的艰苦奋斗，我们粉碎了封锁，打破了制裁，取得了最后的胜利。

新时期要全面建成小康社会，就必须完成脱贫攻坚的历史性重任，在此过程中，必须弘扬延安精神，需要动员群众的力量，需要依靠群众自力更生、艰苦奋斗的精神力量。脱贫仅仅靠给钱给物难以解决根本问题，需要解决贫困群众的内心动力问题，激发对美好生活的强烈期盼和内在驱动。在脱贫攻坚中通过培育群众的良好生产生活习惯，克服"等靠要"等消极思想，"授人以渔"，培育贫困群众自身的造血功能，实现真脱贫。提振扶贫攻坚人员精气神，传递扶贫攻坚正能量，是扶贫攻坚"回头看"的当务之急。所以用延安精神武装党员领导干部和贫困群众的思想，使扶贫攻坚队斗志昂扬，坚决限时打赢脱贫攻坚战，确保脱贫攻坚验收圆满过关就显得尤为紧迫。

二、以延安时期的坚定理想信念，完成脱贫攻坚

坚定理想信念，是延安精神的灵魂，是延安精神的信仰之基。理想如灯，信念是帆。对党员干部而言，坚定理想信念，是中国共产党人矢志不渝的毕生追求。理想信念贫乏就会导致理想滑坡、信念动摇、方向迷失，精神上"缺钙"，得"软骨病"。唯有始终坚定理想信念，树立正确的价值观、世界观、政绩观、落实观，常补精神之钙，常固思想之元，自觉把党性要求内化于心、外化于行，自觉增强党的"四个意识"，才能真正做到为党分忧、为国尽责、为民奉献。中国共产党从诞生之日起，就把实现社会主义和共产主义作为自己的政治理想和精神追求。回望延安时期，为什么在物质匮乏、条件艰苦的环境下，却朝气蓬勃、激情燃烧、充满生机，成为成千上万有志之士景仰、向往和奔赴的精神高地？因为那里有崇高的理想、坚定的信念、真理的光辉、民族的希望。习近平总书记曾经指出："理想信念是一个国家、民族和政党团结奋斗的精神旗帜，坚定理想信念，坚守共产党人精神追求，始终是共产党人立身安命的根本。"他还说："英雄模范之所以赴汤蹈火、舍生忘死，之所以任劳任怨、鞠躬尽瘁，之所以能够洁身自好、光明磊落，最根本的就是他们对理想信念有执著追求和坚守，他们选定了主义，站定了队伍，就终身为此不懈奋斗。"我们今天弘扬延安精神，向英雄模范人物学习，就是要把坚定理想信念作为立德修身的首选，做到对共产主义远大理想虔诚而执着，对中国特色社会主义共同理想至信而深厚，不忘初心，奋斗终身。在全面建成小康社会过程中，脱贫攻坚任务非常繁重，重提延安精神，就是要在脱贫攻坚工作中弘扬延安精神，坚定理想信念，抱定脱贫攻坚任务一定能够完成和实现的坚定决心，以昂扬的斗志，排除万难，争取胜利，为全面建成小康社会过程中全面完成脱贫攻坚任务做出自己应有的贡献。

三、弘扬延安时期密切联系群众的精神，实现脱贫攻坚

延安精神，内容非常丰富，对于共产党人来说，密切联系是最为重要的工作作风。中国共产党是中国工人阶级的先锋队。干革命唯一的依靠就是广大人民群众。有了人民群众的坚决拥护和支持，小米加步枪可以打败飞机大炮，有了人民群众的拥护和支持可以把贫穷落后的旧中国改造为繁荣富强的新中国。

唯物主义的历史观告诉我们，人民群众是历史的创造者。一切杰出人物和政党，只有密切联系人民群众，只有当他们的行动符合人民群众的利益和要求才能有所作为，一旦脱离人民群众，或者站到了人民群众的对立面迟早会被人民所抛弃。人民群众为什么拥护中国共产党，首先是因为中国共产党的政策反映了他们的愿望要求和根本利益。当年在延安，在全中国，中国共产党坚决抗日，实行减租减息和土地改革政策，实行民主制度，精兵简政，发展经济，保障供给，减轻人民负担等，可以说每一件事情都是为广大人民群众谋利益的，自然受到群众的衷心拥护和热切支持。党和人民群众紧密联系在一起，一刻也不脱离人民群众，党的事业就无往而不胜。延安时期，胡宗南统率国民党大军袭击延安。当时我军人数很少，双方力量对比悬殊，但我军在人民群众的积极支持下，转战陕北，牵着敌人的鼻子一口一口将其吃掉，取得了最后的胜利。

进入中国特色社会主义新时代，全面建成小康社会，完成脱贫攻坚任务，更加需要广大人民群众的支持和拥护，人民群众是历史的创造者，需要大力

依靠广大人民群众的奋发拼搏精神，人民群众是实现脱贫攻坚的力量源泉和基础。脱贫攻坚是为人民谋利益的一项伟大事业，是我们党以人民为中心的具体行动，是党和政府乃至全体共产党员的神圣职责。为人民谋利益，体现在打赢脱贫攻坚战的具体行动上，不仅要带领和帮助人民群众摆脱贫困，而且要尊重人民主体地位、发挥人民主体作用，只有如此，才能真正打赢脱贫攻坚战，才能保证按时完成这项艰巨的任务。

延安精神永放光芒

从延安精神中汲取新时代高校思想政治工作的营养

丁虎生

（兰州理工大学）

高度重视思想政治工作，是中国共产党的优良传统和政治优势。高校思想政治工作关系高校培养什么人、如何培养人以及为谁培养人这个根本问题。思想政治工作从根本上说是做人的工作，必须坚持把立德树人作为中心环节，着眼于不断提高学生的思想水平、政治觉悟、道德品质、文化素养，把学生培养成为德才兼备、全面发展的社会主义建设者和接班人。要实现这个目标，必须从中国优秀传统文化和中国共产党的革命精神中汲取养料，丰富和发展时代精神。延安精神是党和人民在延安的光辉实践中创造的伟大精神财富，它是党的性质和宗旨、党的优良传统和作风以及中国共产党人崇高品德和伟大情怀的集中体现。习近平总书记指出："历史是最好的教科书。对我们共产党人来说，中国革命历史是最好的营养剂。"抗日战争时期，中国共产党在延安等解放区先后扩大和新办了十余所高等学校，在创办新民主主义高等教育和加强思想政治工作方面创造了丰富而宝贵的经验，这些经验是我们加强和改进新时代高校思想政治工作的超级营养，必须充分汲取吸收。

一、从延安精神中汲取营养，把牢高校思想政治工作这条生命线

延安精神"代表了马克思列宁主义的彻底革命精神，代表了无产阶级的艰苦奋斗精神"。1937年7月和8月，毛泽东同志写成的《实践论》和《矛盾论》，全面深刻地论述了无产阶级的世界观与方法论，为党的思想政治工作奠定了坚实的哲学基础。1938年，周恩来在《抗战政治工作纲领》一文中指出，"以革命主义为基础的革命的政治工作是一切革命军队的生命线和灵魂"，并提出"要进行革命的政治工作，获得政治工作的完满结果，必须建立严格的政治工作制度与健全的政治工作组织"。1938年4月5日毛泽东在陕北公学讲话，说："在你们开学那一天，我曾经讲过政治方向问题。这个政治方向就是指示全国人民要走的路。政治方向好像是一个人的头，有了头其他各部分才能动作。"延安时期，中国共产党举办的中央党校、抗日军政大学、陕北公学、鲁迅艺术文学院、中国女子大学、华北联合大学、医科大学、延安大学、民族学院、自然科学院等大学，虽然有着不同的培养目标、承担着不同的教育任务，但是，以抗大为代表的延安高校都有一个共同的特点，就是十分重视加强党对大学的领导，把思想政治教育作为学校工作的中心环节，形成和发展了实事求是、理论联系实际的思想路线，确立起造就一大批"革命的先锋队"的思想，树立了为人民大众服务的世界观，努力建设抗战文化、民族文化、大众文化，为人民大众服务，为抗战服务。为使学生的思想符合新民主主义文化与教育的目标，解放区大学从课程设置、教学方法、实践锻炼等多方面进行了改革与探索，以全新教育方式、教育制度和体系培养了一大批与工农群众打成一片，一心一意为工农群众服务，为民族利益献身的革命人才，为实现党的路线方针奠定了理论基础、人才基础。抗大在总结其思想政治工作的经验时说，健全的政治工作是抗大教育顺利实现的保证，是抗大教育任务全部实现不可缺少的重要条件之一。

1944年4月，为总结党在思想政治工作中的经验，扩大延安整风的成果而形成的《关于军队政治工作问题的报告》中，总结提炼出"在一定物质基础之上，思想掌握一切，思想改造一切"的著名论断，认为"思想进步的过程，就是工作进步的过程，就是群众情绪进步的过程。那里思想改造做得愈彻底，那里的工作、那里的群众情绪、那里的工作作风的进步，也就愈彻底"，同时深刻地认识到"干部思想的进步是一切工作进步的枢纽"。这充分反映了党对政治思想在人的综合素质中所起的重要作用的深刻认识。毛泽东同志在《论联合政府》中指出："掌握思想教育，是团结全党进行伟大政治斗争的中心环节。如果这个任务不解决，党的一切政治任务是不能完成的。"正是因为有党的坚强领导，有过硬的思想政治工作，才保障了延安及其他解放区的大学在极端艰苦的条件下，克服困难，培养了一大批优秀的革命干部和建设人才，在民族解放的伟大斗争中立下了丰功伟绩。

今天，我们更加深刻地认识到，加强党对教育工作的全面领导，是办好教育的根本保证，思想政治工作是学校各项工作的生命线。习近平总书记反复强调，我国有独特的历史、独特的文化、独特的国情，其决定了我国必须走自己的高等教育发展道路，扎实办好中国特色社会主义高校。我国高等教育发展方向要同我国发展的现实目标和未来方向紧密联系在一起，为人民服务，为中国共产党治国理政服务，为巩固和发展中国特色社会主义制度服务，为改革开放和社会主义现代化建设服务。我们的高校必须继承和发扬延安高校党建与思想政治工作的优良传统，汲取延安精神的丰富精神内涵，坚持正确的政治方向，增强"四个意识"、坚定"四个自信"，加强党建与思想政治工作是社会主义办学方向在高校工作中的具体体现。抓好党建与思想政治工作，把党的教育方针全面贯彻到工作各方面，是高校党组织办学治校的基本功。只有不断加强和改进思想政治工作，才能更好地坚持党对学校的领导，全面贯彻党的路线、方针、政策，才能培养出大批德才兼备、全面发展、能够担当中华民族伟大复兴大任的高质量人才。

二、从延安精神中汲取营养，培养担当民族复兴大任的时代新人

实现民族独立、国家富强和伟大复兴，都需要一代又一代仁人志士接续奋斗，有担当才能干大事业，尽责任才能有大成就。思想政治工作在培养人的系统工程中占据首要地位，它在帮助人们树立科学的世界观、人生观、价值观方面，有着特殊重要的作用。1937年10月23日，毛泽东为陕北公学题词："要造就一大批人，这些人是革命的先锋队，这些人具有政治远见，这些人充满着斗争和牺牲精神。这些人是胸怀坦白的、忠诚的、积极的、正直的。这些人不谋私利，唯一的为着民族与社会的解放。这些人不怕困难，在困难面前总是坚定的、勇敢向前的。这些人不是狂妄分子，也不是风头主义者，而是脚踏实地地赋予实际精神的人们。中国要有一大群这样的先锋分子，中国革命的任务就能顺利解决。"1939年7月，中央军委发布的《关于整理抗大问题的指示》提出："学校一切工作都是为了转变学生的思想。因此，教育应当是中心……要教育青年掌握马列主义，克服资产阶级及小资产阶级思想意识；教育他们有纪律性、组织性，反对组织上的无政府主义与自由主义；教育他们决心深入下层实际工作，反对轻视实际经验；教育他们接近工农，决心为他们服务，反对看不起工农的意识。"毛泽东在《永久奋斗》一文中

指出，一个模范青年，"有了正确的政治方向后，还要坚定，就是说，要有'坚定正确的政治方向'。这个方向是不可动摇的，要有'富贵不能淫，贫贱不能移，威武不能屈'的骨气来坚持这个方向"，"这样的道德，才算是真正的政治道德"。

延安时期，解放区高校在思想政治工作中特别注重马克思主义理论教育，为了转变学生的思想，坚定正确的政治方向，抗大等延安高校都开设了马克思主义基本理论课程和其他有关课程，如社会发展史、中国革命运动史、辩证唯物主义、政治经济学、科学社会主义、世界政治、世界革命运动史、抗日民族统一战线、民众运动、战区政治工作等。解放区各高校也十分注重塑造学生品德高尚的革命道德，培养学生坚忍不拔的革命意志，通过树立典型，开展向张思德、白求恩等模范人物学习活动，大力倡导政治操守、艰苦奋斗、克己奉公、不怕牺牲的精神。也通过黄克功案件等反面案例，教育学生反对自私自利、腐化堕落、贪生怕死和政治上的变节行为。以抗大、陕北公学、鲁艺等院校为代表的解放区大学师生，用自己的行动展现了他们忠诚坦白、无私无畏，一心谋求民族解放的高尚品德和革命情操，也展现了我们党在延安时期开展思想政治工作的显著成效，为我们留下了不可磨灭的精神财富。

国家的发展阶段不同，对教育培养人的要求也不相同。要实现"两个一百年"奋斗目标、实现中华民族伟大复兴的奋斗目标，归根到底靠教育、靠人才。在2018年9月10日召开的全国教育大会上，习近平总书记深刻指出："培养什么人，是教育的首要问题。我国是中国共产党领导的社会主义国家，这就决定了我们的教育必须把培养社会主义建设者和接班人作为根本任务，培养一代又一代拥护中国共产党领导和我国社会主义制度、立志为中国特色社会主义奋斗终身的有用人才。这是教育工作的根本任务，也是教育现代化的方向目标。"要培养德智体美劳全面发展的社会主义建设者和接班人，高校一定要坚持不懈抓好马克思主义理论教育，树牢学生的共产主义远大理想和中国特色社会主义共同理想，增强学生的"四个自信"，在坚定理想信念上下功夫；一定要坚持不懈培育和弘扬社会主义核心价值观，加强中华文明史、中共党史以及世情国情教育，在厚植爱国主义情怀上下功夫；一定要加强大学文化与文明校园建设，锤炼师生道德修养，培育优良校风学风，在加强品德修养上下功夫；一定要加强教育教学改革，推进内涵发展，教育引导学生珍惜时光，求知问学，在增长知识见识上下功夫；一定要教育学生树立高远志向，培养坚韧不拔的意志品质，弘扬劳动精神，历练担当奋斗精神，在培养奋斗精神上下功夫；一定要培养学生创新思维和实践能力，增强体质、健全人格，以美育人，以文化人，在增强综合素质上下功夫。

三、从延安精神中汲取养料，树立理论联系实际的马列主义学风

毛泽东在中共六届六中全会的报告中指出："马克思列宁主义的伟大力量，就在于它是和各个国家具体的革命实践相联系的。对于中国共产党来说，就是要学会把马克思列宁主义的理论应用于中国的具体的环境。"1941年5月，毛泽东在延安干部会议上做了《改造我们的学风》的重要报告，倡导理论与实践相结合的马克思主义学风。他在报告中尖锐地批评了学校教育中存在的理论与实际分离的不良现象，指出："教哲学的不引导学生研究中国革命的逻辑，教经济学的不引导学生研究中国经济的特点，教政治学的不引导学生研究中国革命的策略，教军事学的不引导学生研究适合中国特点的战略和战术，诸如此类。其结果，谬种流传，误人不浅。"倡导确立以研究中国革命的实际问题为中心，以马列主义基本原则为指导的方针，废除静止地孤立地研究马列主义的方法。12月，中央做出《关于延安干部学校的决定》，明确学习马列主义理论的目的，是为了能够正确地运用这种理论去解决中国革命的实际问题，强调理论与实践、所学与所用的一致，是学校教育工作的基本原则。为了保证这一基本原则的贯彻落实，各高校都在整风运动中进行了大力的整顿与改进。一是要求各大学的课程、教材和教学方法要与各自的培养目标相适应；二是要求在正确地教授马列主义理论的同时，增加中国历史、国情与党史、政策等方面的内容，以养成学生应用理论的习惯；三是改善教员质量，要求教员认真研究课程内容和教学方法，是授课具体、切实、生动、易懂，并且要在学生全部学习过程中负责；四是要求在教学方法中，应坚决采取启发的、研究的、实验的方式，以发展学生在学习中的自动性与创造性，坚决废止注入的、强迫的、空洞的方式；五是倡导教员以身作则，在学校养成学生自由思想、实事求是、遵守纪律、自动自治、团结互助的学风，坚决反对主观主义、宗派主义、教条主义、好高骛远、武断盲从、夸夸其谈、自以为是及粗枝大叶、不求甚解的恶习。

在实践层面，各高校都采取措施，在教学过程中认真贯彻理论联系实际

的原则和要求。如抗大要求在教学中做到"原则化、通俗化、具体化、中国化",要求对"每一抽象的概念的说明,都必须证之以具体的例证,每一具体经验的讲述,应当引导向一定的原则"。在讲述任何革命理论时,"都必须特别注意到与当前中国革命运动相联系,以及与学生所切身经验过或者所能体贴到的许多实际工作实际斗争相联系"。延安大学还与边区各有关实际工作部门建立组织上和工作上的联系,聘请实际工作部门的同志担任兼课教员,将实际工作中的方针政策和经验总结纳入教学内容,组织教学研究人员有计划、有系统地开展对实际工作的调查研究,加大学生的实习和社会调查比重等,这些举措使学生"既学得理论,又学得实际,并把二者生动地联系起来",符合教育规律,因而也行之有效。解放区的整风运动和大生产运动,为高校思想政治工作水平的提高奠定了良好的思想基础和物质基础,"学与用一致,理论与实践结合"成为中国高等教育理念中宝贵的精神财富。

习近平指出:"坚持以马克思主义为指导,必须落到研究我国发展和我们党执政面临的重大理论和实践问题上来,落到提出解决问题的正确思路和有效办法上来。"当前,我国高校普遍存在着理论与实践脱节的倾向,运用理论知识解决实际问题的实践教育环节薄弱,学生的实践性学习严重不足。加强实践教育是实现立德树人根本任务的重要环节,也是构建德智体美劳全面培养的教育体系的重要链条。那种完全把学生束缚在课本上、禁锢在课堂里的教育是病态的、有害的。联系实际的教育,不仅有利于深化对理论知识的认识和掌握,还有利于培养学生的社会责任感、创新精神和实践能力,有利于培养学生正确的劳动观,进而使其形成崇尚劳动、尊重劳动的情感和行为习惯。新时代的教育必须超越学校课堂和书本的局限,通过实践让知识能力、态度情感与价值观得到锤炼和升华。

四、从延安精神中汲取营养,坚持弘扬劳动精神、培养奋斗精神

1938年10月,在中共六届六中全会上,根据毛泽东的意见,做出了《实行国防教育政策,使教育为民族自卫战争服务》的决议,提出"必须贯彻执行教育为抗日战争服务、教育与生产劳动相结合的方针",强调理论联系实际,学生除学习外,还要参加实际工作、群众工作,并与老师一起参加生产劳动。1939年五四,毛泽东发表《青年运动的方向》演讲,他称赞"延安的

延安精神永放光芒

青年运动是全国青年运动的模范",因为延安的青年们"在学习革命的理论,研究抗日救国的道理和方法","在实行生产运动,开发了千亩万亩的荒地",增强了劳动观念,提高了政治素养。1945年,美军观察组制作的反映延安生活的电影中说:"中国共产党人最大的魅力就是简朴,他们的目标是勤奋工作和简单生活。"抗日战争时期,延安及各解放区高校把生产劳动作为重要的育人手段,列入教育计划。如延安大学规定教职员和学生均须参加生产劳动,参加生产劳动的时数占总学习时数的20%。许多从全国各地来到延安的热血青年,第一堂课就是挖窑洞,如抗日军政大学第三期大学生为了建设新校舍,半个月突击劳动,共挖窑洞175孔。对此,同学们自豪地唱道:"大学生动手挖窑洞,古今中外都没得。""艰苦卓绝的精神,千年万载不磨灭。"鲁艺师生也与其他大学一样,一面教学,一面劳动,一面创作,他们积极参加开荒、种地、砍柴、烧炭、纺线及其他副业生产和服务性劳动,在劳动中认识了劳动的意义,丰富了创作的源泉,新编秧歌剧《兄妹开荒》以及冼星海与塞克写出的《生产大合唱》等一大批优秀的文艺作品,就是在劳动中创作的。在大生产运动中,师生通过自己的劳动创造成果,提高技能,增强劳动观念和群众观点,培养勤劳朴实的思想感情和作风。

习近平总书记在全国教育大会上把劳动教育提高到教育方针的层面加以强调,指出"要在学生中弘扬劳动精神,教育引导学生崇尚劳动、尊重劳动,懂得劳动最光荣、劳动最崇高、劳动最伟大、劳动最美丽的道理,长大后能够辛勤劳动、诚实劳动、创造性劳动"。这对学生的全面发展具有十分重大的意义。劳动是人类和人类社会生存发展的基础,劳动创造了人,人依靠劳动保障了生存、发展了智能、构建了人类社会,促进了自身发展。劳动教育具有塑造健全人格、磨炼顽强意志、锤炼高尚品格的重要作用,培养德智体美劳全面发展的社会主义建设者和接班人就必须加强劳动教育、弘扬劳动精神、重申劳动价值。要树立正确的劳动价值观,让学生明白个人的梦想需要通过劳动实现,中华民族的伟大复兴必须由劳动创造。要教育和引导学生在劳动实践和刻苦学习中砥砺艰苦奋斗、顽强拼搏的意志,塑造热爱劳动、尊重劳动的品质,培育勤奋敬业、诚实不欺的情怀,提高创新意识、创新精神和创新能力。要弘扬劳模精神、劳动精神、工匠精神,大力提倡在劳动实践中导之以行,通过传播劳动模范和大国工匠故事,以及宣传刻苦努力的勤奋模范进行价值引领，引导学生崇尚劳动、热爱劳动。

五、从延安精神中汲取营养，加强教师思想政治工作和师德建设

1941年2月，中央《关于延安干部学校的决定》指出，"改善教员质量是学校办好的一个决定条件"，并对教师提出了新的要求，"我们要求教员认真研究教课内容和教学方法，使其具体、切实、生动、易懂，以贯彻理论与实际的一致。教员不仅在课堂上要负责，并且要在学生全部学习过程中负责。对于学生的学习、生活、思想各方面的情况，都有细致的了解，亲切的关心和具体的帮助"。

在师德建设中，党员教师必须起模范带头作用。1939年5月，陈云同志在《共产党员的标准》一文中，具体地阐述了党员要成为群众模范的问题，他说："共产党员应是实事求是的模范，又是具有远见卓识的模范。"同时，"必须懂得，共产党员不过是全民族中的一小部分，党外存在着广大先进分子和积极分子，我们必须和他们协同工作。"因此，"共产党员又应成为学习的模范，他们每天都是民众的教师，但又每天都是民众的学生。"党员教师不仅要作师德、师风方面的模范，还要团结和引导其他教师共同搞好师德建设。教师职业道德建设的核心是：敬业爱岗、为人师表。教师必须在思想政治上、道德品质上、学识学风上，全面以身作则，自觉率先垂范，真正为人师表。做到坚持正确的政治导向，树立服务意识和奉献精神，提高道德水准，遵守教学规范和纪律，自觉保护学生的合法权益，不断提高教学质量。

教师的职业道德直接关系到学校教学、科研、管理、服务的水平，直接关系到学生素质的培养和提高。列宁曾说过："在任何学校里最重要的是课程的思想政治方向,这个方向是什么决定的呢？完全只能由教学人员来决定。"教师是学生增长知识和思想进步的导师，教师不可能离开社会发展的需要和人类文明的实际状况来培养人、塑造人，教师对社会发展需要及人类文明状况的把握，实际上是对特定时代人才培养标准的把握。没有很好的思想政治素质，他就不能正确地把握时代的要求，没有坚定正确的政治信念，就不可能塑造出能肩负时代使命的人才，也不可能成为符合时代要求的教师；因此，要把教师的职业道德建设作为思想政治工作的重要内容,抓紧抓好,常抓不懈。

延安精神是中国共产党领导中国人民自强不息、艰苦奋斗、不怕牺牲、

延安精神永放光芒

开拓进取,夺取抗日战争和解放战争的最后胜利的奋斗历程的生动写照,是值得我们永远继承和发扬的宝贵精神财富。中国革命的历史已经证明,正是这样一大批具有延安精神的人,用鲜血和生命缔造了新中国。中国革命需要延安精神,中国特色社会主义建设需要延安精神,可以断言,中国共产党在领导中国人民实现中华民族伟大复兴乃至实现其最高理想的整个过程,都必然需要延安精神。因此,在高校大力弘扬延安精神,不断加强和改进思想政治工作,是十分必要和紧迫的政治任务。

弘扬延安精神的价值内涵
培育当代青年的理想信念

刘 姆

(西北师范大学马克思主义学院党委学生工作部)

延安精神的价值内涵主要体现在以下四个方面：正确的政治方向，解放思想、实事求是的思想路线，全心全意为人民服务的宗旨，自力更生、艰苦奋斗的创业精神。延安精神是中国共产党在革命战争年代的艰苦卓绝的奋斗中形成和发展的，是党领导革命取得胜利的重要精神支柱。深入挖掘延安精神的内涵价值，对当代青年的理想信念教育具有重要的指导意义和现实价值。

十九大报告中明确指出中国进入新时代的历史发展方位，新时代孕育新使命，新时代呼唤新要求。在新时代的历史发展方位中，青年一代承担着国家现代化发展和实现民族伟大复兴的历史任务，青年的理想信念教育是青年成长发展中的关键环节。习近平总书记也曾经用"钙"来比喻理想信念教育在个人成长发展中的重要作用。新时代的历史使命，要求青年要有更加坚定的理想信念，因此，弘扬延安精神的价值内涵，是做好当代青年理想信念教育的应有之义。

一、坚定正确的政治方向，是青年理想信念培育的首要原则

青年一代的思想受全球化、信息化的影响颇深，西方社会思潮的浸染，网络时代海量信息的刺激，都对青年理想信念教育提出了严峻的考验。转型社会的发展和变迁造成当代青年思想多元化、现实化、复杂化、迷茫化，如何帮助青年群体在实现个性发展的同时实现党和国家、人民利益的同向发展就需要为当代青年的发展树立正确的政治方向和价值目标。延安精神反映了我们党在革命战争年代夺取革命胜利的首要原则是坚持了正确的政治方向。

始终不移坚持正确的政治方向是我们党在总结过去革命战争年代的斗争经验和改革发展时期的历史教训的基础上形成的。中国共产党坚持和发展中国特色社会主义的重要实践方针，是培育当代青年坚定理想信念的首要原则，脱离了正确的政治方向，理想信念的培育将成为无源之水、无本之木。

当代青年的理想信念教育是国家发展、民族复兴的重要保障，青年一代思想呈现的多元化趋向，是这个时代的现实所在。我们必须要为他们指明未来发展的方向，帮助青年正确理解自身发展的实际，激发青年谋求自身发展的内在动力，以更好地利用青年特有的活跃思想和创新精神的特点和优势最大限度地发挥青年在中国特色社会主义建设中的功能和作用。在引导青年、做好青年理想信念教育的过程中，要不断从中国共产党的历史发展中寻求积极的思想资源、从中国共产党革命斗争的经验中寻求可供借鉴的优良传统、从中国共产党带领人民进行改革发展的道路中寻求可供学习的经验做法，让这些思想资源、优良传统和经验做法在当代青年理想信念教育的过程中发挥积极力量，帮助青年形成对中国社会发展的正确认识。坚持正确的政治方向是青年树立坚定理想信念必须坚持的首要原则。

二、坚持解放思想、实事求是的作风是青年理想信念培育的基本要求

邓小平同志在1978年12月为十一届三中全会做准备的中央工作会议上以《解放思想，实事求是，团结一致向前看》为题发表了重要讲话，把解放思想、实事求是，坚持实践标准提高到党的思想路线的高度。他指出："只有解放思想，坚持实事求是，一切从实际出发，理论联系实际，我们的社会主义现代化建设才能顺利进行，我们党的马列主义、毛泽东思想的理论也才能顺利发展。从这个意义上说，关于真理问题的争论，的确是个思想路线问题，是个政治问题，是个关系到党和国家的前途和命运的问题。"只有解放思想，才能实事求是，两者的内在联系表现在解放思想是实事求是的逻辑起点。延安精神内在的包含了解放思想、实事求是的优良作风，这是党在总结以往经验的基础上形成和发展起来的思想路线。中国共产党的发展之路是曲折的，在带领人民进行革命斗争和改革发展中一直在"摸着石头过河"，走过一些弯路，总结过很多经验教训，摸索出只有将解放思想、实事求是作为党的思想路线才能走出中国特色社会主义的发展道路。

纵观当代青年的思想特点，可以看到青年一代较之父辈们的思想更为活跃，接受新鲜事物的程度更高，思想解放的程度更高，这使得青年一代获得了更大的发展空间和成长机会。然而，在青年理想信念的教育中，解放思想充足，实事求是不足，也就是说青年一代解放思想的过程是在全球化、信息化的发展中被动完成的，青年对解放思想、实事求是的内涵并没有充分把握，对两者之间的历史脉络和逻辑关联并没有明确的认知。思想认识的缺失，导致实际践行的不足，主要表现在青年群体中出现的脱离实际的工作方式、佛系青年、丧文化的流行等，这些都是青年没有很好地理解解放思想、实事求是的深层次的意涵所导致的。因此，加强青年的理想信念教育，就必须让青年首先理解在新时代继续加强解放思想、实事求是的工作作风的内在意蕴，理解其思想发展的渊源，正确看待自身在社会发展中的价值和作用，真正把解放思想、实事求是作为自身树立远大而坚定的理想信念的基本要求。

三、树立全心全意为人民服务的宗旨，是青年理想信念培育的重要任务

全心全意为人民服务是我们党执政的最大优势，对当代青年进行理想信念教育就是要让青年在受教育的过程中树立全心全意为人民服务的崇高理想和坚定信念。全心全意为人民服务是延安精神中的重要内容，在延安进行革命斗争的过程中，中国共产党始终将团结群众，发挥群众的力量作为我们革命斗争的重要法宝，也正是坚持了全心全意为人民服务的宗旨，中国共产党最终取得了革命的胜利，在新时代的历史方位中，继续坚持这一宗旨是中国共产党人必须坚守的初心和使命。

新时代的青年成长在市场经济发展的过程中，制度设计和法治保障尚未健全，一定程度上催生了青年利己主义思想的蔓延和发展。北京大学的钱理群教授一针见血地指出当代的青年大学生是"精致的利己主义者"。中国社会从传统上而言崇尚集体主义的社会生活方式，个人是被束缚在传统的家族之中的，两千年封建帝制的终结、新中国的成立、市场经济的发展，使得青年在成长过程中越来越远离曾经固有的思想传统，它对青年思想的影响既有积极的一面，也有消极的成分，帮助青年认识中国共产党在社会主义建设中取得辉煌成就的历史过程，就是要让青年看到传统优秀思想文化对中国社会

改革发展的巨大贡献。我们只有一心一意深入到人民中，坚持走为广大人民谋幸福、谋发展的路子，我们才能获得自身的前进和发展。因此，树立全心全意为人民服务的宗旨，是新时代党和国家发展的重要保障，也是青年理想信念教育的重要任务。

四、弘扬自力更生、艰苦奋斗的精神，是青年理想信念培育的内在动力

中国共产党一路走来，始终坚持自力更生、艰苦奋斗的革命精神。中国社会从传统走向现代的过渡中，由于其独有的历史文化现实和社会发展传统，使得我们没有可供借鉴的模本，客观上要求必须依靠自身的力量进行发展，在依靠自己的过程中还要发扬艰苦奋斗、持之以恒的精神。习近平总书记在党的十九大报告中指出，"中国进入新时代意味着给世界上那些既希望加快发展又希望保持自身独立性的国家和民族提供了全新选择，为解决人类问题提供了中国智慧和中国方案。"中国智慧和中国方案的生成是中国共产党在走独立自主、自力更生的道路中形成的，在新时代的历史发展中要继续弘扬这种革命精神，以为新时代社会的发展注入源源不断的动力。

新时代的青年成长在国家繁荣发展的历史时期，改革开放的经济成效和社会发展为青年的成长提供了丰裕的物质基础，现实社会中存在着的"啃老族"的现象影响着广大青年的思想和心理，使得青年有时候忘却了要实现自身的社会价值，就必须依靠自己的力量，不懈努力地继续发扬老一辈革命家艰苦奋斗的精神。青年是个体成长发展中的重要时期，将自力更生和艰苦奋斗的精神融入青年理想信念的教育中对青年整个人生的发展都是一笔宝贵的精神财富，要让他们更加明确现在丰裕的物质生活是千千万万的革命先辈用鲜血换来的，要让他们理解未来美好的生活依然要靠自力更生和艰苦奋斗的精神才能实现。因此，对当代青年进行理想信念教育不仅要重视形式与内容，更要促生其强大的内生性动力，为他们植入精神发展的源泉，唯有此，才能真正帮助青年一代树立坚定的理想信念。

结语

2015年,习近平总书记在陕西考察时指出:老一辈革命家和老一代共产党人在延安时期留下的优良传统和作风,培育形成的延安精神,是我们党的宝贵精神财富。精神财富是一个国家、一个民族持续发展的内在动力,在全球化、信息化的时代浪潮中,中国社会要持续前进,中华民族要实现伟大复兴必须依靠广大青年坚定的理想信念。青年坚定的理想信念并非凭空产生的,而是在继承中华民族优秀传统文化中、在发扬老一辈革命家的优良传统中、在清晰认知社会发展的未来方向中不断产生和发展起来的。中国共产党在中国革命、改革、建设发展中积累了很多优秀的精神文化,需要青年一代继续在新时代的历史方位中不断继承和发展,以为实现社会主义现代化发展和民族伟大复兴的历史任务注入源源不断的、强大的精神动力。

新时代青年学生文化自信缺失的表现及其解决路径

张婷婷

(兰州大学马克思主义学院)

"文化是一个国家、一个民族的灵魂。"① 文化自信是一个民族、一个国家以及一个政党对自身文化价值的充分肯定和积极践行,并对其文化生命力持有的坚定信心。新时代青年学生是否有坚定的文化自信,关系着中国特色社会主义文化能否继续向前发展。中国特色社会主义进入新时代,意味着中国青年也进入了新时代,"青年兴则国家兴,青年强则国家强。青年一代有理想、有本领、有担当,国家就有前途,民族就有希望。"② 中华民族伟大复兴的中国梦将在一代代青年的接力奋斗中变为现实。新时代青年学生高度的文化自信是建设社会主义现代化强国和实现中华民族复兴的中国梦的必然要求,是抵御外来文化霸权的精神源泉,是推动新时代中国特色社会主义文化的重点。

一、新时代青年学生文化自信缺失的表现

文化自信作为一种"更基本、更深沉、更持久的力量",是人们对自己祖国、民族、家庭、组织蕴含文化内核的高度认同,以及对其文化生命和文化前途的信念。青年学生是国家的未来和民族的希望,是持续增强中国特色社会主义文化自信的生力军。培养青年学生树立高度的文化自信,成为我们的重要任务之一。但是,当代青年学生生活在一个开放的新时代,由于一系列因素

---

① 决胜全面建成小康社会 夺取中国特色社会主义伟大胜利——在中国共产党第十九次全国代表大会上的报告[M].北京:人民出版社,2017.

② 决胜全面建成小康社会 夺取中国特色社会主义伟大胜利——在中国共产党第十九次全国代表大会上的报告[M].北京:人民出版社,2017.

的影响，部分青年学生文化自信的现状不容乐观。新时代青年学生文化自信缺失主要有以下几个方面的表现：

（一）部分青年学生文化实践自觉性不够

"实践是检验真理的唯一标准"，文化实践自然也是文化自信的根本要求。当前，部分青年学生严重缺乏文化实践的自觉性。他们或许只是单纯的为了得到高成绩、高学分，对文化的核心要义、价值取向、思维方式及其文化形态进行比较机械地、简单地了解，这种理解仅仅停留在理论层面，但是在文化实践方面明显表现出极大的不自觉性，有些行为与文化传递的价值观甚至是背道而驰。在我们身边不难发现有相当一部分青年学生不愿意参加相关文化实践活动，他们只是一味地机械背诵记忆，不主动也不愿意把自己学到的文化知识运用到实践中去，特别是有些成绩比较好的学生，拒绝到偏远的西部地区参加工作，服务社会。部分青年学生文化实践自觉性不够，很大程度上就是因为文化自信不够。

（二）部分青年学生对中华传统文化认知不足

2016年，习近平总书记在中国共产党建立95周年庆祝大会的重要讲话中指出："文化自信，是更基础、更广泛、更深厚的自信。"[①] 我们只有加强对中华传统文化的充分认知，才有可能树立起对中华文化的自信。但是目前，我们经常会发现部分青年学生在选择课外书籍时，大多数时候情况下都会倾向于选择娱乐八卦类、时尚杂志、网络小说等书籍，很少有人会主动选择读一些传统经典著作、古诗词等。不难发现，不少青年学生没有读过"四大名著"、《论语》等经典著作，理解中国传统文化，领悟其中的文化意蕴更是无从谈起。新时代的青年学生生活在一个包罗万象的开放年代，面对源源涌入的各种外来文化，部分青年学生觉得中华传统文化太老了，跟不上潮流了，没有什么实际价值了，不能和这个快速发展的社会相适应了，应该抛弃这些旧东西了。这种想法就是由于对中华传统文化认知不足所导致的错误认知，这种认知产生的后果就是新时代部分青年对中华传统文化认同感严重下降，对中华文化的自信心不足。

---

① 习近平总书记在建党95周年庆祝大会的重要讲话 [R].

（三）部分青年学生对外来文化盲目认同

全球化深入发展，信息传播范围不断扩展，世界各国的文化也开始融合碰撞，文化在国际中的地位越来越突出。一些西方国家在谋求经济霸权的同时，也加紧了对发展中国家进行文化上的冲击，其谋求文化上的霸权已是一个不争的事实。我国也未能幸免各种外来文化的冲击，面对这些外来文化，部分青年学生没有加以辩证看待，而是盲目认同追随。部分青年学生对外来文化盲目认同体现在语言、娱乐、风俗节日、价值观等各个方面。他们喜欢用英语交流，放弃对母语汉语的传播；他们热衷于过西方的圣诞节、情人节等，却不知道中国传统的端午节、清明节到底有什么意义；他们每天沉浸在韩剧、美国大片中，经典的国剧却被渐渐遗弃；他们盲目推崇西方的自私自利、利益至上、拜金主义等错误观点，中国传统的天下为公、无私奉献等优秀品质渐渐被抛弃。科技的进步给外来文化提供了更加多样、更加便利的传播方式和途径，部分青年学生缺乏对这些外来文化的辨别能力，容易对外来文化产生崇外的心理，进而对外来文化表现出盲目的崇拜，这造成青年学生对中国传统文化自信缺失加剧。

二、新时代青年学生文化自信缺失的原因

新时代青年学生文化自信缺失是多种因素综合作用的结果，本文主要从社会、学校、家庭以及青年学生自身这四个方面论述了新时代青年学生文化自信缺失的原因。

（一）社会原因

首先，经济基础决定上层建筑，文化自信作为一种上层建筑归根到底是由一定历史条件下的社会经济发展状况所决定的。改革开放以来，中国经济发展、社会发展日新月异。社会经济的快速发展，一方面给人们提供了丰富的物质生活，极大地提高了人们的生活水平，但同时我们也应该看到某种程度上，市场经济的快速发展也使部分青年学生在利益的驱使下误入歧途，迷失了自我前进的方向，丧失了理想信念，忽视了精神文化的追求，进而失去对中国传统文化以及当代主流文化发展的信心。其次，西方文化的冲击。随着全球化深入发展以及新媒体技术的兴起，世界各国文化的传播和交流更加便利，西方发达国家利用各种形式向我们传播资本主义的价值观、生活方式、

思维方式等，由于部分青年学生缺乏足够的分辨能力，结果导致部分青年学生盲目的崇拜西方文化，遗弃中华文化，青年学生这种盲目的崇洋媚外，在一定程度上减弱了青年学生对中华民族传统文化的认同感和自豪感，进而消弱了他们对中国文化及其发展的自信。

（二）学校原因

学校在青年学生的成长、成才中担负着不可替代的作用，学校教育对青年学生文化自信的不坚定有着直接关系，青年学生文化自信不足与学校教育有直接的相关性。首先，学校很少给部分学生专门开设人文文化课。一直以来，我们国家基本上采取的是文理分科的考试方式，学校为了升学率，为了应对考试，大多数情况下理科生不需要接受专门的人文文化教育。我们可以发现文科生对中华文化的了解程度明显高于理科生，大多数理科生对传统的人文文化的理解只停留在字面，并没有真正理解其精髓。理科生基本上不接受专门的人文文化教育，他们对中国的传统文化的了解程度让人担忧，更谈不上自觉树立对中国传统文化的自信。其次，学校对学生的专业性培养明显增强。在目前的就业形势中，我们可以很明显感受到，技术性强的专业就业形势明显比人文社科类的专业就业形势好很多，这种就业形势造成一些技术类学校选择不开设或者很少开设专门的人文文化课程，尤其是那些不是专门的人文文化专业的学生更是缺少传统的人文文化的教育与熏陶，久而久之造成部分青年学生距离中国文化越来越远，进而削弱了这部分青年学生树立文化自信的意识和信仰。

（三）家庭原因

家庭是孩子的第一个学校，家庭教育在青年学生成长过程中有着无可替代的作用，家庭文化氛围对其孩子文化自信的树立有着至关重要的作用。家庭的文化素养会润物无声地影响到每一个家庭成员。一个人长期成长生活在家庭文化氛围浓厚的家庭环境中，那么他对中华优秀传统文化的认同感就比较强，民族自豪感会比较强，这就比较容易树立起对中国文化及其发展的自信。反之，如果一个家庭的文化氛围没有那么浓，父母的文化程度也不高，自然就很难树立起对中华文化的自信。虽然说家长的学历和知识水平并不是直接代表着一个家庭的文化氛围，但是家长的学历和知识水平在很大程度上影响着一个家庭的文化氛围水平；如果一个人长期生活在缺少浓厚文化氛围熏陶的家庭，自然而然他的文化自信比较低，也比较难培养。目前中国十几亿人口中，三分之二就是农民，大多数农民出门务工，孩子生活在爷爷奶奶身边，有相当部分的老人文化程度不高，没有培养孩子学习传统文化的意识，自然这部分青年学生的文化自信程度就比较低。

（四）自身原因

新时代青年学生的主体是"90后"以及"00后"，他们从一出生就生活在一个开放的时代，再加上他们具有富有朝气、接受新事物快、思维活跃、追求新鲜感等特点，所以他们能更加容易地接触了解外来文化，对外来文化接受度也比较高。首先，随着社会的发展以及青年学生开朗的性格，有不少青年学生愿意出国留学，一些经济条件好的家庭，可能上幼儿园的时候就已经把孩子送到了国外，这部分青年学生可以说是从小就生活在西方，已经习惯了西方的语言、生活习惯、思维方式等，他们外语说的甚至比中文顺利。由于长期生活在国外，虽然他们对中国传统文化的有着正确的态度，但是由于被西方文化耳濡目染，造成他们对中国文化缺乏信心，文化自信力不够。其次，部分青年学生的理想信念不坚定。由于社会的大发展以及外部环境的影响，部分青年学生的理想信念出现了动摇，政治立场不坚定，个人价值观发生了不同程度的扭曲，缺乏服务社会的奉献精神，逃避社会责任，崇洋媚外，贪图享乐，甚至不明白自己到底有什么理想，青年学生这种理想信念的不坚定造成了他们在一定程度上对中华文化的不自信。

三、新时代青年学生文化自信缺失的解决路径

（一）从社会层面来讲

首先，努力发展中国特色社会主义文化，推动社会主义文化的大繁荣，进而在全社会范围内营造一个良好的文化氛围。习总书记在十九大报告中明确指出："要坚持中国特色社会主义文化发展道路，激发全民族文化创新创造活力，建设社会主义文化强国。发展中国特色社会主义文化，就是坚持以马克思主义为指导，坚守中华文化立场，立足当代中国现实，结合当代时代条件，发展面向现代化、面向世界、面向未来的，民族的科学的大众的社会

主义文化,推动社会主义精神文明和物质文明协调发展。"①中国特色社会主义文化源于中华民族五千多年文明历史所孕育的中华优秀传统文化,所以我们要弘扬中国传统优秀文化,并根据时代的变化积极吸收外来文化的优秀成分,以不断为中国传统文化注入新鲜血液、增添新内容,铸就中华文化新辉煌,使中国特色社会主义文化充满活力和吸引力、进一步深入人心,让每一个人中国人都能自觉树立起中华文化的坚定自信。

其次,要辩证地对待外来文化。马克思主义的辩证否定观告诉我们,对任何事物都要运用矛盾分析法,采取辩证的否定态度。费孝通形象地使用中国传统文化去表征人类文化的发展前景:"美人之美,各美其美,美美与共,天下大同。"②人类文化最理想的状态就是世界各民族优秀文化的完美融合。中华民族自古以来就有博大的胸怀,接受先进的西方思想、文学艺术、经典著作等,这些优秀的外来文化极大地丰富和发展了中华传统文化。在这个日益开放的世界,整个世界日益连成一体,变成一个"地球村",我们更不应该闭关自守,而应该以开放的心态去借鉴和接受,并且学会如何借鉴和接受。如今,外来文化已渗入中国的方方面面,面对多元多变多样的文化格局,应该坚定社会主义核心价值观的重要地位,维护中国民族传统文化的坚定立场,坚持交流、合作、融合的原则,坚持"取其精华,去其糟粕"的辩证态度。我们应该看到外来文化中有许多优秀的文化成果,面对其优秀的成分,我们就应该积极地接受和理解,以给我们的民族文化增添新内容;同时我们也应该看到西方文化也存在一些腐朽、落后的成分,面对外来的腐朽文化,青年学生应该坚定立场,坚决抵制。

(二)从学校层面来讲

首先,学校要加强传统文化课等相关课程对青年学生文化自信的培养。中华文化相关课程是培养青年学生文化自信的重要方式,学习中国传统文化类课程,可以帮助青年学生更好地了解中国传统文化精髓和灵魂,有助于青年学生树立文化自信。习近平总书记在十九大报告中明确指出:"中国特色社会主义文化,源自中华民族五千多年文明历史所孕育的中华优秀传统文

---

①决胜全面建成小康社会 夺取中国特色社会主义伟大胜利——在中国共产党第十九次全国代表大会上的报告[M].北京:人民出版社,2017.

②朱益峰.费孝通"文化自觉"思想解读[D].山西大学,2010.

化。"① 中华文化博大精深、源远流长，学校要注意加深每一个青年学生对中华传统文化的了解学习，不仅仅是让他们掌握文化的含义，更是要让他们理解文化中蕴含的精髓和传递的价值观念，进而帮助他们树立起对中华文化的自信。

其次，学校要组织相关文化的实践活动。学校不仅仅是要让青年学生认同中华文化，也不是简单地让他们了解其内涵就足够，更重要的是要使其把中华文化蕴含的价值观运用到实际生活中，要自觉参加相关实践。学校可以定期组织一些参观革命遗址、参观博物馆等活动，这可以使青年学生感同身受，进而了解中华传统文化，树立起对中华传统文化以及中国文化发展的自信。

（三）从家庭层面来讲

正如英国教育家约翰·洛克所言："家庭教育决定孩子一生的命运，家庭文化氛围对青年学生早期文化自信的形成影响重大。"② 青年学生的教育不是学校的单独责任，虽然说学校对青年学生的教育起着不可替代的作用，但是家庭的文化氛围对青年学生文化自信的树立也起着非常重要的作用。家庭是青年学生树立文化自信的第一步，家庭的氛围对青年学生的影响是潜移默化、润物细无声的。

首先，父母要提高自己的文化自信。父母是孩子的第一任老师，孩子在成长过程中总是会有意识或者无意识地模仿自己的父母，如果父母自己对中华传统文化以及中华文化的发展充满自信，那么青年学生的文化自信程度就会自然而然地提高；反之，如果父母对中华文化漠视，甚至是诋毁，孩子的文化自信就无从谈起。所以，父母应该首先树立起对中华文化的自信和良好的美德，做一个好榜样，这样可以帮助孩子树立起对中华文化的自信和正确的价值观念。

其次，父母要重视对青年学生传统文化的教育。教育要从娃娃抓起，父母不能打着以后能找个好工作的幌子，不能一味地坚持所谓的"学好数理化，走遍天下都不怕"的错误思想，只注重孩子的数理化，从小就开始让孩子上

---

① 决胜全面建成小康社会 夺取中国特色社会主义伟大胜利——在中国共产党第十九次全国代表大会上的报告[M].北京：人民出版社，2017.

② 黄秋生，薛玉成.当代中国大学生文化自信缺失现状及其对策分析[J].成都理工大学学报（社会科学版），2013，21（02）：110-113.

各种奥赛班,忽视对传统文化的培养,不能认为孩子喜欢文史,就是不学无术,强迫他们学习各种乐器、画画等。父母应该多加强对孩子传统文化知识的培养,从小就让孩子多接受古诗词、古典文学等,让孩子从小接受中国传统文化的熏陶,加深对中国传统文化的理解,传统的优秀文化中所蕴含的价值观念,对一个人的价值观和人生观的形成和发展都有举足轻重的影响。父母应从孩子幼时就对孩子进行一些传统文化的教育,进而培养孩子对中国传统文化的自信和正确的价值观,以使他们在人生这条漫长路上不会迷失自己,误入歧途。

(四)从青年学生自身来讲

"青年兴则国家兴,青年强则国家强,青年一代有理想、有本领、有担当,国家就有前途,民族就有希望。"[1]青年学生是中国特色社会主义事业的接班人、建设者,更是国家的未来和民族的希望,是持续增强中国特色社会主义文化自信的生力军。树立坚定文化自信,青年学生要从自身做起。

首先,青年学生应主动加强对中国传统文化的认知并自觉践行文化。准确认知某种文化是对其产生认同与树立自信的必要条件。青年学生不仅要在学校学习文化知识,也应在日常生活中了解我国的优秀文化,多读经典著作,古典诗词,感受其中的文化蕴意,培养自己的兴趣爱好,增强对中国传统文化的认知,做一名合格的学习者。此外还要努力做一名中华文化的实践者和传播者。在《关于费尔巴哈的提纲》中,马克思有一句名言:"哲学家们只是用不同的方式解释世界,而问题在于改变世界。"[2]同样,青年学生学习文化知识,并不仅仅是需要了解掌握其理论知识,最重要的是要把学到的文化理论知识用于实际的生活实践,要自觉到基层去服务社会。同时,我们知道中国作为四大文明古国之一,文化有五千多年的悠久历史,对世界文化有着很大的影响。世界日益成为一个地球村,任何一个国家都不能脱离世界孤立存在和发展,当代的青年学生生活在一个开放的世界,有更多的机会和方式参与文化的传播与文化交流,青年学生要充分利用好一切机会,积极向外传播我们的文化,在文化交流与传播中更要坚定对中国文化的自信。

其次,青年学生要树立正确的文化价值理念,积极践行社会主义核心价

---

[1] 决胜全面建成小康社会 夺取中国特色社会主义伟大胜利——在中国共产党第十九次全国代表大会上的报告[M].北京:人民出版社,2017.
[2] 马克思恩格斯选集(第1卷)[M].北京:人民出版社,1995:57.

值观。中国共产党在六届六中全会上首次提出要建设社会主义核心价值体系的任务。习近平总书记在十九大报告中强调:"社会主义核心价值观是当代中国精神的集中体现。要努力把社会主义核心价值观转化为自己的情感认同,积极践行社会主义核心价值观对于繁荣社会主义文化有着重要意义,进而有利于树立起中华文化的自信。"因此,青年学生要在理解中华文化的基础上,增强对中华文化的认同感,树立起正确的文化价值理念,进而树立中华文化的自信。

随着社会不断发展,文化的重要作用也越来越凸现出来。习近平总书记在十九大报告中指出:"文化是一个国家,一个民族的灵魂。文化兴国运兴,文化强民族强。没有高度的文化自信,没有文化的繁荣昌盛,就没有中华民族的伟大复兴。"[1]青年学生作为中华民族的未来,承担着建设社会主义现代化强国的伟大使命,应该在各种文化强烈冲击下,正确认识中华传统优秀文化,坚决抵制腐朽文化,树立坚定的文化自信,以推动社会主义文化大繁荣。

---

[1] 决胜全面建成小康社会 夺取中国特色社会主义伟大胜利——在中国共产党第十九次全国代表大会上的报告[M].北京:人民出版社,2017.

延安精神对培育大学生
社会主义核心价值观的时代价值

张 佳

（西北师范大学社会发展与公共管理学院 2017级硕士研究生）

延安是举世闻名的中国革命胜地。从1935年到1948年，中共中央和毛泽东在这里领导、指挥了抗日战争，实现了马克思列宁主义同中国实际相结合的第一次历史性飞跃，诞生了毛泽东思想，奠定了中华人民共和国的基石。延安孕育的延安精神，是中国共产党创造的一种革命精神，是中国革命和建设的伟大的精神动力。延安精神和社会主义核心价值观是时代的先进文化，以延安精神培育大学生思想体系具有重要的现实价值。

一、延安精神的内涵

1968年《人民日报》和《解放军报》发表的社论《延安精神永放光芒》首次提出延安精神。此后周恩来在恢复国民经济时强调要发扬延安精神，自力更生，艰苦奋斗。邓小平在改革开放伊始便在众多场合多次提出要恢复和发展发扬延安精神。江泽民在2002年结束延安等地的考察时对延安精神的内容做出了主要概括，他指出"坚定正确的政治方向，解放思想、实事求是的思想路线，全心全意为人民服务的根本宗旨，自力更生、艰苦奋斗的创业精神"是延安精神的主要内容。

第一，坚定正确的政治方向是延安精神的政治灵魂。1935年到1948年是延安时期，一共跨越了三个历史时期：土地革命战争时期、抗日战争时期、解放战争时期。在土地革命战争时期，延安精神的政治灵魂就表现在坚信党的领导，对党充满信心和希望；抗日战争时期，延安精神的政治灵魂就表现在坚信在党的领导下能打败日本的侵略，建立独立民主的政权；解放战争时期，延安精神的政治灵魂就表现在把革命进行到底，在党的领导下建立新中国，真正实现人民当家作主。延安时期全国人民的奋斗目标就是坚定不移地进行革命战争并取得胜利，建立一个独立的民主的新中国。这一坚定的政治方向是在马克思主义的指导下完成的，同时也是布尔什维克主义的体现，也是全国人民崇高理想的体现。

毛泽东1936年在中国人民抗日军事政治大学第一次开学典礼讲话中首次提出坚定正确的政治方向，1938年陕北公学开学典礼中毛泽东清晰地指出坚定正确的政治方向就是坚定新民主主义革命和社会主义革命的方向。坚定立场是一切工作的出发点和落脚点，中国革命没有共产党的领导，没有中国共产党指引方向是不可能成功的。现在全面建成小康社会，实现中华民族伟大复兴、中国梦，践行社会主义核心价值观依然需要坚定正确的政治方向。

第二，坚持解放思想，实事求是的思想路线是延安精神的精髓。1936年12月毛泽东在《中国革命战争的问题》中就论述了实事求是的相关理论问题。为解决党内关门主义、教条主义，1937年他在《实践论》和《矛盾论》中从世界观和方法论高度强调了一切从实际出发，理论联系实际，结合中国革命实际情况，运用马克思列宁主义解决问题才能引领中国革命胜利。在1938年10月发表的《中国共产党在民族战争中的地位》一文中，毛泽东使用了实事求是的概念，并要求全党上下努力践行实事求是的观点，要勇于起到表率的作用。在整风期间，全党上下贯彻落实实事求是思想路线，经过延安整风运动后，实事求是成为了全党的思想路线，为抗日战争和新中国的建立奠定了重要的思想基础。当前，迎来改革开放四十周年之际，在全面深化改革开放时期，坚持解放思想、实事求是的思想路线不能动摇，培育和践行社会主义核心价值观的要求决定了我们必须巩固马克思主义指导地位，坚持不懈地用马克思主义中国化的最新理论成果武装全党、教育人民，用中国特色社会主义共同理想凝聚力量，用以爱国主义为核心的民族精神和以改革创新为核心的时代精神鼓舞斗志，用社会主义荣辱观引领风尚、巩固全党全国各族人民团结奋斗的思想基础，实现中华民族的伟大复兴。

第三，全心全意为人民服务是延安精神的核心。毛泽东在1939年给张闻天的发言中首次提出"为人民服务"的概念,在1944年张思德同志的追悼会上做了著名的《为人民服务》的演讲,第一次从理论上深刻阐明了为人民服务的思想,这也是中国共产党的根本宗旨。革命时期党经过一系列的学习和教育,把以自我为中心、宗派的、本位主义的观念从党的思想中剔除,确立党员心中一心为人民,彻底为人民利益工作的思想,涌现出了白求恩、张思德等一批为人民服务而牺牲的革命先进人物。全心全意为人民服务,密切联系群众,从集体利益出发,也为抗日战争的胜利和新中国的成立奠定了基础。今天实现中华民族伟大复兴依然要坚持根本宗旨和密切联系群众这一法宝,习近平总书记指出:"始终坚持全心全意为人民服务的根本宗旨,是我们党始终得到人民拥护和爱戴的根本原因,对于充分发挥党密切联系群众的优势至关重要。我们任何时候都必须把人民利益放在第一位,把实现好、维护好、发展好最广大人民根本利益作为一切工作的出发点和落脚点。"

第四,自力更生,艰苦奋斗的创业精神是延安精神的本色。延安地处西北黄土高原,全年雨水较少,耕作土地相对不足,延安时期的陕甘宁边区曾遇到过国民党反动派的经济封锁和日本帝国主义的重点"扫荡",边区军民经常缺衣少食,生活条件水平曾一度陷入极其艰苦的境地。1941年中央决定359旅进驻南泥湾,在王震旅长的带领下,广大官兵克服困难,开荒种地,使以往遍地荒山的南泥湾变成了"陕北的小江南"。边区军民自己动手丰衣足食,极大解决了边区军民的日常生活困难问题,保证了革命的胜利。面对重重困难的革命事业,共产党人毫无畏惧,依靠自己坚持斗争,不但在经济上解决了延安地区军民生活问题,也向全国人民展示了中国共产党为争取民族独立拥有能吃苦、不怕牺牲的大无畏精神,这种艰苦奋斗的作风也就成了延安精神的本质。

延安精神是马克思主义基本理论与中国革命斗争实际相结合的产物,为抗战日战争的胜利和新中国的成立提供了强有力的精神支撑,具有生生不息的生命力和强大的精神力量。面对新时期高校思想政治教育现状,深入挖掘延安精神的时代意义,对培育符合国家要求的合格大学生具有重要的指导意义。

二、延安精神与社会主义核心价值观的关系

党的十八大以来,习近平总书记多次做出重要论述,提出明确要求,要践行社会主义核心价值观,中办下发《关于培育和践行社会主义核心价值观的意见》。党的十八大提出,倡导富强、民主、文明、和谐,是我国社会主义现代化国家建设的目标;倡导自由、平等、公平、法制,是对美好社会的生动表述;倡导爱国、敬业、诚信、友善,是公民基本的道德规范。用社会主义核心价值观来要求当代大学生是每一位学生家长的渴望,是国家富强、民族振兴的希望,也是人类文明发展的必经之路。延安精神是中华民族的伟大精神支柱,是经过几代革命家的精心培育,是社会主义核心价值观的精髓。

第一,社会主义核心价值观与延安精神在指导思想上是保持高度统一的。在社会主义核心价值体系中,明确指出了以马克思主义理论为指导思想。在社会主义精神文化建设过程中,必须直面并剖析、整合社会各阶层人民的不同思潮,坚持在马克思主义的指导下,确保社会主义和谐社会的精神文化建设始终沿着正确的方向向前发展,确保社会主义和谐社会伟大事业的建设能够得到源源不断的精神与观念方面的支持。"坚定正确的政治方向"作为延安精神的政治灵魂,其第一条也是最重要的一条就是坚持马克思主义的指导思想,这也是延安精神的灵魂所在。延安时期,正是因为有马克思主义这个统领意识领域的思想理论指导,我们党和人民才能够凝结一心、众志成城创造出一个又一个辉煌战绩。在无产阶级当家作主的中国,正确的政治方向就是自觉坚持马克思主义的科学理论,矢志不渝地追求共产主义的崇高理想。在延安时期,正是依靠正确的政治方向,并坚持遵循它的指导与激励,党中央和边区军民在极其艰苦匮乏的物质条件下,在错综复杂的阶级斗争和民族斗争中,才能始终保持清晰的政治思路和旺盛的革命斗志。

第二,社会主义核心价值观与延安精神在理想信念层面上也是相互统一的。社会主义核心价值体系中提倡的中国特色社会主义共同理想,其内涵是在中国共产党的领导下,坚持走中国特色社会主义道路,为中华民族的伟大复兴而奋斗终身。它是激励、动员全国各族人民团结一致、努力奋斗的光辉旗帜,是近现代中国革命建设发展进步的光辉旗帜。它把全社会各个阶层人民的普遍愿望有机地结合在一起,反映了新时期中国人民的根本利益和理想

信念；它把群众个人的追求和幸福感与民族的振兴、国家的发展紧密地联系在一起，具有强大的号召力、凝聚力和亲和力。延安精神是中国共产党人在汲取中华民族优秀传统的基础上，结合我们党在历练中不断形成的自身优良作风相结合的产物。延安时代是中国战争史上，最艰难却也是最光辉的时期。那时，中国共产党人无论面对怎样艰苦不堪的环境，却始终把追求中华民族的独立解放和伟大复兴，以及全世界受法西斯压迫的民族的彻底解放作为己任，始终把实现共产主义伟大理想作为出发点和最终目标。在延安以及全国，抗日军民在中国共产党的领导下，在理想目标的激励下，始终保持饱满的情绪、高昂的士气，始终充满着革命英雄主义和乐观主义精神。正是这种为共产主义理想事业奋斗终身的顽强意志，以及至死不渝的顽强拼搏精神和不怕牺牲的献身精神，才构成了延安精神的最重要的发展航标，才使延安精神由零散走向完整、由朴素走向成熟。

　　第三，社会主义核心价值观是一脉相承的、与时俱进的延安精神。延安精神是共产党人面对内忧外患，面对敌富我穷、敌强我弱的困难局面所焕发出的独立自主、艰苦朴素、英勇救国的精神力量。它具有鲜明的时代特征，符合具体时代的实际需要，这和历史上任何时期的主流精神一样。如果没有延安整风运动，就不可能彻底纠正"左"倾错误思想在党内的残余危害，就不可能确立实事求是的思想路线；如果没有党的六届六中全会和党的第七次代表大会，就不可能彻底地确立把马克思主义同中国实际相结合的产物——毛泽东思想作为全党全中国革命与建设的指导思想，从而不能总结出正确的政治方向且坚定不移地遵守之。那时，如果没有反动派的经济封锁，如果没有边区恶劣的自然条件，就不会有边区大生产运动，"自力更生、艰苦奋斗"的创业精神更是无从谈起。纵观延安精神在新民主主义革命时期和社会主义建设时期的作用，说明了它具有经久不息的强大生命力，是与时俱进、永不过时的精神。延安精神是推动社会主义现代化事业不断前进的精神保证。虽然社会主义核心价值体系与延安精神产生于不同的时代，具体的表述和表现形态也各有不同，但延安精神所体现的民族特色仍然是现如今建设社会主义核心价值体系的理论精髓，这二者在精神实质上融会贯通，是一脉相承的。社会主义核心价值体系继承了延安精神的优秀成果和理论价值，并且经过新时代、新任务的历练，创造性地构成一个符合中国特色社会主义伟大事业的精神体系。

　　社会主义核心价值观是中华民族梦寐以求的夙愿，是实现中华民族伟大复兴的必经之路。社会主义核心价值观是对每一位中华儿女的要求，特别是对当代大学生阐明了方向。当代大学生是社会主义接班人的生力军，是社会主义现代化建设的中坚力量，那么对大学生进行社会主义核心价值观的培养就显得尤其重要，能使大学生树立正确的人生观、价值观、世界观、心理观、爱情观。以延安精神为引导，引领广大大学生树立正确的社会主义核心价值观。树立共同理想，才能突出当代大学生核心价值观的主题；培育和弘扬民族精神和时代精神，才能把握当代大学生核心价值观的精髓；树立和践行社会主义荣辱观，才能打牢当代大学生核心价值观的基础；不断加强知识传播、深入社会、情感锤炼和调节规范等培育途径，才能使当代大学生树立起正确的核心价值观，成为合格的社会主义接班人。

三、发扬延安精神，培育大学生社会主义核心价值观的具体路径

　　2006年，胡锦涛总书记指出："在延安这块土地上孕育形成的延安精神，是我们最宝贵的精神财富，我们要大力弘扬延安精神，把延安精神作为战胜困难、夺取胜利的重要法宝，让延安精神放射出新的时代光芒。"无论是在战争年代还是中国特色社会主义建设年代，我们都要继承和发扬延安精神。习近平总书记指出："延安精神是中华民族优良传统的继承和发展，是我们党的性质和宗旨的集中体现。弘扬延安精神，对于推进中国特色社会主义事业、实现中华民族伟大复兴具有重要意义。"延安精神中蕴含的艰苦奋斗的意志力财富和全心全意为人民的政治观财富以及解放思想、实事求是的思想财富在培育大学生社会主义核心价值观方面具有极高的时代价值。

　　第一，弘扬延安精神，培育大学生树立正确的政治路线。随着我国改革开放的深化，国内社会矛盾增多，贫富差距不断扩大，个别领导干部腐败，市场经济条件下由于机会不平等、资源分配不均衡以及权力寻租造成各种社会问题频发；西方敌对政治意识形态通过各种渠道对我国大学生群体进行意识形态渗透，大学生政治上进心强，辨别能力弱，造成部分大学生对党和政府存在偏见，弱化了对党和政府的信任。大学生是中华民族复兴的栋梁，中国梦的实现需要他们齐心聚力，他们政治方向与价值观的正确性非常重要。

延安精神在革命时期拥有强有力的政治信仰牵引力,为新民主主义的胜利和社会主义建设提供了精神动力。

第二,弘扬延安精神,培育大学生高尚的人生观。当前社会处于转型期,一部分人出现了价值观的困惑,产生信仰危机,道德下滑;西方各种错误社会思潮的流入,崇尚个性张扬,集体主义价值观被打破,原有社会良性运行的价值观出现裂痕。大学生面对社会中的各种诱惑及对错误价值观辨别能力弱,部分大学生轻义重利,同学之间互相攀比,这些都与社会主义核心价值观相违背,是中国梦实现进程中人民思想中的"蛀虫"。延安精神中的全心全意为人民服务具有深层的内涵性,寓意摒弃个人主义、享乐主义、利己主义,树立团结意识,形成团队思维。因此要以白求恩、张思德等典型的高尚人生观对大学生进行培育,引导大学生建立爱国、敬业、诚信、友善的价值观。

第三,弘扬延安精神,培育大学生自力更生与艰苦奋斗的精神。大学生毕业时就要面临走上社会工作岗位的问题,大学生以何种心态和价值观面对复杂激烈竞争的岗位工作不仅是大学生自己的个人问题,亦是社会问题,关系到祖国的和谐安定和繁荣发展。当前好高骛远、眼高手低、不切实际、不能吃苦的现象存在于许多大学生中。社会主义的建设需要继续弘扬延安精神的"自力更生、艰苦奋斗",大学生的个人成才梦也需要延安精神的创业精神。面对祖国的国情,实事求是将中国梦的建设与个人梦想相结合,个人梦想以国家发展为依托,国家发展因个人梦想实现而前进。高校应通过延安精神引导大学生确立科学的个人成才梦,帮助大学生选择正确的自己的中国梦成长之路、正确对待中国梦实现中的成长环境,引导大学生树立乐于奉献,执着追求,努力拼搏,爱岗、敬业的工作价值理念。

延安精神是中华民族在危难时刻显现出来的民族精神文化,应利用延安精神激励大学生,使大学生牢记中华民族屈辱史、努力学习科学文化知识、不断践行社会主义核心价值观、提高自身综合素质能力,以为中华民族的伟大复兴奉献力量。

弘扬延安精神　践行绿色发展
——延安市推进生态文明建设的启示

陈国礼

（中共武威市委党校）

　　圣地延安是中国革命的摇篮。中国共产党在延安的十三年，是我党由小到大，由弱到强，中国革命事业由挫折走向胜利的十三年。中国共产党在延安的十三年，确立了毛泽东思想的指导地位，实现了马克思主义同中国实际相结合的历史性飞跃，取得了中国反法西斯战争和解放战争的胜利，创造了伟大的延安精神。到延安去，置身圣地，近距离体味烽火连天的革命十三年，诠释延安精神，探究延安精神的时代价值，是我一直的向往和追求。

　　2018年7月24日至7月31日，作为中共武威市委党校在中共延安市委党校举办的全市党校系统"不忘初心，牢记使命"骨干教师素能提升专题培训班的学员，有幸第一次来到延安，学习延安精神，锤炼坚强党性。从西安乘坐北行的列车，进入延安，一路上满眼的青翠吸引了我，低矮的丘陵绿绿葱葱，植被灵秀，疑似置身江南的感觉，没想到延安的生态如此之好，与脑海中影视作品反映延安光秃秃的黄土高坡，丘陵沟壑满目荒凉，山头上年轻后生甩开膀子用力打起安塞腰鼓，尘土飞扬，一片迷茫的景象形成了鲜明的反差对比。当代延安人弘扬延安精神，响应国家退耕还林号召，20年初心不变，坚持推进生态文明建设，从红色革命到绿色革命，从荒山秃岭到满目青翠，从贫困落后到富有美丽，取得了卓越的成效，获得了退耕还林第一市和全国优秀绿化城市的美誉。延安市弘扬延安精神，践行绿色发展取得的成功经验对生态脆弱地区生态文明建设有诸多启发。

一、延安精神的实质内涵和时代特质

2009年11月习近平在陕西调研时指出,伟大的延安精神教育滋养了几代中国共产党人,始终是凝聚人心、战胜困难、开拓前进的强大精神力量。弘扬延安精神,要把坚定正确的政治方向放在第一位,牢记全心全意为人民服务的宗旨,坚持解放思想、实事求是、与时俱进,始终牢记"两个务必",保持延安时期那么一种忘我精神、那么一股昂扬斗志、那么一种科学精神,为建设和发展中国特色社会主义不懈奋斗。

因此,延安精神的具体内涵主要包括坚定正确的政治方向,这是延安精神的灵魂;解放思想,实事求是的思想路线,这是延安精神的精髓;全心全意为人民服务的根本宗旨,这是延安精神的本质所在;自力更生,艰苦奋斗的创业精神,这是延安精神的特征。

新时代弘扬延安精神,首要的是一定要增强"四个意识",坚定"四个自信",坚持正确的政治方向,始终同党中央保持高度一致,自觉维护党中央权威和集中统一领导,统筹推进"五位一体"总体布局,协调推进"四个全面"战略布局,全面推进和落实创新、协调、绿色、开放和共享五大发展理念。新时代弘扬延安精神还必须始终坚持自力更生,艰苦奋斗的革命传统。中国共产党是靠艰苦奋斗精神起家的,中国共产党和人民的事业是靠艰苦奋斗发展壮大的,党的几代领导核心都强调全党同志要艰苦奋斗,新时代更不能丢掉艰苦奋斗的精神。新时代弘扬延安精神还必须始终坚持以人民为中心的发展理念,必须始终坚持解放思想、实事求是,这是党的重要思想活的灵魂,是党的思想路线的精髓。新时代弘扬延安精神必须始终坚持与时俱进、开拓创新。进入新时代,实现中华民族伟大复兴的中国梦,建设富强民主文明和谐美丽的社会主义现代化强国,还有许多新的矛盾和问题需要我们去解决,有许多未知的领域需要我们去认识和探索。所以必须坚持与时俱进,开拓创新,使党的工作体现时代性,把握规律性,富于创造性。

延安市以改变人民群众生活条件和生存环境为出发点,20年初心不改,坚持推进生态文明建设,践行绿色发展理念,以红色革命推动绿色革命,一张蓝图绘到底,一届接着一届干,因地制宜,艰苦奋斗,创新思路,求真务实,最终建成了"绿色延安",全域实现了山更绿、水更青、人更富的美好家园。

这是新时代弘扬和践行延安精神最好的佐证。

二、延安市推进生态文明建设取得的成效

1999年，党中央发出西部大开发伟大号召，提出了实施退耕还林的伟大工程。时任国务院总理的朱镕基在延安市宝塔区燕沟流域的聚财山上视察，提出"退耕还林、封山绿化、以粮代赈、个体承包"十六字治理措施，要求延安人民"变兄妹开荒为兄妹植树"，实施退耕还林，建设美好家园。延安市委审时度势抢抓机遇，积极响应中央号召，打响了以退耕还林为重点的生态文明建设攻坚战。20年来，他们初心不改，始终以人民为中心，坚持生态优先的发展理念不动摇，艰苦奋斗，因地制宜，解放思想，创新发展，一张蓝图绘到底，一任接着一任干，取得了令世界瞩目的生态成绩。

从1998年开始，在20年的时间里，延安数十万群众和基层干部以各种形式参与植树造林，持之以恒改善生态，共完成退耕还林1077.46万亩，占到全市国土总面积的五分之一。延安的植被覆盖度从2000年的46%提高到2017年的81.3%，陕西的绿色版图向北推进400多公里。资料显示，上世纪末，延安水土流失面积高达2.88万平方公里，每年流入黄河泥沙2.58亿吨，约占入黄泥沙总量的六分之一。经过20年坚持推进以退耕还林为重点的生态文明建设工程，目前，延安沙尘天气明显减少，城区空气优良天数从2001年的238天增加到2017年的313天，入黄泥沙量从退耕前的每年2.58亿吨降为0.31亿吨，生态治理的良性循环效果日渐凸显。

延安的退耕还林以生态修复和保持水土为出发点，注重政策效应，充分调动群众的造林积极性，发挥群众在退耕还林中的主体地位和首创精神，坚持水土保持、水源涵养和经济林带建设相得益彰，宜草皆草，宜林皆林，因地制宜，分类施策。20年的奋战和坚守，延安大地经历了一场由黄到绿、由绿变美、由美而富的巨大而深刻的变革，成为"全国森林城市"。这场生态变革，渗透到延安人民的思想、生产和生活的各个领域。延安的绿水青山，不仅扭转了当地的生态环境，还改变了农民"面朝黄土背朝天，广种薄收难温饱"的生活状况。生态巨变促进农民脱贫致富，生动诠释出"绿水青山就是金山银山"的理念。如今，延安人民从退耕还林中，已经收获到"满山尽是聚宝盆"的生态红利。宝塔、安塞的山地苹果，延长、宜川的花椒，延川

的红枣,黄龙的板栗、核桃,已成为当地的主导产业和特色优势,成为退耕群众重要的收入来源,延安农民人均可支配收入从退耕前的1356元提高到2017年的11525元。目前,延安全市林果面积已达676万亩,实现产值在百亿元以上,森林旅游年直接收入达1.2亿元,林下经济年收入8.1亿元,真正实现了荒山"盖被子",农民"有票子"。可以说,近20年来特别是党的十八大以来,延安退耕还林和生态文明建设的显著成绩,是习近平生态文明思想的生动实践。

三、延安生态文明建设和绿色发展带给我们的启示

1.牢牢把握习近平绿色发展的生态观,坚持人与自然和谐共生是实现富民强市的必然选择。绿色发展,就是科学发展、可持续发展,就是利用生态环境的优势转化为生态农业、生态工业、生态旅游等生态优势及经济优势,倡导绿水青山就是金山银山。生态环境的美好一方面满足人民群众对美丽生活的向往,另外由生态美好带来的经济效益又可以解决人民群众对物质生活的追求。绿色发展理念是我们国家的生态创新理念,要实现经济社会的可持续发展,改善人民群众的生活质量,这样的理念正是以人民为中心的执政理念,是我党宗旨的充分体现。

20年的不懈奋斗,延安退耕还林和生态建设取得的的显著成绩,是习近平生态文明思想的生动实践。作为"全国退耕还林第一市",延安的相关探索为生态脆弱地区践行绿色发展提供了一条现实路径。

2.坚持以人民为中心的发展观,充分发挥群众在退耕还林中的主体作用和首创精神,一切为了群众、一切依靠群众是延安生态文明建设顺利推进的基础。退耕还林是一项关乎长远庞大的系统工程,牵动着成千上万退耕还林户群众的心,解决群众的生活问题和出路是工程实施的首要任务。必须让群众看到工程实施的政策红利,只有让群众切实感觉到有干头、有盼头、有希望,才能激发出内生动力,才能使其主动积极地参与其中。延安在退耕还林启动之初,就认真贯彻国家制定的"退耕还林、封山绿化、个体承包、以粮代赈"的方针,解决了老百姓要吃粮、要生存的现实需求;坚持生态惠民、生态利民、生态为民,大力扶持退耕农户发展后续产业,形成了以"林果业、草畜业、棚栽业"为重点的产业格局。退耕还林使广大农民群众从传统的"广种薄收,

倒山种地"的粗放经营模式中解放出来，不断调整农业产业结构，大力发展多种经营，逐步走出了一条生态农业产业化路子。林果、草畜、棚栽三大产业已成为目前延安农民增收的支柱产业，取得了生态优化，群众致富的双赢。

3. 树立正确的政绩观，发扬艰苦奋斗的革命精神，秉承"功成不必在我，一张蓝图绘到底"，保证了延安生态恢复的可持续性。延安在退耕还林工程实施中，坚信"急于求成换不来绿水青山"，历届班子不贪大求洋，不搞面子工程、形象工程，干部群众始终坚持生态优先的发展理念不动摇，立足长远、接续奋斗，尊重自然规律，发扬解放思想、实事求是、艰苦奋斗的延安精神，因地制宜，综合施策，逐步推进，20年初心不改，久久为功，一张蓝图绘到底。

4. 发挥国家生态文明建设各种政策的组合效应，是延安生态建设取得重大成就的根本保障。国家退耕还林政策出台时，曾在陕北地区进行了深入调研，做出了以尊重自然规律为主线的制度设计，为延安退耕还林指明了工作方向。延安市遵从国家顶层设计，在国家制度设计的大框架下，咬定青山不放松，因地制宜、综合施策、苦干实干，充分利用国家退耕还林、天然林保护和三北防护林体系建设等工程实施中的政策支持，统筹各项政策红利，有效利用国家政策的撬动作用，形成了拉动延安生态文明建设，践行绿色发展的"三驾马车"，在国家的大力支持下，20年坚守，终于建成了全国"森林城市"。

5. 以问题为导向，深入调查研究，因地制宜，科学谋划，采取思想引导、政策扶持、技术支撑、法律保障、考评跟进等综合措施，是延安生态文明建设有序推进的方法论。延安市在退耕还林中紧盯改造生态环境总目标，认真把握"量力而行，集中治理，先易后难"的工作原则，采取全员参与，综合施策，多管齐下的方法整体推进；建立了市级政府研究政策统筹规划，县区政府扬长避短重点突破，乡镇村组农户因地制宜具体实施，林业、水利、农牧、环保等部门各负其责、相互衔接，市县区退耕还林办牵头抓总统一协调的综合工作机制；以问题为导向，认真调查研究，出台相关政策法规，科学制订规划和分级实施方案，加大技术投入力度，建立务实管用的考评验收奖惩机制保证工作落实；正确把握了种草与种树，生态林与经济林、退耕与管护、产业培育与生态保护的关系，在树（草）种选配、植被恢复和管护、移民搬迁、剩余劳动力输转、经济林培育等方面充分尊重自然规律和群众的首创精神。工作中力戒主观臆断的瞎指挥和简单机械的行政命令式一刀切做法，以思想引导入手，化解矛盾，理顺情绪，寻求合力。延安市克服了淡化生态环境改善总目的，错误地把退耕还林当作国家扶贫政策，以多争取国家补贴为既得利益的模糊认识和急功近利以及贪大求快，只退不管的做法。延安市不断创新发展，工作方法到位管用，20年一以贯之，促进了退耕还林、水土保持和生态环境治理的有序开展，取得了生态文明建设可喜的成效。

继承弘扬新时代延安精神
助力"一带一路"甘肃黄金段建设

陈 亮

（兰州大学马克思主义学院）

从1935到1948年，中共中央和毛泽东在以延安为中心的陕甘宁边区领导、指挥并取得了抗日战争和解放战争的伟大胜利。革命党人带领群众在延安的生动革命生产实践所孕育的延安精神，是中国共产党创造的一种革命精神，是中国革命和建设的伟大的精神动力。党的十九大报告指出：中国特色社会主义进入了新时代，这是我国发展新的历史方位。进入新时代，我们要当好延安精神的新时代传承人、创新者、宣传家，更要继续弘扬拓展新时代延安精神的丰富内涵，为甘肃经济社会转型发展、确保与全国同步全面建成小康社会凝聚强大精神力量。

一、继承弘扬新时代延安精神，助力甘肃打造"一带一路"黄金段建设

习近平总书记深刻指出弘扬延安精神，要始终牢记"两个务必"，保持延安时期那么一种忘我精神、那么一股昂扬斗志、那么一种科学精神，为建设和发展中国特色社会主义不懈奋斗。

5年前的秋天，习近平主席西行哈萨克斯坦、南下印度尼西亚，先后提出共建丝绸之路经济带和21世纪海上丝绸之路，即"一带一路"倡议。5年来这一重大倡议，顺应了世界大势和时代要求，顺应了各国加快发展的共同愿望，引起越来越多国家热烈响应。国内各个省份也在积极谋划融入"一带一路"建设。甘肃2017年5月正式印发了《"丝绸之路经济带"甘肃段建设总体方案》，提出要建设"丝绸之路经济带"甘肃黄金段，构建兰州新区、敦

煌国际文化旅游名城和"中国丝绸之路博览会"三大战略平台。新时代延安精神所涵盖的自力更生艰苦奋斗的创业精神、百折不挠革命必胜的乐观精神、实事求是思想路线的科学精神、不甘人后创新发展的自强精神，正在汇聚成推动甘肃科学发展的股股动力。打造"一带一路"甘肃黄金段建设中，重点推进道路互联互通、经贸技术交流、产业对接合作、经济新增长极、人文交流合作、战略平台建设等六大工程，构建我国向西开放的重要门户和次区域合作战略基地。

二、继承弘扬自力更生艰苦奋斗的创业精神，助力甘肃"一带一路"矿产资源黄金段建设

甘肃境内成矿地质条件优越，是矿产资源比较丰富的省份之一，矿业开发已成为甘肃的重要经济支柱。

继承弘扬新时代自力更生艰苦奋斗的延安精神，就是要在矿产资源开发利用与保护方面树立创业的干劲、坚持的韧劲、不服输的闯劲。2008—2015年甘肃省矿产资源总体规划实施以来，找矿成果丰硕。截至2015年年底，全省共探明大型矿床140个、中型240个、小型1128个，共发现矿产地1508处，其中能源矿产地244处、金属矿产地958处、非金属矿产地306处。在已查明的矿产中，甘肃资源储量名列全国第1位的有镍、钴、铂族金属等10种，位居前5位的有38种，位居前10位的有71种。

着力建设甘肃"一带一路"矿产资源黄金段，要加快矿业转型升级与绿色矿业发展，切实提高资源利用效率，以低品位、共伴生、难选冶资源及尾矿、固体废弃物资源为重点，建设一批资源综合利用重大工程，使矿山"三率"水平达标率达到90%以上。在矿山地质环境保护与治理恢复方面，加强矿山环境治理恢复基金有效使用的监督管理，落实边开采、边保护、边复垦的要求，使新建和生产矿山地质环境得到全面治理、损毁土地得到全面复垦。在矿产资源管理改革方面，建立统一的确权登记系统，清晰界定矿产资源资产的产权主体，改革矿业权出让制度，规范矿产资源勘查与开发利用行为，促进矿产资源管理与矿业权市场监管制度更趋完善。

三、继承弘扬百折不挠革命必胜的乐观精神,助力甘肃"一带一路"丝路文化黄金段建设

为落实国家"一带一路"建设,推进国际人文交流合作和国家向西开放,2013年12月,甘肃立足地域区位优势、厚重的历史文化积淀和独一无二的敦煌文化国际影响,提出举办丝绸之路(敦煌)国际文化博览会的设想。2014年12月,举办丝绸之路(敦煌)国际文化博览会纳入国家《丝绸之路经济带和21世纪海上丝绸之路建设战略规划》及《推动共建丝绸之路经济带和21世纪海上丝绸之路的愿景与行动》。2015年11月13日,经党中央、国务院批准,全国清理和规范庆典研讨会论坛活动工作领导小组批复,同意举办首届丝绸之路(敦煌)国际文化博览会,并每年举办一次,这标志着敦煌文博会成为服务"一带一路"倡议的国家级文化战略平台。

敦煌文博会已经成为民心相通的新平台、向西开放的新前沿和文化自信的新基点,在助力"一带一路"建设中彰显出大有可为的磅礴气势。而丝路沿线各国建设"和平之路、繁荣之路、开放之路、创新之路、文明之路"的美好愿景,也通过敦煌文博会这一平台和窗口,得到了完美诠释和呈现,更为"一带一路"沿线国家和地区深化合作、加快发展增添了动力、提供了机遇。

四、继承弘扬实事求是思想路线的科学精神,助力甘肃"一带一路"生态产业黄金段建设

习近平生态文明思想,为甘肃这样发展滞后、生态脆弱的地方,更好地统筹经济发展和生态环境保护指明了方向、提供了根本遵循。构建生态产业体系,核心就是贯彻落实习近平生态文明思想,坚持走好绿色发展之路,在发展中保护生态环境,用良好的生态环境保证可持续发展。

着力建设甘肃"一带一路"生态产业黄金段,就是要抓好落实甘肃省委《关于构建生态产业体系,推动绿色发展崛起的决定》,在发展清洁生产、节能环保、清洁能源、先进制造、文化旅游、通道物流、循环农业、中医中药、数据信息、军民融合十大生态产业上,坚定走好生产发展、生活富裕、生态良好的绿色发展崛起之路。省政府制定出台了《甘肃省推进绿色生态产业发展规划》,共确定了265个,总投资8200多亿元的绿色生态产业重点项目。随后,又逐个制订印发了十大生态产业专项行动计划，谋划设立了绿色生态产业发展母子基金，梳理形成了系统完善的十大生态产业政策汇编，从而搭建起了一个"1+1+10+X"的政策框架体系，明确了构建生态产业体系、推动绿色发展崛起的作战图和施工图，以此作为我省当前和今后一个时期高质量发展的主攻方向和奋斗目标。

五、继承弘扬不甘人后创新发展的自强精神，助力甘肃"一带一路"全域旅游黄金带建设

虽然甘肃文化旅游业发展取得了一定的成绩，但是作为文化旅游资源大省，与四川、陕西、河南等旅游资源大省相比，仍然存在较大差距。以2016年相关数据来看，2016年甘肃省接待游客1.9亿人次，实现旅游综合收入1220亿元，年度旅游综合收入首次跨入千亿元行列；而临近的四川省2016年接待游客则达到6.3亿人次，旅游综合收入达到7705.54亿元，陕西省接待游客4.49亿人次，旅游总收入达到3813.43亿元。甘肃应借助"一带一路"发展机遇，找差距、补短板、挖掘潜力、奋起直追，以释放出旅游业更大的活力和动力，从而实现从旅游资源大省向旅游经济强省转变。

发扬甘肃人不甘人后创新发展的自强精神，甘肃各地创新推出更加注重旅游体验和旅游品质的特色"旅游+"产品，以期满足不同游客差异化、个性化的需求，成为旅游新热点，升级传统旅游业的新动能开始显现。最新来自甘肃省旅游发展委员会的数字显示，2018年国庆假期甘肃省共接待游客1770万人次，比上年同期增长23.6%，实现旅游综合收入119.5亿元，比上年同期增长30.5%。

习近平总书记2015年在陕西考察时指出：老一辈革命家和老一代共产党人在延安时期留下的优良传统和作风，培育形成的延安精神，是我们党的宝贵精神财富。伟大的延安精神教育滋养了几代中国共产党人，始终是凝聚人心、战胜困难、开拓前进的强大精神力量。牢记总书记要求，全心全意为人民服务，密切党同人民群众的联系，坚决刹住"一带一路"黄金段建设弄虚作假、拉花架子等不良作风，扎扎实实推进甘肃经济社会各项建设，无论过去、现在和将来，延安精神都不能丢。

延安精神永放光芒

新时代下延安精神对甘肃发展的启示

成 芳

(兰州理工大学马克思主义学院)

摘要：延安精神是延安时期中国共产党人为挽救民族危机而形成的一种优良的革命精神，它具有恒久的价值和旺盛的生命力，是党和人民宝贵的精神财富。延安精神内涵丰富，博大精深。在新的历史条件下，甘肃大力弘扬延安精神，深入贯彻落实党的十九大精神，不断开拓创新，砥砺前行，奋力实现甘肃的新发展，可为早日实现伟大复兴的中国梦增光添彩。

关键词：新时代；延安精神；甘肃发展

一、延安精神的深刻内涵

（一）坚定正确的政治方向

坚定正确的政治方向，是延安精神的灵魂。中国共产党从成立之日起便把解放全中国、实现共产主义作为自己的奋斗目标。抗战时期，无数的有识之士为了革命事业而奔赴延安，在这里，他们革命热情高涨，追求理想和信念，探寻正确的救国之路。在延安这片土地上，无数的革命家不畏艰辛，坚定正确的政治方向，即便身陷困境，也不改变对党的忠诚。正是因为有了坚定的共产主义信念，中国共产党人才始终保持一种以苦为乐的革命情怀，为党的事业无私奉献，不惜牺牲自己的生命。

（二）实事求是的思想路线

解放思想，实事求是是延安精神的精髓。实事求是作为一种科学精神，它提倡真理和科学，而不是恐惧和迷信。其次，实事求是也是一种实践精神，它批驳夸大其词，主张理论和实际相结合，有明确的目标。真理的产生只能在实践中，真理也只能在实践中才能发挥自己的效力。坚持党的思想路线，坚持党的领导，坚持解放思想、实事求是、从实际出发、把人民群众对美好生活的向往作为奋斗目标，是改革开放四十年来的重点经验之一。

（三）全心全意为人民服务的根本宗旨

全心全意为人民服务是延安精神的核心。在延安时期，毛泽东撰写了《为人民服务》的著名文章以人民的切身利益为己任，这体现了党的品格和宗旨。延安时期是中国共产党历史上党和群众关系最为密切，党的群众路线贯彻得最好的一个时期。不管是党政职工、干部还是士兵都有意识地为人民办好事、办实事，培养了党和人民深切的感情。

（四）自力更生、艰苦奋斗的工作作风

自力更生、艰苦奋斗是我们党的优良革命传统。中国共产党经过艰苦卓绝的斗争，取得了巨大的成就，党和人民伟大事业的成功取决于党始终坚持艰苦奋斗的精神。从1921年上海成立中国共产党到井冈山时期土地路线的确立，从遵义会议历史性的转折到延安整风运动，从新中国成立到改革开放新的历史时期，回首党的过去，艰苦奋斗都发挥着极其重要的作用。

二、新时代弘扬延安精神的重要性

（一）弘扬延安精神是新时代全面建成小康社会的必要

到2020年要实现全面建成小康社会的目标是艰辛而困难的。在这种形势下，全国人民都应当团结一致，贡献自己的力量和智慧，主动参与全面建设小康社会的宏伟事业。为完成这一宏伟目标，就必须发扬艰苦奋斗的工作作风，争取到2020年全面建成小康社会。在现阶段，虽然我国经济的整体发展水平取得了一定的成效，但是与全面小康社会所要求达到的目标还有很大的距离。如此一来，只有大力弘扬延安精神，发挥延安精神的领导作用，才能把各种力量自上而下联合起来，凝聚到全面建设小康社会的伟大实践当中。

（二）弘扬延安精神是培养社会栋梁的方向标

新的历史条件下，弘扬延安精神对于国民整体素质和民族精神达到新的高度具有重要作用。同时这也与培养新时代有用之人、合格接班人有着密切的联系。如今，年轻人没有经历过艰苦的岁月，对于中国的国情以及近现代的历史也没有深入的认识，其中也不乏一些贪生怕死却推崇金钱至上的人，他们的人生观和价值观发生了一定的扭曲。延安精神是新时代青年提高自己

的一个指向标，为使自己成为社会的有用之人，青年便要在思想和行为上都有所省悟，不仅要遵守党章党规、把国家利益放在首位，还要吃苦耐劳、一往无前、勇于奉献，如此才能真正实现自己的人生价值。

（三）弘扬延安精神是保持党的先进性和纯洁性的一大法宝

长久以来，延安精神都是保持党先进纯洁的必要条件。习近平总书记上台以来，就加强党的作风建设、全面推进从严治党等发表了大量深刻的讲话。以人民为中心的发展思想要求党员干部作为人民群众的公仆，必须要以人民群众的利益为根本，无私为人民服务，拉近同人民群众的关系。同时，党员干部也要对自身有严厉的要求，严格遵守党的规章和纪律。现阶段，基于当前的国情，不管是全面建设小康社会，还是实现社会主义现代化都必须保持党的先进纯洁，而要做到这一点，就要依靠老一辈人优良的革命精神。

三、新时代下延安精神对甘肃发展的启示

（一）坚定信念，走好绿色发展之路

在党的第十九次全国代表大会上，习近平新时代中国特色社会主义思想被写入党章，成为我党的指导思想，这是历史发展的必然结果，是人民的美好愿望。在新时代下，习近平新时代中国特色社会主义思想是我党实施举措的基本指导，是国家开展行动的基本根据，是进行各项事务的基本保证。当前，甘肃正处于转型发展、脱贫攻坚、全面建设小康社会的攻坚期，作为西部的起点，甘肃的生态环境显得尤为重要。甘肃走绿色发展道路要深入贯彻十九大精神和习总书记来甘肃访问时的讲话，要坚定生态发展理念，努力建设好甘肃的生态文明。还要紧密关注甘肃的省情，推动甘肃生态文明建设的进一步发展。有鉴于此，甘肃相继出台了一系列有关生态环境的政策措施，坚定了绿色发展的道路，正努力为实现美好新甘肃的目标而奋斗。

（二）求真务实，开拓创新，加快构建新兴产业步伐

从根本上来看，甘肃经济的重要问题不仅仅关乎经济的增长速度，也关系到了经济增长的质量。甘肃的新兴产业、传统产业以及高新技术产业均具有很大的潜力和发展前景，特别是传统产业具有稳固而深厚的本土性。甘肃加快构建新兴产业要以习近平新时代中国特色社会主义为指导，落实党中央和省委下发的决策政策，求真务实，开拓创新。要从甘肃的实际情况出发，

重视传统经济结构的创新；对于传统经济模式中的弊端要进行革除；在吸取经验教训的基础上，高端制造业要不断提高自主创新能力，以提高资源整合能力和增强自身竞争力。

（三）以人为本，打好打赢脱贫攻坚战

以人民为中心的发展思想是贯通习近平新时代中国特色社会主义思想的一个主要的部分，这就要求甘肃在打好脱贫攻坚战的过程中要以人为本，从人民的根本利益出发。目前，甘肃面临的问题有很多，农业基础还不是很牢固，有关粮食增产、农民增收的体制机制还不健全，城乡居民的收入差距依旧在扩大，农村贫困人口的增收难度依旧很大，城乡之间发展差距的现状仍未改变。为打赢脱贫攻坚战，甘肃应从多方面下手采取措施，实现农业的产业化。实现甘肃农业的产业化，要稳扎稳打，要用政策留住人才、培育人才，要让这些人才扎根于农村的广袤天地，帮助农村农民通过发展农业实现脱贫的愿望。

（四）艰苦奋斗，积极融入"一带一路"建设

甘肃作为西北内陆经济欠发达的省份，在新的历史条件下要想实现跨越式发展，必须秉承我党艰苦奋斗的优良作风，积极融入"一带一路"建设。甘肃要培育一种新常态下的开放经济形式，第一，要搭乘"一带一路"的顺风车，让那些具有较大竞争优势的企业走出去发展，尤其是要抓住丝绸之路经济带这一通道走出去，与别的国家共同建立全球性的产销网络体系，进而扩大自己的发展空间，提升自己的经营管理水平；第二，要充分利用甘肃作为西北交通要塞和交通枢纽的地理优势，进而创建一个高效合理的社会治理体制，创设一种新形式的交流平台。

延安精神在长庆油田的时代价值研究

董宇 冷霞 郑博文 刘治栋 邹文选 李红星 罗尚贤

（长庆油田）

延安精神是我们党的传家宝，是中华民族宝贵的精神财富。今天的形势和条件同延安时期相比发生了很大变化，但中国共产党始终都在坚持和弘扬延安精神。

一、延安精神释义

延安，举世闻名的中国革命圣地，从1935年到1948年，中共中央和毛泽东在这里领导指挥了抗日战争和解放战争，奠定了中华人民共和国的基石，谱写了可歌可泣的历史篇章。也就是在延安，孕育了光照千秋的延安精神，其在中国的革命和建设中发挥了巨大的精神动力作用。延安精神是我们党，也是中华民族的宝贵精神财富，它对中国历史发展进程产生着巨大和深远的影响。

总体来说,延安精神内涵丰富,包括抗大精神、延安整风精神、南泥湾精神、延安县精神和张思德精神等。其核心内容是：坚定正确的政治方向的革命精神，是延安精神的灵魂；解放思想、实事求是的科学精神，是延安精神的精髓；全心全意为人民服务的公仆精神，是延安精神的本质；自力更生、艰苦奋斗的创业精神，是延安精神的特征。

二、长庆"磨刀石"精神与延安精神

长庆油田是目前我国油气产量最高的油田。四十多年来，长庆石油人秉承大庆精神铁人精神，在磨刀石上闹革命，低渗透中铸丰碑。尤其是近年来，按照中国石油建设"西部大庆"部署和要求，长庆油田已经成为近年我国陆上油气产量增长最快、最具成长性的大油气田之一。长庆油田也是中国最早有效开发的低渗透油气田，中国唯一跨五省区作业的油气并举的大油气田，中国最大的天然气管网枢纽中心，为保障国家能源安全做出了重要贡献。

长庆"磨刀石"文化诞生在鄂尔多斯盆地，是长庆人在开发陕北等油气区的过程中打磨提炼形成的，与延安精神一样，诞生在这片热土上，成长在"为国奉献、实现中华民族伟大复兴"的历史征程中，同根同源，共生共长。长庆人从延安精神中汲取了无穷的精神底蕴，并将其吸收融合成长庆文化的重要基因。这种基因，与"石油精神"和行业优良传统共融共生，打磨了独具特色的长庆"磨刀石"文化，成为大庆精神铁人精神在鄂尔多斯盆地的具体实践，也成为延安精神在石油工业发展中的全新阐释。

长庆人开发位于陕北延安的安塞油田，历史悠久。1970年12月，国务院、中央军委联合颁发文件，宣布成立了中国人民解放军兰州军区陕甘宁石油会战指挥部，随后根据兰州军区意见，又成立了陕西省石油会战指挥部，即长庆石油会战指挥部第一分指挥部，在陕北展开了大规模的石油勘探。1983年夏，位于陕北安塞县谭家营的中生界三迭系延长统塞一井长2油层获高产油流，日产64.45吨，鄂尔多斯盆地第一个亿吨级的整装大油田跃上黄土之巅。

长庆人攻克重重难关，终于走出一条经济、高效、特低渗透油田的路子，在石油界引起震动，创立了闻名世界的"安塞模式"，成为世界上为数不多的几个特低渗透油田之一。在安塞油田开发过程中，形成了享誉油田内外的长庆"好汉坡"精神。在长庆安塞油田，有一条巡井小路曾被当地人称作"阎王坡"，坡下的深涧叫"无人沟"，有"上了阎王坡，十人九哆嗦"的说法。这座山，坡度70度，稍有闪失就会滚落山崖。但是，山上有5口油井，爬"阎王坡"巡井，就是员工每日的必修课。没有路，他们凭借管线越沟、借山羊跑出的小径登山，风雨无阻，硬是踏出了一条英雄的路。这条路，被员工自己命名为"好汉坡"。并且赋诗道："好汉坡上好汉多，风似钢刀雨如梭，让那青春来拼搏，不愿岁月空蹉跎。"原石油工业部部长王涛同志曾两度登上好汉坡，感慨地说："作为一名老石油，这一生有两个地方让我感动，一个是塔克拉玛干，一个是长庆油田。"并激情题写了："安塞油田出好汉，好汉坡上好汉多。"现在这条路变成了463级台阶，变成了全国青年文明号，变成了中国石油企业精神的教育基地之一。这里每年都有千余名外界人士前来爬坡，做一回好汉，也把长庆人的精神留在心中。

正是在好汉坡精神的鼓舞下，长庆人挑战低渗透、攻克超低渗、解放苏里格，成功开发低渗、超低渗油气田，征服靖安油田、靖边气田、苏里格气田、西峰油田、姬塬油田等低渗透油气田，打开了有效开发的大门，形成了气壮山河的"磨刀石"精神。

三、延安精神推动长庆油田高发展

延安是革命的根，同时也是长庆油田的重要根基。延安精神中的"延安"，作为中国革命圣地，它的地理范围狭义上是延安市至延安地区，广义上可延伸到陕北地区和陕甘宁边区。延安同时也是长庆油田的诞生地，也是长庆精神的发源地，长庆精神广泛影响了整个长庆油田，当然也包括陕甘宁边区。长庆精神也是长庆油田多年以来不断进取和奋斗的表现和沉淀。

（一）延安精神是自力更生、艰苦奋斗的革命精神

艰苦奋斗是无产阶级的政治本色，也是延安精神的主要特色。一般称延安精神是自力更生、艰苦奋斗的革命精神。自力更生从根本上是一种革命主体精神，它内涵非常丰富，是自尊自爱的主体精神，是能动创造的主体精神，是自我解放的主体精神。艰苦奋斗是一种不屈不挠、奋发图强的创业精神，是一种不怕苦、不拍死的拼搏精神。艰苦奋斗工作作风不仅表现在认识世界方面，而且表现在改造世界方面，具体说在学习、工作、生活方面都需要艰苦奋斗。

在47年的发展历史中，长庆将"爱国、创业、求实、奉献"的大庆精神、"一切行动听指挥"的解放军文化和"自力更生、艰苦奋斗"的延安老区精神，融入到长庆发展的脉搏里，不断汲取现代管理先进经验和企业发展先进理念，形成了以"攻坚啃硬、拼搏进取"为精髓，以"忠、勇、诚、和"为核心的长庆文化价值体系。在长庆人的心里，蕴藏着"三个石头支口锅，三顶帐篷搭个窝"的创业豪情，蕴藏着"三老四严""四个一样"的优秀品格，更蕴藏着"自力更生，艰苦奋斗"的豪迈与激情。

（二）延安精神是全心全意为人民服务的精神

延安精神的价值层面集中表现在为人民服务这一命题中。全心全意为人民服务是中国共产党的最高宗旨，共产党人的一切言论行动，必须合乎最广大人民群众的最大利益。从政治角度来看，全心全意为人民服务是我们无产阶级革命事业的基本出发点和归宿。从伦理角度来说，为人民服务正是一种"毫无自私自利之心"的精神。毛泽东指出："从这点出发，就可以变为大有利于人民的人，一个纯粹的人，一个有道德的人，一个脱离了低级趣味的人，一个有益于人民的人。"

长庆企业文化始终把履行"三大责任"、服务油区人民作为重要使命，积极报效国家、回馈社会，大力支持地方经济社会发展，吸纳社会劳动力和企业共建油田，参与抢险救灾、扶贫帮困、社会公益活动。同时，倡导和鼓励员工奉献爱心。在陕北的大山深处，长庆采油三厂南一增压站的一群女工，16年来持续不断爱心接力，为小站附近的一所乡村小学义务授课，把城市文明传递给乡村孩子，被孩子们亲切地称为"红工衣老师"。从小站志愿组，到作业区帮扶，再到全厂接力，红色爱心薪火相传。央视《当代工人》栏目走进了南一增，"红工衣老师"的故事感动了越来越多的人，石油人的爱心，让"磨刀石"文化有了温度和脉搏，诠释了长庆人"奉献能源、创造和谐"的责任担当。

（三）延安精神是实事求是、理论联系实际、不断开拓创新的精神

实事求是首先是一种科学精神，它主张靠真理吃饭、靠科学吃饭，而不是靠吓人吃饭、靠迷信吃饭。其次，实事求是也是一种实际精神，它反对夸夸其谈、言行不一，它主张理论联系实际，有的放矢。真理只有在实践中才能产生，也只能在实践中才能发挥作用，产生实效。实事求是是科学精神和实际精神的统一。说老实话、办老实事、做老实人是实事求是精神的人格追求。

长庆油田始终坚持解放思想、理论联系实际、努力把握工作规律、研究新情况、解决新问题，不断推动石油产业向前发展。苏里格气田，是2000年横空出世的中国第一大整装气田。"苏里格"出自蒙语，含义是"半生不熟的肉"，有效开发难度在世界上独一无二，运用常规技术和建设模式，根本没有开发价值。为了让这个储量巨大的气田造福国家，从发现苏里格气田开始，长庆人就开始了艰苦攻关。长达5年的开发试验，集成创新了三大类12项配套开发技术，打开了苏里格有效开发之门。2005年，中国石油做出了"开放市场，引入市场竞争机制,加快苏里格气田开发"的重要决策。以市场招标的形式,实行了全新的"5+1"合作开发模式,由中国石油的5个单位和长庆油田合作开发,建立了资料共享、技术共享、信息共享的协作机制。一个在中国石油企业合作史上前所未有的模式,使承担气田建设的甲乙双方结成创业团队,畅通的技术共享,使合作各方都站在了别人成功的高点上,走得更快,做得更好。钻井成本大幅下降,单井产量有效提高,整体优势使开发总成本降低了40%,实现了苏里格的规模开发。从开发苏里格开始,长庆文化融入了"解放思想、锐意进取"的精神内涵,与延安精神一脉传承,推动长庆人开拓进取,建成了中国最大的油气田。

(四)延安精神是发扬党的优良传统作风,坚定正确的政治方向的精神

政治方向对于中国共产党来说,主要指它的革命理想、奋斗目标,当然也包括其革命道路。坚定正确的政治方向反映的正是革命政党和革命者的一种理想、信念。具体说来,延安精神中坚定正确的政治方向主要内涵包括三方面:其一,马克思主义的科学方面。也就是说,对于中国共产党来说,正确的政治方向就是马克思主义指出的方向;其二,共产主义社会方向。走社会主义道路,实现共产主义是我们的政治理想、奋斗目标;其三,爱国主义的价值方向。

新中国石油工业从诞生之日起,就坚持党的领导、听从党的召唤,与党和人民同呼吸、共命运。石油精神更是历代中央领导集体亲自培育、精心哺育出来的。作为大型国有企业,长庆油田始终保持政治上的清醒和坚定,坚持党的领导,弘扬石油精神,将党组织的政治优势作为文化建设最重要的资源加以整合配置,转化为推动企业科学发展的最大优势。实践证明,发扬党的优良传统作风,坚定正确的政治方向,是国企文化建设巨大的政治优势:既能在顶层设计中把方向、保大局,又能在基层实践中建堡垒、聚人心,厚植企业发展的文化根基。

延安精神集中体现了我们党的性质和宗旨,集中体现了我们党的优良传统和作风,集中体现了中国共产党人崇高品德和伟大情怀,是中国共产党和中华民族弥足珍贵的精神财富,更是激励长庆人不断前进的强大精神力量。面对当今许多的机遇与挑战,长庆人应积极地发展和弘扬延安精神,并在企业中形成一种凝聚的力量,坚持艰苦奋斗,全心全意为人民服务,通过实事求是、理论联系实际、坚持正确的政治方向、发扬党的优良传统作风、不断开拓创新,赢得新的发展的动力,渐使延安精神成为长庆油田的一种独特的企业文化,并以此来引导和激励员工、来实现企业目标。

延安精神和时代精神

范丽梅

（兰州交通大学马克思主义学院）

一、什么是延安精神

（一）延安精神的基本内涵

延安精神是在延安时期，以延安为中心的陕甘宁边区这片红色的土地上，中国共产党团结带领着广大军民，将马克思列宁的普遍原理与具体的中国革命斗争的实践相结合，继承和发展了井冈山精神、长征精神等革命精神，继承和发扬爱国主义、自强不息的中华民族的优秀传统文化，逐渐培育和形成的中国共产党成熟的革命精神。

（二）延安精神的主要内容

延安精神是一个内涵博大精深，外延十分广泛的伟大精神，它贯穿于经济、政治、文化、教育、社会生活等领域。总的概况起来延安精神的主要内容包括坚定正确的政治方向，解放思想、实事求是的思想路线，全心全意为人民服务的根本宗旨和自力更生、艰苦奋斗的工作作风。第一，坚定正确的政治方向，是延安精神的灵魂。一方面，政党的领导是坚持正确政治方向的根本。中国共产党是中国特色社会主义事业的领导核心，是实现中华民族伟大复兴的力量源泉，只有巩固和夯实中国共产党的领导地位，社会主义正确的政治方向才能得到有效保障。另一方面，坚定正确的政治方向还要坚持马克思主义的理想和信念。邓小平曾经指出："我们过去几十年艰苦奋斗，就是靠用坚定的信念把人民团结起来，为人民自己的利益而奋斗。没有这样的信念，就没有凝聚力。没有这样的信念，就没有一切。"理想信念是一个民族精气神的"钙片"，是经得起任何考验的精神支柱。第二，解放思想，实事求是的思想路线，是延安精神的精髓。1941年5月，毛泽东在延安干部会议上《改造我们的学习》一文中指出："'实事'就是客观存在着的一切事物，'是'就是客观事物的内部联系，即规律性，'求'就是我们去研究。"可以说，改革开放40年的伟大胜利，是中国共产党实事求是思想路线的伟大胜利。第三，全心全意为人民服务的根本宗旨，是延安精神的核心。延安时期的共产党人将为人民服务落实在行动上，一方面推行民主政治，构建起真正由人民当家作主、行使权力的政权结构，创造性地提出并实行"三三制"政权体制，开创了协商民主的先河；另一方面，推行廉洁政治，将严惩贪腐与激励奖廉相结合，既坚决惩处消极腐败份子，坚决维护人民群众的根本利益，倡导清正廉洁新风尚，坚决深入群众、深入基层同人民群众打成一片，塑造了中国共产党为民、务实、清廉的崇高形象。第四，自力更生、艰苦奋斗的工作作风，是延安精神的本质。自力更生、艰苦奋斗作为中国共产党的优良传统和作风，作为我们马克思主义政党的政治本色，是凝聚党心民心，激励全党和全体人民为实现国家富强、民族振兴的强大精神力量，是中国共产党保持同人民群众血肉联系的一个重要法宝。

二、什么是时代精神

（一）时代精神的基本内涵

时代精神是一个社会在创造性实践中激发出来的，反映社会进步的发展方向、引领时代进步潮流、为社会成员普遍认同和接受的思想观念、价值取向、道德规范和行为方式，是时代最新的精神气质、社会风貌和社会时尚的综合体现。我们当前进行的时代精神教育以改革创新为核心，包含了解放思想、实事求是、与时俱进、求真务实等丰富内涵。可见，时代精神是一种对社会发展具有积极影响和推动作用的集体意识，是社会的主旋律和时代的最强音。

（二）时代精神的当代价值

以改革创新为核心的时代精神，已经深深地融入了社会主义现代化建设的各个方面。首先，时代精神具有激励作用，有利于增强民族的自信心、自尊心和自豪感；其次，时代精神具有凝聚作用，加强对社会共同理想和信念的认同；最后，时代精神具有驱动作用，给现实生活源源不断的推动力。弘扬时代精神是坚持马克思主义与时俱进理论品质的必然要求，是中国共产党永葆生机的不竭源泉，是推动民族发展的强大动力，是在全社会真正形成尊重创造、尊重群众、鼓励创新风尚的客观需要。

三、延安精神和时代精神的关系

（一）延安精神是时代精神的基础

2015年，习近平总书记在延安视察时指出："延安时期是中国革命事业从低潮走向高潮、实现历史性转折的时期。老一辈革命家和老一代的共产党人在延安时期留下的优良作风培育形成了延安精神，是我们党宝贵的精神财富，我们共产党人要继续从延安精神中汲取力量。"可以看出，新时期延安精神依然是我们党获取精神力量的源泉。

（二）时代精神的发展与延安精神一脉相承

时代精神是民族精神的时代性表达，体现了社会在一定历史时期的思想观念、价值取向、精神风貌和社会风尚。它反映社会进步的发展方向，引领时代的进步潮流，是社会的主旋律和时代的最强音。例如改革开放以来形成的抗洪抢险精神、抗击"非典"精神、"载人航天"精神、"女排"精神等，都包含了延安精神的基本内涵，是对延安精神的继承和发扬，与延安精神一脉相承。

四、怎样把时代精神与延安精神相结合

（一）坚持和发展马克思主义，巩固马克思主义在意识形态领域的指导地位。社会主义核心价值观代表着社会的主流价值，是社会主义意识形态的本质体现。面对纷繁复杂的社会思想文化，我们需要用一元化的指导思想去引导多元化的价值取向，巩固马克思主义在意识形态领域的指导地位。

（二）充分发挥人民群众对传承发扬延安精神，弘扬时代精神的主体作用，坚持马克思主义的群众观点和群众路线，坚持向人民群众进行先进的理论教育，坚持向人民群众进行正面典型的学习教育。新时期，习近平总书记在十九大报告中指出："人民是历史的创造者，是决定党和国家前途命运的根本力量。必须坚持人民主体地位，坚持立党为公、执政为民，践行全心全意为人民服务的根本宗旨，把党的群众路线贯彻到治国理政全部活动之中，

把人民对美好生活的向往作为奋斗的目标，依靠人民创造历史伟业。"

（三）把以爱国主义为核心的民族精神和以改革创新为核心的时代精神有机统一起来。习近平总书记在第十三届全国人民代表大会第一次会议上的讲话中，将伟大的民族精神凝练概括为伟大创造精神、伟大奋斗精神、伟大团结精神、伟大梦想精神。延安精神是我党在革命战争年代培育和形成的革命精神，是中华民族精神的重要组成部分。延安精神不是定格于延安时代，而是与时俱进的，直到今天，延安精神依然是发展中国特色社会主义、实现中华民族伟大复兴强大的精神动力。而我们当下的时代精神，是在民族精神的基础上发展起来的，两者具有历史统一性。

（四）培养造就体现时代精神、勇于和善于改革创新的人才群体。人才是强国之基，是创新发展的基础性要素，是一个国家、一个地方发展的核心竞争力。政府应当贯彻党的十九大精神，深入实施创新驱动发展战略和人才强国战略，加快集聚国内外一流创新人才，打造创新人才高地，例如提供一些政策和资金支持，优化人才创新创业环境，推动人才队伍发展；应最大限度地激发和释放人才创新创造创业活力，使人才各尽其能、各展其才、各得其所，让人才价值得到充分尊重和实现。

结束语

延安精神体现了我党的马克思主义政党性质，体现了与人民同呼吸、共命运的优良作风以及与时俱进的思想风范。新时期我们要自觉地继承和发扬延安精神，大力推进时代精神，无论过去、现在和将来，延安精神都不能丢。

戈壁上的"绿色梦"：
金塔干部群众践行胡杨精神纪实

葛万鹏　章建福

（金塔县委宣传部）

在甘肃省金塔县西北与巴丹吉林沙漠接壤的地方生长着一片全国最大的人工胡杨林，这片近万亩的胡杨林以其"生而千年不死，死而千年不倒，倒而千年不朽"的伟岸身躯不仅阻挡了日夜肆虐的风沙，也激励着金塔县15万人民，在一望无际的戈壁沙漠上奏响了一曲曲绿色战歌。

一、背景

金塔县地处巴丹吉林沙漠边缘，全县2800多万亩的土地总面积中，沙漠化面积占64.4%，每年被风沙侵蚀的耕地达数千亩，是我省土地荒漠化和沙化危害非常严重的地区之一，同时也是阻止西北风沙东越南进的重要防线。

半个世纪以来，生活在风沙线上的两代金塔人坚持防沙治沙，至2014年，140多万亩沙化土地重新披上了绿装。近年来，金塔县提出了"生态建设产业化，产业发展生态化"的发展思路，并出台了一系列关于沙产业发展的政策措施，充分调动了社会各界参与治沙和发展沙产业的积极性。全县已累计发展沙产业3.5万亩，其中枸杞6000多亩，梭梭接种苁蓉1.5万亩，其他如沙棘和黑果枸杞等特色沙生经济作物1万多亩，沙化土地栽植葡萄1100多亩，发展各类节水设施农业1.18万亩。

绿色的日光温室，黄色的制种，紫色的葡萄，白色的羊群……如今，在戈壁绿洲金塔兴起了一个个富民增收的特色产业，群众战风沙、抗旱灾，正用辛劳和智慧浇灌着这一朵朵希望之花。

二、做法

（一）防风治沙镇黄龙

2014年春天，一场场沙尘暴如期而至。

刚刚走马上任的县委书记方学贵接到了一份特殊的来信。

"尊敬的方书记，您好！我是鼎新镇夹墩湾村党总支书记曹天勤……我代表夹墩湾村村民请方书记到我村现场调研，看看渠道和耕地受风沙侵害的情况，并盼望有更好的解决办法。"

"这是一份求助信，更是群众对我们的信任和期待。"方学贵立即到夹墩湾村现场调研，并决定组织机关干部开展义务植树。

4月24日，大风呼啸、黄沙漫天，但在鼎新镇夹墩湾村的一处风沙口却热闹非凡。

拉线、挖坑、植苗、培土，方学贵带领县四大班子领导和机关干部用实际行动践行着服务为民的承诺，把群众对党的信任书写在了夹墩湾村一望无际的沙滩上。

当地许多村民也自发加入到了植树造林活动中，100多名干部群众克服困难、分工协作，在风沙中磨炼着毅力，在风沙线上奏响了同心协力植绿治沙的乐章。当天共栽植杨树、沙枣、红柳等苗木3万多株，造林50多亩。县上还拿出了长远规划，逐步根治夹墩湾风害沙患。

金塔县干部职工开展防风治沙活动

延安精神永放光芒

2016年4月，金塔县启动了"共植胡杨·共享绿色"植树造林活动。这是金塔县打造胡杨品牌与建设绿色金塔有机融合的具体行动，是加强生态环境保护、改善人居环境、打造绿色金塔的创新务实之举。金塔县计划利用5年时间，整合节水灌溉、防沙治沙、退耕还林、义务植树等项目资金2.1亿元，通过义务植树、认建认养、共建共捐、对外招商等多种形式，完成以胡杨为主，其他树木为辅的人工造林3.2万亩，埋压沙丘2000亩，着力打造全国最大的人工胡杨林。

近年来，金塔县年均义务植树200万株，累计完成农田防护林1057公里；绿色通道429.2公里、治沙造林9.1万亩，人工措施治沙3.65万亩。同时还采取砾石埋压、栽插风墙、埋压草方格等传统办法，在各重点风沙口和流沙线上搬运土石方170万立方米，调运柴草2700万公斤，栽插风墙61公里，人工固定流动沙丘1.85万亩，阻止了流沙前移，使35%的移动沙丘得到基本控制，全县18个危害最严重的风沙口得到了有效治理，彻底结束了沙进人退的历史。

干部职工开展义务植树活动

(二) 温室大棚促增收

中东镇上三分村以前是个风沙口，而现在早已是树木成行，一座座小康住房在林木旁拔地而起，在防护林旁的耕地上，村民们还建起了一座座日光温室。"周围的树长起来了，风沙小了，我们才建起了日光温室。我这座日光温室种植了反季节韭菜，一年的收入在3万元左右，是过去收入的十多倍。能有这么好的收入，全赖这几年植树造林搞得好。"日光温室种植户王国涛说。

行走在金塔县的乡间道路上，随处可见一座座日光温室列队矗立，向人们展示着农村的勃勃生机。

羊井子湾乡是金塔县唯一一个整建制移民乡，在移民迁入建乡之前，这里"百里无人烟，满地长杂草"，基础设施建设几乎为零。经过多年的不懈努力，如今已是绿浪铺满滩，葡萄满枝丫。

把一个荒芜的戈壁滩，变成一个秀美的米粮川，羊井子湾乡移民群众靠的是艰苦奋斗，还有那"立志甩掉贫困帽子，与全县同步进入小康"的忘我拼搏精神。

"1992年，我们从永靖等地移民到这里，那时候家家耕地全种粮，虽然

羊井子湾乡农民种植的葡萄喜获丰收

肚子吃饱了，可口袋里的票子少得可怜。我们立志甩掉贫困帽子，与全县同步进入小康。2005年，乡上买来葡萄苗，动员我们种葡萄，乡亲们观望等待，我们村干部二话不说带头种，开始技术不过关，但咱们有这股拼命三郎的劲。等到后来我们成功了，赚钱了，乡亲们心里也有了底。现在大家是争着种、抢着种，一半以上的耕地都种上了葡萄。"

近年来，金塔县大力发展节水农业，以日光温室为主的现代农业蓬勃发展，让广大农民走上了产业致富的路子。目前，全县已建成日光温室7000多座，总面积超过1.18万亩，每年可实现经济收入2.2亿元，全县7300多户群众从中尝到了增收的甜头。

（三）光电产业谱新篇

工业基础薄弱，财政实力单薄，自然条件恶劣，这些既是金塔的县情，又是阻碍金塔发展的障碍。金塔要想发展，就必须拿出"有条件要上，没有条件创造条件也要上"的艰苦奋斗精神，化害为利，与太阳抗争，向太阳借能，踏上逐日的绿色发展新征程。

走进金塔县红柳洼光电产业园，一定会被一排排"硅板礼兵"迎接，它们岿然屹立于茫茫戈壁之上，斩落阳光，与天相接，默默地坚守着那一片希望的蓝色。

中电投9兆瓦光伏发电项目的管理和施工队伍来自青海、甘肃、四川等不同地方，语言、气候、饮食等都给他们的施工、生活带来了不小的障碍。刚来的第一个月，很多同志就由于不适应气候病倒了，有的人更是病得爬不起来，可是3个月过去了，却没有一个人退缩，他们都咬着牙坚持了下来。

对重点光电项目，金塔县实行县级领导、部门主要领导和重点项目单位三级包挂责任制，按照一个项目、一套班子、一套措施、一抓到底的工作机制，做好项目建设立项审批、协调服务和跟踪落实工作，营造了办事零差错、服务零投诉、发展零障碍的良好环境。

目前，金塔县红柳洼光电园已配套开发43平方公里（规划面积51.5平方公里），产业区基础设施累积完成投资1.4亿元，完成了20.56公里道路、21公里输电线路、26.4公里供水管道、15公里道路绿化、5.9公里排洪渠等基础设施工程，并配套建成了110kV电力输出系统。

正是在这一批建设者的忘我的工作下，金塔红柳洼建成和在建光电装机

金塔县红柳洼光电园区一角

468兆瓦,并网发电179兆瓦,万晟500兆瓦太阳能电池完整产业链一期投入试生产,成为目前全省光电装备制造业规模最大、产业链最完整的生产基地。

三、启示

从70年代开始,金塔人民不断继承和发扬胡杨精神,在一代又一代人的接力奋斗中,将地处荒漠的戈壁小城建设成绿树成荫、经济繁荣的"戈壁明珠城",其奋斗发展历程给我们留下来很多启示。

启示一:生态发展理念是绿色经济的前提,要想发展经济,必须改善生态环境。金塔县东靠戈壁西邻沙,加之地处偏僻,交通不便,地理环境十分恶劣。一直以来,金塔历届党委、政府都把防风治沙、植树造林作为重要工作职责,认真部署落实。近年来,金塔县响应习总书记"绿水青山就是金山银山"的号召,提出了"打造戈壁明珠城,建设酒嘉后花园"的发展目标,进一步加快了生态建设和绿色发展的步伐。

启示二:广泛动员参与是绿色经济的基础。在项目实施过程中,金塔县结合县域实际,广泛动员,全社会参与,先后组织县城机关干部职工3万多人次,每年利用半个多月时间,集中进行平整土地、挖坑换土、栽植苗木、架设输水管道、人工砾石压沙等工作。同时，在整合项目资源的基础上，多渠道筹集项目资金，并积极开展生态募捐活动，先后在金塔启动了"共植胡杨·共享绿色"倡议活动，与中国绿化基金会携手在北京启动了"我在金塔有棵胡杨，共植胡杨·共享绿色"倡议活动，为生态项目的实施奠定了坚实的基础。

　　启示三：因地制宜是绿色发展的关键。金塔地处戈壁、沙漠等复杂的地理环境当中，必须因地制宜，根据不同的地理特征采取不同的发展方式。经过反复实践论证，县上先后在风沙较大的城西沙漠区域种植抗风能力强、生命力顽强的胡杨林带；在东部戈壁建起了光电园区，引进一个个光电企业，大力发展清洁能源；在各乡镇半沙漠地带大力引导农民发展日光温室，种植葡萄、枸杞、西瓜等高效益果蔬，在绿化家园的同时，有效提高了农民的收入。

质量时代：三大精神支撑的建构路径

郭倩蓉

（兰州大学马克思主义学院）

2014年9月，李克强总理在中国质量大会上明确表示，21世纪是质量的世纪，在新的质量时代，我国要走质量强国、效益兴邦之路。2017年政府工作报告中指出："质量之魂，存于匠心。要大力弘扬工匠精神，厚植工匠文化，恪尽职业操守，崇尚精益求精，培育众多'中国工匠'，打造更多享誉世界的'中国品牌'，推动中国经济发展进入质量时代。"质量时代是现阶段踏上的新征程，需要特定的精神作为支撑。

一、质量时代的三大精神支撑

2016年5月，李克强总理在全国科技创新大会中指出："要把创新精神、企业家精神和工匠精神协同起来，形成社会发展的强大动力。"可以说，质量时代的三大精神支撑就是创新精神、企业家精神与工匠精神。

（一）工匠精神是核心

随着央视纪录片《大国工匠》的热播，让国人对精益求精、敢于创新的工匠精神有了更直观具体的认识和了解，让更多的百姓对工匠精神心存敬意。全国政协委员张震宇指出："所谓'工匠精神'，就是树立一种对工作的执着，对所做的事情和生产的产品精益求精、精雕细琢的精神。而'工匠精神'的重塑绝非一日之功，是整个社会从上而下的一个系统过程，需要从顶层设计、外部环境、国民教育、企业文化等多方面、多层次努力。""质量之魂，存于匠心。"工匠精神是产品的灵魂，也是一个民族的信仰与尊严。

（二）创新精神是动力

创新是一个民族进步发展的不竭动力，创新意味着继承与发展，意味着

"扬弃"。现阶段，我国面临的不是需求不足或没有需求，而是需求变了，产品质量和种类跟不上。近几年掀起的海购热潮，大到家电产品小及马桶盖、指甲刀，无不被国人争相抢购。之所以会产生如此的现象，一方面是我国的产品质量不能满足民众需求；另一方面则是产品的创新意识薄弱。作为科学技术第一原动力的创新精神，对于我国的经济发展有着重要的能动作用；同时，也为使我国成为质量强国提供着强大的精神动力。

（三）企业家精神是基础

如果说工匠精神涉及的是某一个领域，那么企业家精神就精细到了某一个企业。在一个企业中，作为领导核心的企业家，其影响触及整个公司。企业家精神，主要是指一种企业家组织建立和经营管理企业的综合才能的表述方式，是一种重要而特殊的无形生产要素。对于企业家来说，首先应具有工匠精神；其次应具有创新精神；再次，勇于探险也是企业家不可缺少的精神。总之，企业家精神是一种企业文化，小及一个企业、大到一个行业乃至整个国家都受其影响。

二、培育和弘扬三大精神支撑的重要性

弘扬和培育工匠精神、创新精神以及企业家精神无论从历史还是现实需求层面而言，都有着重大意义。

（一）对历史传统的继承与发展

在中华民族悠久的历史发展中，这三大精神支撑对于民族进步与强盛曾产生过巨大的作用。中华民族历来倡导爱岗敬业、精益求精的职业道德，早在古代，中国的陶瓷、丝绸就远销海外，深得海外友人的喜爱。这种深受民众喜欢的器物就是在有着工匠精神、企业家精神以及创新精神的氛围下生产出来的。此外，古人大多穷其一生都只是做一件事或几件相似的事情，《庄子》中记载的"庖丁解牛"就是工匠精神的一种表现形式。

当前，尽管我国位于世界第二大经济体，但我国的创新力远远低于一些发达资本主义国家。据2017年全球创新指数报告显示，我国的创新指数排名居于世界第22名，较往年相比有所进步，但从全球来看，我国的创新能力仍落后于部分发达资本主义国家。现在，我们比任何时候都更接近于实现中华民族伟大复兴的梦想，文化是时代进步与发展的动力，只有不断发挥精神文

化的重要作用才能实现伟大梦想。因此，弘扬和培育工匠精神、创新精神和企业家精神是对历史传统的继承与发展。

（二）实施人才强国、文化强国战略的内在要求

十九大报告指出："文化是一个国家、一个民族的灵魂。要坚持中国特色社会主义文化发展道路，激发全民族文化创新创造活力，建设社会主义文化强国。"意识形态的发展对于经济发展、政治发展有着巨大的能动作用，作为文化重要表现形式的工匠精神、创新精神和企业家精神，对于贯彻实施文化强国战略起着重大的推动作用。实施人才强国战略，关键在于培养人才；培养符合社会发展需要的人才，重在对于人才意识形态的引导。因此，新时期培育和弘扬三大精神支撑，是实施人才强国、文化强国战略的内在要求。

（三）加快建设创新型国家、实现中华民族伟大复兴的重要举措

十九大报告指出："创新是引领发展的第一动力，是建设现代化经济体系的战略支撑。"21世纪是质量的世纪，在新的质量时代，我国要走质量强国、效益兴邦之路。建设创新型国家离不开优秀的劳动者大军；走质量强国之路少不了前沿的技术引领。工匠精神重在精益求精、创新精神重在开拓创新、企业家精神离不开锐意进取，实现"两个百年"奋斗目标、实现中华民族伟大复兴的中国梦，必须坚定不移把发展作为党执政兴国的第一要务，发展离不开人民，更离不开精神层面的积极引导。我国的发展现实表明，弘扬和培育工匠精神、创新精神和企业家精神是推动质量时代进程、实现伟大梦想的必要手段。

三、质量时代三大精神支撑的建构路径

伟大时代需要伟大精神作为支撑。质量时代，如何让工匠精神、创新精神以及企业家精神发挥其应有的作用，需要有具体的建构路径。

（一）转变传统观念，营造社会良好氛围

现阶段，"干技工不如坐办公室"的偏见，在一些人当中依然存在。实际上，两者之间只有分工的不同，并无高低贵贱之分。"中国科学院院士、清华大学原校长顾秉林曾举例说，加州理工大学的前身是图普工艺技术学院；麻省理工学院是为美国的工业化而建校的，校训是理论与实践并重。两所世界顶级学府，不约而同都将吉祥物定为'海狸'——向自然界的筑坝高手表示致敬。

世界知名学府很多都是从应用技术教育'起家',紧随国家的社会经济战略转型、紧密联系实践,参与最前沿的工程和相关研究。"因此,培育和弘扬工匠精神、创新精神和企业家精神,首先就要转变传统观念,消除民众对于技术层面人员的认知偏见,为弘扬质量时代的三大精神支撑营造良好的社会氛围。

(二)完善制度建设,培育良好企业文化

良好的企业文化能够带动一个企业乃至整个行业的发展。企业文化作为一种隐形的生产要素,对生产力的发展有着巨大的引导作用。作为企业的管理层,要充分发挥带头引领作用,一方面要积极鼓励首创精神、设立奖励激励制度;另一方面,要重视人才的选拔和任用,培养高精尖人才,发挥人才各自的优势,努力为本行业服务。作为国家层面的领导阶层,要完善相关制度建设。对于传统优秀工艺的传承,要与时俱进,积极鼓励相关人才培养,做好工艺的传承与发扬工作。此外,政府应设立工艺保护制度和创新制度,不断精细工艺的扬弃与发展。

(三)培育人才大军,实施创新驱动发展战略

我国历来倡导科教兴国和人才强国战略,人才是制造强国建设的第一动力,只有培育出优秀的劳动者大军,才能使我国的经济得到长足发展。第一,要加强劳动者队伍人才建设,培养一批专业的技术人才,为我国的经济发展提供人才保障;第二,加强在岗人员培训,不断对其进行深造,使其与时俱进;第三,向先进看齐,向先进学习。让具有高端技术的工作人员培育下一辈,使其向着更好的方向发展;此外,要激发和保护企业家精神,弘扬劳模精神和工匠精神,营造一种劳动光荣和精益求精的良好风尚。实施创新驱动发展战略,是对创新精神的有力宣扬。一方面,我们要鼓励企业家树立一种勇于创新、敢为人先的首创精神;另一方面,我们要加大对技术创新、管理创新等新的创新方式的鼓励与发展,让民众在获得实际效益的同时肯定创新精神、工匠精神以及企业家精神所产生的巨大作用。

(四)坚定文化自信,提升文化软实力

中华文化源远流长,博大精深,工匠精神、创新精神以及企业家精神,归根到底以我国的优秀文化作为道德支撑。十九大报告指出:"要强化教育引导,实践培养、制度保障,发挥社会主义核心价值观对国民教育、精神文

明创建、精神文化产品创作生产传播的引领作用,把社会主义核心价值观融入社会发展各方面,转化为人们的情感认同和行为习惯。"爱国、敬业、诚信、友善是社会主义核心价值观的主要内容,也是中华优秀文化对于社会主义工作者的基本要求,更是质量时代三大精神支撑的思想来源。坚定文化自信,要求我们要坚持马克思主义为指导,牢牢掌握意识形态工作领导权;要求我们坚守中华文化立场,自足新时代中国现实立场。提升文化软实力,要求我们致力推动文化事业和文化产业发展、繁荣发展社会主义文艺、加强思想道德建设,更要培育和践行社会主义核心价值观。简言之,坚定文化自信,提升文化软实力是培育和弘扬质量时代三大精神支撑在国家意识形态层面的重要举措。

总的来说,工匠精神、创新精神以及企业家精神是质量时代的三大精神支撑和动力源泉,只有对其不断进行培育和弘扬,才能使我国的经济发展得到长足进步,才能实现我国的质量强国目标,才能为把我国建设成为社会主义现代化国家提供精神动力。

在"一带一路"引领下,金塔县发展通道经济的对策思考

李 杰
(中共酒泉市委党校)

党的十八大以来,面对复杂的国际政治经济形势和繁重的国内发展改革任务,以习近平同志为核心的党中央着眼于我国"十三五"乃至更长发展时期,统筹国内国际两个大局,提出了建设"丝绸之路经济带"和"21世纪海上丝绸之路"的伟大构想。倡议提出四年来,"一带一路"建设已取得丰硕成果,为推动各国合作发展、繁荣稳定做出了重大贡献。2017年5月14日至15日,"一带一路"国际合作高峰论坛在北京举行,习近平总书记发表重要讲话,对"一带一路"倡议做出新的阐述,这标志着中国改革开放和世界合作发展步入新的历史阶段。

在不久前召开的推进"一带一路"建设工作5周年座谈会上,习近平总书记强调,要一步一个脚印推进实施,一点一滴抓出成果,推动共建"一带一路"走深走实,造福沿线国家人民,推动构建人类命运共同体。一带一路"建设5年来的丰硕成果,体现着为沿线国家带来的巨大发展机遇。2016年11月,联合国大会在决议中首次写入"一带一路"倡议;2017年10月24日,中共十九大将推进"一带一路"建设等正式写入党章。风劲扬帆正当时,在新的历史起点上,"一带一路"建设必将在全面深化改革开放、推动构建人类命运共同体的光明道路上砥砺前行。

甘肃省根据省情实际,计划利用拥有古丝绸之路贯穿境内1600多公里的战略通道和商埠重地的优势,打造丝绸之路经济带的黄金段。酒泉在建设丝绸之路经济带战略中,具有承东接西的独特优势。历史上,酒泉位于丝绸之

路的中段，自古以来就是中国与欧亚各国交通贸易和文化交流的咽喉要道和商埠重地。古丝绸之路的南道、北道和中道在酒泉交会，横贯酒泉全境近800公里，占整个丝绸之路7000多公里的十分之一，占甘肃境内1600公里的一半以上，丝绸之路经济带的建设使酒泉的经济社会发展面临又一个千载难逢的机遇。丝绸之路经济带的规划和建设将是继西部大开发之后，今后若干年甘肃和酒泉振兴的"助推器""催化剂"和"风向标"。

古丝绸之路是古代亚欧互通的商贸大通道，通过这条贯穿亚欧的大道，中国的丝、绸、绫、缎、绢等丝制品，源源不断地运向中亚和欧洲，中国和中亚及欧洲的经济商业往来迅速增加。同时古代丝绸之路有力地促进了东西方的文化交流，对促成汉朝的兴盛产生了积极的作用，也使得沿途城镇商贸、加工和服务业迅速崛起，使这些小城镇变得异常繁荣。可以说，古丝绸之路就是我国历史上最早的通道经济。

一、在一带一路发展背景下，金塔经济融入丝绸之路经济带的可行性思考

金塔县地处河西走廊中段北部边缘，古丝绸之路沿线；东与高台县毗邻，西与玉门市接壤，南临肃州区和嘉峪关市，北靠内蒙古额济纳旗，驰名中外的酒泉卫星发射中心坐落于县境内东北部；处在张掖和酒（泉）-嘉（峪关）经济圈辐射区内，承东接西，连南通北，地理位置十分重要，在丝绸之路经济带建设中，具有得天独厚的优势。

一是区位优势开始凸显。金塔县扼守全市东北大门，东进张掖高台，西出嘉峪关玉门进连霍高速可达新疆，南接肃州区，向北经阿拉善右旗进入内蒙，处在古"丝绸之路"和"居延古道"的交汇点上。这种四通八达的独特区位优势，使金塔县在交通枢纽中处于重要和关键位置，成为必经之地。多年来，金塔由于条件制约，真正的向外通道只有肃州区一个方向，是"死胡同"，境内没有国道铁路，交通不便，环境闭塞，严重制约经济社会发展，被干部群众戏称为丝绸之路上的"盲肠地段"。随着经济社会发展，现在这种局面正在改变，酒航路开通后，经卫星基地向内蒙阿拉善右旗的北通道已经打通，可以用最短的距离通过内蒙进入华北乃至全国；东西方向的金塔至嘉峪关、金塔至高台高等级公路正在建设；境内有号称国内最大的"县级机场"——

鼎新机场，与国内北京、西安、成都等大城市相连；酒航铁路正在规划当中。一个东西贯通，南北连接，陆空交错的立体通道正在形成，便捷的交通网络为发展通道经济，融入丝绸之路经济带奠定了良好的基础。

二是新型能源丰富。至2013年年底，金塔县累计获批光电项目708兆瓦，建成和在建光电装机468兆瓦，并网规模居全市第一；县域内土地广袤，资源丰富，新型能源的开发能为酒泉千万千瓦级风电基地"调峰填谷"提供保障。如果在河西新能源基地建设中争取更多产业分工与合作份额，并引进高载能项目就地消纳，将大大提升金塔县新能源开发利用力度，为县域经济的发展增砖添瓦。

三是工业体系初步形成。金塔县以农产品加工为主的多条农业循环经济产业链已初具规模，以光电为龙头的新能源工业前景广阔，以矿产品开采及精深加工为主的高载能循环企业迅速崛起。红柳洼光电园区、金鑫工业园区和北河湾工业园区基础设施建设日趋完善，吸纳企业、聚集产业的功能显著增强，工业体系基本形成，新型工业发展潜力很大。而便利的交通条件为工业产品的迅速流通提供了保障。

四是特色农业基础好。全县日光温室、特色林果、设施养殖等特色产业迅速发展，"五千元"以上高效田达到10.6万亩，培育了一批现代农业示范园和农业产业化龙头企业，规范农民专业合作社39个。较好的农业基础和农产品加工项目的实施，将有力地带动和壮大金塔特色农业的发展。

五是旅游资源丰富。金塔县有相对独特的旅游资源，全县共有旅游资源点171处，涉及到地文景观、水域风光、生物奇观、气候与自然现象、历史遗址、现代科技等。县境内共有世界级资源1处，国家级资源6处，省级资源9处，市级资源25处。2010年，在联合国旅游促进会和中国旅游营销协会等组织举办的"国际旅游论坛"上，江西省资溪县和甘肃省金塔县被评为两个"中国最具特色旅游名县"，2011年被评为"原生态中国知名文化休闲度假旅游胜地"。尤其是航天、胡杨和居延汉简品牌在国内具有较高的知名度，开发利用前景广阔，资源优势明显。随着"十二五"旅游产业规划的实施，金塔县旅游的基础和服务设施不断完善，管理逐步规范，服务水平不断提高，将有力地助推通道经济的发展。

二、加大改革开放力度，助推金塔发展通道经济融入丝绸之路经济带

所谓通道经济，就是以地理环境相联结为前提，以发展城市经济为中心，以交通干线为依托，以经济合作为纽带，交通干线的省际之间、城乡之间、各产业之间建立密切的经济联系，通道经济区中实行城乡分工，地区分工，形成一个主干线贯通，支线流畅，横向到边，纵向不断延伸的工业、农业、商贸、旅游等产业全面发展的新的经济网络。也可以说就是以交通网络为纽带，把通道沿线的经济体联系起来，带动本地经济发展的方式。

发展通道经济，对金塔来说，是主动融入丝绸之路经济带的必然举措。因此，我们必须在正确理解通道经济内涵、准确把握通道经济特征的基础上，结合金塔的具体实际，研究解决好发展通道经济的有关问题。

一是注重把发展"通道经济"与挖掘地缘交通优势与调整和优化生产力布局结合起来。不能把通道经济等同于路边经济，单纯地以为发展加工业即是发展通道经济。金塔应以大项目为抓手，发展壮大新能源、建材、农产品加工等优势产业，助推经济结构调整和优化升级。"轴"就是依托交通大通道，辟建布局合理、分工互补协作的沿线产业带，形成经济大走廊。比如，以交通沿线重点集镇和跨境合作为依托，吸引产业、物流、专业市场的集聚，以点带面，发展通道经济。"片"就是以交通网络为主导，延伸经济辐射范围，带动区域经济整体联动发展。

二是以交通枢纽建设牵动发展特色优势产业。从"通道经济"城市演进规律看，许多大中城市都是在水路、陆路交通比较发达的基础上发展起来的，都有自己鲜明的特色。金塔是农业大县，但不是农业强县，制约农业发展的因素依然是相对滞后的经营方式、封闭的生产方式和有限的市场容量。大通道能连接大市场，使农产品物畅其流，从而大大提升现代农业的发展水平。因此必须有特色农产品、形成规模效应，培育和注册一批有影响力的特色农产品商标，通过大通道进入大市场；培育农产品加工业的产业集群，延伸产业链条，增加产品附加值，实现经济效益最大化的目标。

三是强调构建更加开放的发展格局。"通道经济"是一种开放经济。在通道经济体系中，交通运输是一个具有基础性和先导性的产业，对通道经济发展具有杠杆作用，有了顺畅的交通网络，才能方便商品迅速流通。金塔虽

然已经成为公路总里程达到2162公里的大县，但位置偏僻、地广人稀、远离交通主干线的现实没有根本改变，所以必须加快改善以交通为重点的基础设施，建设以大通道为主骨架，纵横交错、四通八达、高效运转、快速便捷的交通网络，达到通道建设与区域经济发展紧密互动的良性循环。

四是把通道经济作为推动工业化、城镇化的重要手段。交通要道、要地必然汇集人流物流，带动城镇空间拓展。从古至今，交通要塞和交通聚集点都是城市发展最快和经济较发达地区。

几点措施建议：

1.加大宣传，解决好思想认识问题。发展通道经济，主动融入丝绸之路经济带，不仅仅是一个发展机遇，更是在经济全球化、一体化背景下对县域经济总体产业布局的一次调整和优化。

2.着眼长远，科学编制通道经济总体规划。编制一个融入丝绸之路建设的科学的通道经济总体规划，按照大通道、大资源、大区域、大市场的思路，构建外向型、跨区域的经济格局。

3.大力发展旅游业是发展通道经济的有力抓手。旅游业能迅速吸引和聚集人流、信息流和资金流，要高标准打造胡杨、航天、汉简等精品旅游项目，高层次优化旅游发展环境，高密度开展旅游宣传促销，高水平挖掘旅游文化内涵，高质量推进旅游基础设施，利用媒体扩大金塔县优质旅游商品的知名度。以打造"金塔特色文化旅游品牌"为目标，从加大投入力度、改善基础设施、挖掘文化内涵、加强产品开发、强化行业管理入手，努力把旅游产业培育成县域经济发展的支柱产业。

4.加强领导，解决好政府服务问题。通道经济的发展速度、发展质量和发展水平，取决于政府的服务质量和服务水平。发展通道经济，必须要把服务型政府建设放在首位，为招商引资提供全方位的优质服务。

浅析延安精神的时代内涵

李璐璐

（酒泉市一中）

精神的力量，永远是推动党和国家事业不断前进的重要保证，无论过去，现在，还是将来。恩格斯说过，地球上最美的花朵是思维着的精神。莎士比亚说过，就是石撸，就是铜墙铁壁，就是密不透风的土牢，无论多么坚固的锁链，都不能阻挡坚毅的精神力量。伟大的精神产生伟大的力量，大到一个国家一个民族，小到一个地区一个企业乃至个人，有了精神的支撑，就有了开拓创新的勇气，知难而进的锐气，蓬勃向上的朝气。19世纪下半叶，面对"煤油源源不断运进中国来，白银源源不断流到外国去"，中国人靠自己的力量，翻开了近代石油工业的开篇；20世纪，石油人战戈壁、斗沙漠、搏大海，使石油从陆上拓展到海洋，从东部扩展到西部，从国内扩展到国外，为中国经济腾飞立下了卓越功勋；进入21世纪，中国石油在海外成功上市，油气勘探继续获得一系列重大突破，进入新的发展期。一部石油发展史，就是一部发扬延安精神、开拓创新的历史，就是一部艰苦奋斗、为国奉献的历史。

塔山，滚滚延河水。一说起延安，人们都会感到分外亲切，油然而生敬意。这不仅是因为，延安在革命战争年代曾是我们党的指挥中枢和战略后方，党中央和毛泽东主席在这里运筹帷幄，作出了关系中国革命前途命运的一系列重大决策，为夺取全国政权奠定了坚实基础；还因为，这片神奇的土地，孕育了伟大的延安精神。延安精神是我们党的传家宝，是中华民族宝贵的精神财富。我们今天的形势和条件同延安时期相比发生了很大变化，但中国共产党人无论现在和将来都要坚持和弘扬延安精神。

延安是思想的摇篮，革命的圣地。我们党在28年艰苦卓绝的新民主主义革命历程中，延安时代是决定中国命运的伟大转折时期。自1935年10月至

延安精神永放光芒

1948年3月,我们党在陕北和延安这13年里,在以毛泽东为核心的党中央领导下,取得了彪炳史册、决定中国革命命运的历史功绩,特别是在这13年奋斗历程中,孕育和塑造了伟大的"延安精神",引领着"山沟里走出的土八路"由小变大,由弱变强,"小米加步枪"打败了日本侵略者、国民党统治集团,取得了新民主主义革命战略性胜利。"延安精神"是共产党人的精神支柱,不管在革命时期,还是在社会主义建设和改革开放时期,为我们党不断走向胜利提供了不竭动力;"延安精神"也成为我们党根据时代发展要求不断开展思想建设的理论和实践起点和源头。

在建党90周年之计,举国上下掀起了学习延安精神的热潮,需要强调的是要学好延安精神,我们要从延安开始、从精神的内涵学起。最重要的是我们不只是学习,要把延安精神付诸于实践。

我国党和军队的根据地,勤劳勇敢的老区人民用生命和鲜血哺育了中国革命;延安是中国抗日战争的总后方,在极其残酷的条件下,广大军民开展了自己动手、丰衣足食的特大生产运动,为夺取革命胜利奠定了物质基础;延安是毛泽东思想从形成、发展到成熟的圣地。毛主席关于中国革命的政治路线问题、军事问题、党建问题、哲学问题等一系列具有代表性的理论著作大多是在延安撰写的,党的"七大"把毛泽东思想确立为党的指导思想也是在这里。在我们党的历史上,马克思列宁主义同中国实际相结合的第一次历史性飞跃就是在延安实现的。

延安精神,自力更生、艰苦奋斗的创业精神。我们党是靠艰苦奋斗起家的,我们党和人民的事业是靠艰苦奋斗不断发展壮大的。回顾党的历史,从在上海成立到井冈山时期,从遵义会议到延安时期,从西柏坡到夺取全国政权,从新中国成立到改革开放新时期,我们的每一个成就、每一次胜利,都离不开艰苦奋斗。遭遇第五次"反围剿"失败后,革命势力蒙受重大损失,被迫进行战略转移。爬雪山,过草地,历经艰辛,最后到达陕甘宁地区,跳出了敌人的包围圈。但形势却不容乐观,外有帝国主义的威胁和国民反动势力的经济封锁,内部面临着极其恶劣的自然环境,常年干旱,沟壑纵横,作物生长困难,致使边区条件异常艰苦,物质奇缺,生活困难。在此严峻形势下,我党临危不乱,带领广大军民开展大生产自救运动,所以才有了后来一系列脍炙人口的边区轶事,"毛主席缴公粮"和后来南泥湾著名的"三五九旅"。①艰苦奋斗是工作作风,也是思想作风,是我们党的优良传统和政治本色,是凝聚党心民心、激励全党和全体人民为实现国家富强、民族振兴共同奋斗的强大精神力量。这是一条极其宝贵的历史经验。

延安精神,就是全心全意为人民服务的精神。延安时期是我们党在中国局部地区建立人民政权并不断扩大执政区域的重要时期。我们党历来把为中国广大人民谋利益作为自己的根本宗旨,在延安时期又响亮地提出了"为人民服务"的口号并在全党认真实践。那时的陕甘宁边区政府,被誉为"民主的政治,廉洁的政府"。当年驻延安的美军观察组成员说:"这里不存在铺张粉饰和礼节俗套,没有乞丐,也没有令人绝望的贫困现象,人们的衣着和生活都很俭朴,人民之间的关系是坦诚、直率和友好的。这里也没有贴身保镖、宪兵和重庆官僚阶层的哗众取宠的夸夸其谈。"井冈山是中国革命史上一颗璀璨的明星,是新中国的发祥地。延安精神与井冈山精神可谓是一体同袍,一脉相承。延安精神中随处可见井冈山精神的身影。南昌起义后,革命势力受到反动势力的重挫,面对着强大的敌人,想到革命势力的薄弱,在这种岌岌可危的形势下,我党带领广大爱国官兵,英勇抗敌,用血泪和生命捍卫着自己崇高的共产主义信仰,这就是坚定的政治立场赋予他们的神圣力量。今天我们家喻户晓的"三大纪律,八项注意"正是由井冈山时期的"三大纪律,六项注意"过来的,其内容也不尽相同,后者是对前者的继承和发扬。②中国共产党就是以对人民的无限忠诚赢得了人民的拥护和支持。

延安精神,就是理论联系实际、不断开拓创新的精神。延安时期是我们党科学总结正反两方面经验,成功地推进马克思主义中国化、在理论上实现第一次历史性飞跃的时期。毛泽东同志的许多重要著作,如《中国革命战争的战略问题》《实践论》《矛盾论》《论持久战》《新民主主义论》《论联合政府》等,都是在延安时期完成的。毛泽东思想正是在延安时期逐步成熟并正式写到了党的旗帜上。可以说,没有开拓创新,既不会有延安精神,也不会有毛泽东思想。今天我们要在新形势下弘扬延安精神,仍然要坚持与时俱进、开拓创新。

---

① 陈俊岐.延安轶事[M].北京:人民出版社,1991年.
② 刘华清.刘华清回忆录[M]:北京:解放军出版社.

延安精神永放光芒

延安精神，实事求是的思想路线。用实事求是来概括我们党的思想路线，也是在延安时期。实践表明，只有解放思想，才能达到实事求是；只有实事求是，才是真正地解放思想。在新世纪新阶段，按照十六大的要求，切实做到老祖宗不能丢，又要说新话；经典著作要认真读，又要写出新篇章；革命传统要弘扬，也要创造新办法。切实做到发展要有新思路，改革要有新突破，开放要有新局面，各项工作要有新举措，这就叫作坚持解放思想，这也叫作坚持实事求是。

延安精神是我们中国共产党人的党魂，它所形成的一套优良传统和作风是我们革命事业胜利的根本保证。毛泽东多次强调："共产党人的一切言论行动，必须以合乎最广大人民群众的最大利益，为最广大人民群众所拥护为最高标准。"[1]在延安时期，陕甘宁边区政府被称为"民主的政府、廉洁的政府"。它真正是人民自己的政府。美国记者斯蒂尔访问延安后，深有感触地说："我觉得在延安访问中，有三件事使我感动而且深刻起来。第一件是我体味到共产党常常说的'为人民服务'，在延安所亲见的各种具体事实，我认为是货真价实的。""不到延安实在不能深触到中国问题的内脏，到了延安使我对中国问题的认识深化了。""真的，我要在延安住上十天，那我一定也将变成一个共产主义者！"

在延安时代，那时政府的官员当官不像官，他们是人民的勤务员。政府没有徇私舞弊、以权谋私、贪污腐化的不良作风。南洋华侨陈嘉庚先生访问延安后说："县长概是民选，官吏如贪污五十元者革职，五百元的枪毙，余者定罪科罚，严令实行，犯者无情面可袒护优容。"之所以"只见公仆不见官"，就在于在政治上我们是真正民主的，共产党人和领导干部是真心实意为人民服务的。而在近年来，由于放松了党的建设，加之自由化思想的影响，一些党组织和党员干部中滋长了官僚主义、主观主义、形式主义和消极腐败等严重脱离群众的现象，一些人由"社会的公仆"变成了人民的老爷，三心二意为人民，全心全意为个人，以权谋私，损公肥私，毫不利人，专门利己，贪污盗窃，行贿受贿。这些腐败现象其本质是为人民服务的思想淡漠了，民主精神和公仆精神丧失了。毛泽东说："县委以上的干部有几十万，国家的

---

[1] 毛泽东选集（第三卷）[M].北京：人民出版社，1991年.

命运就掌握在他们手里。如果搞不好，脱离群众，不艰苦奋斗，那么，工人、农民、学生就有理由不赞成他们。""要把官僚主义方式这个破坏的家伙抛到粪缸里去，因为没有一个同志喜欢它。"所以，对全体党员尤其是领导干部进行延安精神的教育，有着十分重要的意义，对当前廉政建设有着直接的现实效应。

延安精神不是空头政治，发扬延安精神也不是喊空口号，延安精神也有其经济建设方面的直接效应。早在《关于正确处理人民内部矛盾的问题》中毛泽东就指出："要使全体干部和全体人民经常想到我国是一个社会主义大国，但又是一个经济落后的穷国，这是一个很大的矛盾。要使我国富强起来，需要几十年艰苦奋斗的时间，其中包括执行厉行节约、反对浪费这样一个勤俭建国的方针。"邓小平同志也曾指出："中国搞四个现代化，要经过老老实实地艰苦创业，我们穷，底子薄，教育，科学、文化都落后，这就决定了我们还要有一个艰苦奋斗的过程。中国这样的社会主义大国，不可能走'捷径'……我们利用外国的资金和技术，也要大力发展对外贸易，但是必然要以自力更生为主。我们的党员、干部、特别是高级干部，一定要努力恢复延安的光荣传统，努力学习周恩来等同志的榜样，在艰苦创业方面起模范作用。"江泽民总书记在1989年9月视察延安时说："把经济搞上去，靠什么方针？还得靠发扬延安精神，归根到底要艰苦奋斗，自力更生，勤俭持家，勤俭建国。"可见，"艰苦奋斗"也是一条经济建设的基本方针。

社会主义精神文明是社会主义的重要特征，是社会主义优越性的重要表现。今天，社会主义精神文明的建设任务非常迫切，特别是近年来，我们工作中存在着一手硬一手软，政治思想工作淡化了，革命传统教育不讲了。加之现代西方资产阶级思潮的影响，旧的封建残余思想泛滥，许多解放后绝迹的东西，死灰复燃了。什么"共产主义渺茫论""社会主义失败论""马克思主义过时论"颇有市场。总之，在精神文明方面存在着种种丑恶现象，急需改变。

发扬延安精神首先就是要把坚定正确的政治方向放在第一位，对全体人民进行共产主义理想教育，进行社会主义必然代替资本主义的教育，从而解决人们的"信仰危机""信心不足"的问题。其次，发扬延安精神，就要重视道德建设，用以集体主义为核心的共产主义道德教育人，提倡"毫不利己，专门利人""人人为我，我为人人"的道德风尚，克服和抵制"专己打算""人不为己，天诛地灭""人人为自己，上帝为大家"的资产阶级自私自利的腐朽道德。最后，对全民族进行艰苦朴素、勤俭节约的教育，反对铺张浪费、肆意挥霍、大手大脚的败家子作风，树立社会主义主人翁和"过紧日子"的思想。同时要使全体人民学习马克思主义，学习科学文化知识，从根本上提高全民族的素质。我党在延安时期在这些诸多方面都有宝贵的经验。延安精神就是这些经验的升华。

总之，延安精神作为民族精神和时代精神汇流的中国精神，在近代、当代都有着不可估量的现实意义，研究和宣传延安精神已经成为现时代精神文明建设的一项伟大工程。时代变了，但精神的力量不变；环境变了，但精神的力量犹在。今天，我们既面临改革开放、实现新世纪宏伟蓝图的伟大任务的召唤，又面临着遏制与反遏制、颠覆与反颠覆、演变与反演变的尖锐的国际环境，任务更加艰巨，情况更加复杂。在这样的形式下，就更需要发扬艰苦奋斗、为国分忧的延安精神。

继承和发扬延安精神，绝不是简单地照搬，而是要结合实际不断赋予新的内容，使其勃发全新的时代生机。在新的形势下，既要确立坚定不移的政治方向，又要坚持实事求是的思想路线；既要坚持全心全意为人民服务的宗旨，又要用好自力更生、艰苦奋斗的法宝，坚定不移地推进改革开放和现代化建设。

继承和发扬延安精神，应坚定正确的政治方向，坚持实事求是的思想。当今世界，国际国内形势正在发生广泛而深刻的变化，各种思潮相互碰撞，不同文化、价值观随着经济全球化进程的加速推进而不断袭来；在社会主义市场经济条件下，利益格局多元化、生活方式多样化、社会地位差异化，对党员的思想观念和政治信仰提出新的挑战和考验，同时也对党员干部提出了新的更高要求。党员干部特别是领导干部要在错综复杂的环境中进一步提高政治敏锐性和鉴别力，就必须坚定正确的政治方向，任何时候、任何情况下，都必须坚持理想信念不动摇、革命意志不涣散、奋斗精神不懈怠，将理论与实践相结合，把理论拿到实际工作中去检验，再由实践中获得理论。这样就能更好地获得理论真理。

继承和发扬延安精神，应全心全意为人民服务，保持党同人民群众的血肉联系。延安时期，为减轻群众负担，党在各抗日根据地实行减租减息，并开展大生产运动，组织广大干部"自己动手，丰衣足食"，极大地改进了党的作风，密切了党群关系。新时期，党员干部应牢记党的宗旨，坚持立党为公、执政为民，努力践行"三个代表"重要思想，实现好、维护好、发展好最广大人民的根本利益；坚持群众路线，坚持依靠群众发展、尊重群众创造、汲取群众智慧、成果群众共享，始终与人民群众同呼吸、共命运、心连心；切实加强思想作风、学风、领导作风、工作作风和生活作风建设，率先垂范，求真务实，切实树立和展示领导干部优良作风和形象。

继承和发扬延安精神，应倡导克勤克俭、艰苦奋斗。党的十一届三中全会以来，党领导人民冲破种种思想禁锢，克服种种艰难险阻，勇于开拓创新，极大地调动起人民群众的积极性、主观能动性，涌现出一大批英雄模范人物。但是怕艰苦、图享乐，只思索取不愿奉献，工作漂浮，搞形式主义，做表面文章，不思进取的干部也大有人在。因此，倡导艰苦奋斗的创业精神，对实现十七大提出的宏伟蓝图是十分必要的。"我们党是靠艰苦奋斗起家的，也是靠艰苦奋斗发展壮大、成就伟业的。"艰苦奋斗，永远是社会主义现代化建设的力量源泉。

新时代的新青年，时代的发展要求我们在继承原有的精神力量基础上，将其发扬光大，但并不是一成不变的。新时代，面对新挑战，我们必须与时俱进、开拓创新，结合实际不断赋予新的内容，使其勃发全新的时代生机。新时代，要有新的延安精神，这里不是说要改变延安精神的正确理论，而是要将现有的延安精神进行升华，跟上时代的步伐，更好地完善延安精神，为祖国的繁荣昌盛尽上自己的一份力量。

延安精神永放光芒

《读者》：发展轨迹充满人文关怀

李玉政

（甘肃省延安精神研究会副会长）

　　《读者》，是党的改革开放的阳光雨露在陇原大地培育出来的一朵鲜艳花朵，也是甘肃出版人不断激发民族文化创新创造活力，始终坚持中国特色社会主义文化自信所取得的丰硕成果。

　　《读者》诞生在经济欠发达的甘肃，其发行量居亚洲第一、世界前列，2018年最新品牌价值达302.23亿元。《读者》曾连续多次入选全国百种重点社科期刊奖，入选中国期刊方阵"双高"（高知名度、高学术水平）期刊，连续三次荣获中国出版奖，连续四次获得国家期刊奖。2011年时任中共中央政治局委员、书记处书记、中宣部部长的刘云山同志在《读者》杂志创刊30周年庆典前夕动情地赋诗一首："扎根陇原黄土地，常念万千读者情。根深叶茂一棵树，秀木葱茏已成林。"著名作家贾平凹曾赞叹："作为一本文学杂志，又是出现在中国西北的边城，见证和参与了一个时代，影响了广大人民群众的生活，《读者》简直创造了一个奇迹。"中国期刊协会前不久新聘任的专家张伯海先生在研究了国内外期刊后指出："从全世界来看，像《读者》这样定位的刊物都很少见，这是一本独一无二的刊物。"

　　《读者》的巨大成功吸引了一些领导和众多的学者、出版人、文化人研究探讨《读者》所产生的文化现象、经济现象、社会现象。2004年8月27日，中宣部出版局、新闻出版总署、中国期刊协会和甘肃省委宣传部联合在北京召开了"品味、质量、效益——《读者》之路研讨会"，时任甘肃省委常委、宣传部部长的陈宝生同志和新闻出版总署副署长石峰同志共同主持了这次研讨会。2014年1月8日，中国期刊协会又一次在北京召开了《读者》编辑思想研讨会。《读者》现象所产生的文化影响力和学届的关注度是何等的广泛和深远。《读者》创造了改革开放以来我国文化战线的一个奇迹,《读者》无疑已成为我国期刊在全球的一个亮丽的品牌,是甘肃一张耀眼夺目的文化名片。

纵观《读者》长达37年的办刊历程,一批一批的办刊人呕心沥血,持续探索,始终坚持中国特色社会主义文化发展道路,站在党和人民的立场上,以为人民谋幸福、为民族谋复兴为宗旨,一以贯之地坚守人文关怀这条红线。《读者》办刊人认为,只有人性的东西才可以征服人心,一本杂志要想获得长久的发展和青睐,必须打破各种局限,坚持以人民为中心,从人性的立场出发,从全人类的角度,去表现普遍的人性。基于这种思想认识,《读者》在37年的办刊实践中业已形成了以人民立场、人性立场、文明立场和时代立场为主要特征的人文关怀基本立场,并将以人民为本的人文关怀、文化关怀、情感关怀、成长关怀、对社会发展的关怀和《读者》的当代价值以及未来走向,很好地体现在贴近时代、贴近生活、贴近读者的办刊实践中。37年来一批批的《读者》编辑们坚守人类能够共同接受的人性这一命题,以人文关怀为标尺,从纷繁海量的各类文章资料中淘金般地挑选和整理出能充分表现人性光辉的各类信息和耐人寻味的美妙故事。《读者》的编辑们把她当作一个活生生的"人"来培养,努力使《读者》的内容直指不同层次的读者心灵,不懈地使一期期的《读者》杂志有思想、有追求、有风骨、有情致、有志趣、有格调、有性格、有风韵、有自己的喜怒哀乐、有自己的幸福家园和自己的自然环境。《读者》的编辑们赋予《读者》杂志这种人格化的编辑思想,使杂志成为人性的启发者、心灵的慰藉者、读者个人成长的促进者和实现人性价值的研发者。《读者》杂志伴随着我国改革开放和社会主义现代化建设日新月异的历史进程,从一棵树长成一片林,并且保持长久的生命力,是人文关怀的办刊理念的成功,宗旨的成功,思想的成功,文化的成功。"博采众长、荟萃精华、启迪思想、开阔眼界"的办刊宗旨奠定了《读者》的基本文化架构,使刊物能够立足中国传统文化,包容世界优秀文化,同时关注人性、关注仁爱、关注成长、关注社会,虽居中国西北一隅,却具有世界的视野、现代的眼光,符合人类进步和时代发展的大趋势。《读者》坚持以人民为根本和人文关怀的办刊理念,成就了这本杂志今天的地位,也蕴藏了《读者》杂志的光荣和梦想。冒昧地归纳梳理《读者》杂志发展轨迹充满人文关怀的特点,有以下几个方面:

1.《读者》的人文关怀是一以贯之的，具有永恒性

从办刊理念方面看，阅读品味一期期精美的《读者》杂志就会发现，从《读者》初创期和成长期的"博采中外、荟萃精华、启迪思想、开阔眼界"到发展期的"选择了《读者》就是选择了优秀文化"，到快速拓展期的"与读者一起成长""中国人的心灵读本"和"《读者》的人文关怀"。《读者》杂志的编辑们根据党和国家各个时期、各个阶段新的形势、新的任务、新的要求不断地调整着办刊思想。各个时期每个阶段的办刊思想的提法虽然不同，但细细揣摩，办刊理念之中实质上蕴含的是一以贯之的人文关怀思想。从期刊内容方面看，《读者》从初创期和成长期在刊物上介绍各方面知识，播下知识、人性、爱和爱国的种子，到发展期"贴近时代、贴近生活、贴近读者"刊物稿件的选择，增加了对社会、时代和文化的关注，让不同层次不同年龄的读者都能在杂志中寻找到属于自己的那一份美好的精神食粮，再到拓展期"始终如一的关怀"，帮助读者积淀文化、完善素养，建立正确的价值观，推动实现人的现代化。阅读品味一期期精美的《读者》，不难看出《读者》的人文关怀始终如一地体现在刊物丰富的内容之中。

2.《读者》的人文关怀是全方位的，具有和谐性

坚持人文关怀是《读者》的基本使命，《读者》杂志又是人文关怀的实践载体和巨大舞台。从1981年《读者》出版的第一期到现在的16亿多期，《读者》杂志表现在各个时期的人文关怀是全方位的，是一种从个人到社会，从家庭到国家，从道德到科技、经济、政治、文化、文明、生态等方面的整体模式。《读者》刊发的文章涉及社会各个方面，包括环境、教育、公平和正义、法制、"三农"、户籍制度等社会发展进程中的问题。《读者》成功地以媒体的视角对社会发展中出现的各种问题进行了广泛而深入地探讨，将积极正面的思想源源不断地注入读者精神家园，给人们容易浮躁的心灵带来宁静，塑造了乐观向上、积极进取、善良平和的价值观，从而把思想性、知识性、趣味性融为一体，以一种细雨润物的方式推动社会和个人的进步和谐。这种全面完整的人文关怀相互映衬、相互补充、相互交融，息息相关，共同构建起了《读者》人文关怀坚固的大厦。

3.《读者》的人文关怀是与时俱进的，具有时代性

回顾《读者》37年的发展历程，《读者》杂志的编辑们根据各个时期发生在国内有重大影响的重要事件不断调整办刊理念,以适应社会的发展变化,使《读者》的人文关怀体现出时代的主旋律,具有很强的时代感。创刊初期的 1981 年至 1984 年,正是党的十一届三中全会提出改革开放时期,也是我国正面临"文革"之后文化知识断层阶段,《读者》以介绍改革开放的先进思想、科学知识、传统文化和西方的优秀文化为内容。同时,这一时期的《读者》针对"文革"十年发生在中国大地上许许多多人性扭曲的惨剧和给民族带来巨大创伤的惨痛现实,增加了对"文革"反思和控诉的伤痕文学作品。人文关怀通过《读者》传媒给人们播下知识和人性的种子,引起共鸣,很快引起了社会的关注。《读者》成长期的 1985 年至 1989 年这一时期,依据当时中越边境军事冲突和中英签订香港在 1997 年 7 月 1 日回归祖国的《关于香港问题的联合声明》,这两件举世瞩目的大事件,《读者》增加了弘扬中华文明和爱国主义的内容。《读者》发展期的 1990 年至 1999 年这一时期,正是 1992 年邓小平发表南方讲话,提出加快改革开放步伐,集中精力把经济建设搞上去的阶段。根据邓小平南巡讲话后我国掀起新一轮改革开放和经济建设高潮的新形势,《读者》在编辑思想上更加关注时代、社会和文化,增加了进一步解放思想、解放社会生产力和进一步增强社会创造活力、进一步推动改革开放的内容。如此,《读者》就是这样紧密地与时代脉搏合拍,与现实生活契合。《读者》进入快速拓展期的 2000 年至今这个阶段,根据 2001 年中国成功加入世贸组织、申奥成功和举办奥运会等世界关注的重大事件,《读者》联系人们对新世纪充满憧憬的现实,进一步增加了全面的人文关怀的内容,体现了《读者》的文化关怀、情感关怀、对个人成长及实现人生价值的关怀和对社会发展的关怀。党的十八大以来,《读者》的人文关怀融入中国梦,不忘初心,牢记使命,始终坚持以人民为中心的办刊理念,增加了新时代、新思想、新征程、新作为和全世界炎黄子孙为实现中华民族伟大复兴而不懈奋斗的内容。至此,《读者》的人文关怀的编辑思想,在中国特色社会主义道路自信、理论自信、制度自信、文化自信的激励下,更加成熟,更加全面,更加科学,更加定型。

4.《读者》的人文关怀是不断升华的,具有创新性

《读者》的人文关怀在肯定人的价值,尊重人,关怀人,使个人得到发展、价值得以实现的目标下,吸取了西方的文明和中国传统文化的精华,又融入

延安精神永放光芒

了当代中国特色社会主义经济建设、政治建设、社会建设、生态文明建设和精神文明建设的内容，人文关怀的思想得以不断深化、不断发展、不断升华。比如在体现个人成长及实现人生价值关怀方面，根据自我实现的需要是最高等级的需要和人文关怀最终需要通过人的成长及实现人生价值来检验关怀的实际效应的标准，《读者》用人文的视角来思考中国人的生存、生活和发展现状，筛选和梳理这方面的大量信息呈现给读者，使《读者》真正成为促进个人成长及实现人生价值的理性平台，起到了媒体人文关怀的实际作用；特别是针对人的成长需要各种知识的实际，以浅显易懂的美文大量地介绍了包括哲学、历史学、社会学、教育学、心理学、文学、经济学等方面的知识。《读者》通过大量的文章促进了个体成长和进步，推动了社会的进步和国家的发展。诸如此类的创新办刊编辑思想，既体现了国家意识形态的主旋律，又有普通百姓的文化消费和精神诉求，杂志整体呈现出多元的文化格局，使不同年龄、不同经历、不同职业、不同文化程度和文化背景的人都能够寻找到展示自己的阅读领域。《读者》这种坚持改革创新的编辑思想历久弥新，难能可贵。《读者》的编辑们以提高国家文化软实力，推动文化繁荣兴盛为己任，为决胜全面小康社会和实现中华民族伟大复兴，提供了坚强的思想保证和强大的精神力量。新时代，新征程，新作为，新篇章，《读者》是中国梦的追梦人，也是中国梦的圆梦人。相信，《读者》的编辑们会以习近平中国特色社会主义思想为指引，全面贯彻落实党的十九大精神，在坚定文化自信的康庄大道上，紧紧围绕实现中华民族伟大复兴的中国梦，坚持知行统一，以全面深化改革为契机，确定新目标，推出新举措，坚持不懈地以人文关怀的思想持续传递社会正能量，讲好中国故事，在建设全民族共有精神家园的伟大实践中有更大的作为，让中国人一天比以天更加接近自己的梦想。

浅析延安精神对共产党人的价值

牟 杨

(西北师范大学社会发展与公共管理学院 2018级硕士研究生)

延安精神是中国共产党在革命战争时期，在为争取民族独立和人民解放事业的不懈奋斗中，在延安极其艰苦的自然环境下，所集中体现出来的理想信念、精神风貌、思想品德、工作与生活作风的精华；坚定正确的政治方向，解放思想、实事求是是延安精神的思想路线，全心全意为人民服务是延安精神的根本宗旨，自力更生、艰苦奋斗的创业精神是延安精神的主要内容。延安精神是一代又一代中国共产党人继承和发扬的宝贵精神财富。习近平曾指出："伟大的延安精神滋养了几代中国共产党人，始终是凝聚人心、战胜困难、开拓前进的强大精神力量。"

一、理想信念是共产党人的第一力量

坚定正确的政治方向是延安精神的灵魂。坚定的理想信念给共产党人提供了源源不断的奋斗动力。习近平曾指出："理想信念是共产党人的精神之'钙'，必须加强思想政治建设，解决好世界观、人生观、价值观这个'总开关'问题。"在延安时期，一大批老一辈无产阶级革命家和仁人志士不畏牺牲和危险，不顾自己身陷囹圄，将丧亲失友的痛苦抛开，在物质条件极为匮乏的艰苦环境中，追求信仰，英勇抗争，奉献青春和生命。这些革命者和战士绝不是为了一己私利，在革命队伍中有许多人是离开自己富裕的家庭环境参加革命，许多原本是放弃优厚待遇参加共产党领导的革命的国民党将领，众多的优秀人才也选择放弃原本安逸优越的生活条件来到延安。他们是为了国家的独立、民族的解放和人民的幸福，奉献出自己的青春甚至是生命，这是不容置疑并彪炳史册的事实，同时也说明了坚定正确的政治方向是共产党人的第一力量。

二、追求真理是共产党人的正确路线

实事求是延安精神的核心内容，是延安精神的理论基础和思想基础，正确指导着共产党人的实践。实事求是探求事物的本质规律和追求真理的方法，每个时代都有每个时代的问题，而真理就是解决时代问题的钥匙；所以说，谁理解和把握了真理，谁就有可能站到了时代的最前沿，成为了所在时代的先进分子和引领者。

真理不会自己自动进入到我们的头脑当中，也不会现成摆在某个地方等着我们去拿，而是需要我们最大限度解放思想，始终坚持实事求是，深入实际调查研究，使理论和实际相结合，最终把握住真理从而找到解决问题的钥匙。仅仅把握住真理，但不被具体的人所理解和运用，则不能转化为正确的路线方针政策，因此，具体的人必须坚持真理，并且理解和运用真理。所以，谁掌握了真理，谁就能发挥巨大的影响力，谁就能团结更巨大的力量。常言道："得道多助，失道寡助。"是不是真理，不是由某个人所决定的，而是要接受实践的检验，只有实践才是检验真理的唯一标准；而能经受起实践检验的真理，才是真正意义上的真理。不论是在革命战争年代，还是在建设和改革年代，历史已经多次证明，错误的思想路线必然会给党和人民的事业造成不可挽回的巨大损失，但是，在反思和纠正错误后一定又会回到正确的道路上来。

三、依靠群众是共产党人的立足之本

全心全意为人民服务是延安精神的内涵所在，是共产党人从始至终的立足之本。毛泽东曾指出："共产党人的一切言论行动，必须以合乎最广大人民群众的最大利益，为最广大人民群众所拥护为最高标准。"中国共产党自成立之日起，就举起了一面旗帜，即全心全意为人民服务，这就是中国共产党的根本宗旨。中国共产党始终代表着中国最广大人民的根本利益，而不是哪一个或哪几个利益集团的特殊利益。这一点从革命到建设再到改革，一路走来从未改变。

人民群众是真正的英雄，而共产党人是人民的公仆，必须确立马克思主义群众史观。延安时期,党员干部深入到群众中间去,向群众学习,到处只见公仆不见官是当时延安时期的一道风景;党员干部充分发扬民主,给人民群众以实实在在的利益,得到了广大人民群众发自内心的拥护和支持。中国共产党把人民的利益放在首位,正如毛泽东所指出的:"老百姓拥护共产党,是因为我们代表了民族与人民的要求。但是,如果我们不能解决经济问题,如果我们不能建立新式工业,如果我们不能发展生产力,老百姓就不一定拥护我们。"延安时期,中国共产党人以人民的现实利益和困难为自己的利益和困难,建医院、办保育院、开设识字班,解决了人民的实际困难,满足了人民的现实需要。

四、艰苦奋斗是共产党人的制胜法宝

自力更生、艰苦奋斗是延安精神的最鲜明的特征,也是中国共产党人夺取一个又一个新胜利的法宝。自力更生、艰苦奋斗,是共产党人应该具备的政治品格和精神风貌,其充分体现了一个毫无私利、始终以人民解放事业为自身使命的无产阶级政党的政治本色,是实现党的路线方针政策的重要保证。毛泽东曾指出:"我们民族历来有一种艰苦奋斗的作风,我们要把它发扬起来。要把现在许多人中间流行的那种自私自利、贪生怕死、贪污腐化、萎靡不振的风气,根本改变过来。"新中国一成立,毛泽东又强调:"全国一切革命工作人员永远保持过去十余年间在延安和陕甘宁边区的工作人员中所具有的艰苦奋斗的作风。"之后,毛泽东又多次强调:"根本的是我们要提倡艰苦奋斗,艰苦奋斗是我们的政治本色。"

在延安时期,用极为简陋的武器装备打胜了一场又一场战斗,用双手和锄头开展了轰轰烈烈的大生产运动,用信仰和真诚团结了一大批拥护和支持革命的力量,这些都是"自力更生,艰苦奋斗"最生动的体现。和革命战争年代相比,虽然现在的各方面条件有了巨大改善,但也面临许多新的问题,全面建成小康社会和实现中华民族伟大复兴中国梦还有很长的路要走,所以"自力更生,艰苦奋斗"的精神必须继续发扬和保持。

在延安精神之中所蕴含的这些时代价值,对新时代的中国共产党人来说,不仅需要继承和坚持,而且还要在以后的实践中进一步发扬光大。要以习近平新时代中国特色社会主义思想为指导,进一步弘扬延安精神,继续保持第

延安精神永放光芒

一力量,经常补精神之钙,坚定中国特色社会主义的理想信念,克服精神懈怠的危险,保持纯洁性;要继续坚持正确的路线,求真理和思想之真,把握客观规律,克服能力不足的危险,保持先进性;要继续巩固立足之本,强化与群众的血肉鱼水之情,克服脱离群众的危险,保持公仆性;要使用好制胜法宝,继续坚持自力更生,艰苦奋斗,克服消极腐败的危险,保持前进的可持续性。中国共产党人必须同时把这四种力量汇聚起来,形成强大的正能量,为党和国家、人民做出更大的贡献。

培育和弘扬民族精神的实践与思考

马 玲

(中共张掖市委宣传部)

民族精神是民族思想意识和行为方式的历史积淀,是一个民族区别于其他民族的显著标志。大力培育和弘扬以爱国主义为核心的民族精神,就能充分激发每一位中华儿女的爱国情怀和报国行动,就能最大限度凝聚共识,团结一切可以团结的力量,调动一切可以调动的积极因素,汇聚起推动经济社会发展的强大力量。本文着重结合实际,就如何培育和弘扬民族精神谈一点看法和体会。

一、民族精神的实质及其思想内涵

民族精神是一个民族赖以生存和发展的精神支柱。其具体表现及核心实质是——爱国主义。任何一个国家、一个民族要发展繁荣,离开了爱国主义,是不可能的。有资料表明,世界各国均对自己的国民,尤其是青少年进行爱国主义教育。被人们戏称为"自由王国"的西方发达国家,也讲爱国主义。他们崇尚"不要问国家能为你做些什么,先问你能为国家做些什么!"。他们富有很强的民族自尊心和自豪感,总是自恃"我作为一个国民是幸福的,是值得骄傲的"。他们不仅一贯对国民,包括对儿童灌输这种思想,还采取多种形式不断强化。就拿国旗来说,每逢节日、庆典或集会,家家户户,包括汽车上都挂着国旗。不仅如此,他们在很多产品上也印有国旗的标志,连儿童的电子游戏,都有组合国旗的类似项目,由此西方人的爱国主义情感和爱国主义教育可见一斑。在我国,中华民族是一个具有强烈爱国情结和爱国传统的民族,经过历史的不断演进,最终形成了以爱国主义为核心的团结统一、爱好和平、勤劳勇敢、自强不息的伟大民族精神。

二、民族精神在社会历史进程中的作用

民族精神是一个历史范畴,在社会发展不同时期、不同阶段,有着不同的时代烙印。早在2000多年前,我们民族的先哲就响亮地提出"天行健,君子以自强不息"的口号,在先哲们的启发下,在全社会逐步建立起了"自强不息,厚德载物"的人生态度,爱国诗人屈原、精忠报国英雄岳飞、抗倭英雄戚继光以及七下西洋的郑和等,具有民族气节,具有爱国情结的民族英雄不乏其人、比比皆是。经过中华文明的不断积淀,民族精神薪火相传,越燃越旺,井冈山精神、长征精神、延安精神、红岩精神、西柏坡精神就是革命战争时期中华民族精神的突出表现。在和平时期,中华民族精神又有了崭新的表现,在研制"两弹一星"的过程中,形成了"热爱祖国、无私奉献,自力更生、艰苦奋斗,大力协同、勇于攀登"的"两弹一星"精神;航天工作者在长期的奋斗中铸就了"特别能吃苦,特别能战斗,特别能攻关,特别能奉献"的载人航天精神;广大人民群众在与洪水的搏斗中,形成了"万众一心、众志成城,不怕困难、顽强拼搏,坚韧不拔、敢于胜利"的伟大的抗洪精神。在新的历史发展时期,我们的党以其高度的敏锐、高度的自觉,把弘扬和培育以爱国主义为核心的民族精神提到了治国兴邦、实现伟大"中国梦"的高度,作为社会主义核心价值观的主要内容摆到了全党全社会面前。实践表明,千百年来,以爱国主义为核心的民族精神都是凝聚中华民族、推动中国发展的伟大精神动力,是中华民族最深厚的民族情感和精神支柱,是激励全国人民团结奋斗的光辉旗帜。

三、培育和弘扬民族精神的几点考虑

十九大报告提出:社会主义核心价值观是当代中国精神的集中体现,凝结着全体人民共同的价值追求。习近平总书记指出:"实现中国梦必须弘扬中国精神,这就是以爱国主义为核心的民族精神和以改革创新为核心的时代精神。"作为宣传思想工作者,怎样培育和弘扬民族精神?怎样把人民群众中蕴藏的爱国情感和报国之志充分地激发出来,并转化为推动经济社会发展的强大力量?这需要我们认真研究思考。现结合工作实际,谈如下肤浅的认识和想法。

（一）精心设计载体，大力开展集中性主题教育活动

一要充分借助我国传统节日，大力开展"我们的节日"主题活动。要以春节、元宵节、清明节、端午节、中秋节、重阳节为重点，通过广泛组织群众性民俗活动和基层文化活动，广泛开展送电影下乡、送戏下乡、送文化下乡活动，引导人们认知传统、尊重传统、弘扬传统，增进爱党、爱国、爱社会主义情感。近几年来，我市利用春节、元宵节开展各种文化活动，利用清明节开展"缅怀革命先烈、弘扬民族精神"主题活动，都对增进广大干部群众爱国主义情感起到了潜移默化的作用。

二要以重大纪念活动为契机，切实抓好"纪念日"系列教育活动。围绕"五一""五四""六一""七一""八一""十一"等重大纪念日，面向不同人群，组织开展涉及范围广、群众参与广泛的爱国主义教育活动，使人们在参与中受到深刻的教育和启迪。近年来，我市先后组织开展的纪念建党97周年系列活动，举办的纪念红军长征胜利80周年系列活动，组织开展的庆祝中华人民共和国成立69周年大型系列活动等，都使人们在参与中尽情抒发爱国情怀、升华爱国情感。

（二）充分利用舆论阵地，努力营造爱国主义教育浓郁氛围

一要充分利用报纸广播电视等主流媒体和网络电子屏幕等新型媒体，搭建媒体宣传教育平台。无论何时，媒体都是我们做好宣传教育工作的主阵地、主战场。近年来，我市新闻媒体开设"砥砺奋进的五年""喜迎建党97周年""我与我的祖国""共和国建设者"等专栏专题，联合制作的反映红西路军革命历史的《西征的红军》《西路军魂》等数部专题片等，为深化爱国主义教育提供了良好的教育舆论氛围。

二要利用公益广告牌和墙报专栏，制作爱国主义教育宣传口号，张贴爱国主义教育宣传画，书写爱国主义教育宣传标语等，搭建社会宣传教育平台，努力使人们在社会日常生活的各个方面，都能随时随处受到爱国主义思想和民族精神的感染和熏陶。

（三）借助精神文明创建平台，把爱国主义教育贯穿其中

一要坚持寓教寓乐，着力抓好群众性文化活动。多种形式的文化活动是我们开展宣传教育的好载体、好渠道，也是人们喜闻乐见、易于接受的好形式。近年来，我市每年都组织各级宣传文化部门和文艺团体精心策划，创作编排了

延安精神永放光芒

一批爱国主义题材的优秀剧（节）目，深入乡镇、社区演出。坚持把爱国主义教育与开展"三下乡"活动、实施"千台大戏送基层"有机结合，增强了教育效果。同时，开展各类歌咏戏曲比赛、书法绘画摄影展览、影视展映周等群众性文化活动，注重突出爱国主义题材，唱响时代主旋律，抒发爱国爱党爱家乡情怀，振奋民族精神。特别是全面铺开的纪念红军长征胜利80周年百日系列活动，大力弘扬革命理想高于天和大无畏革命精神，有效激发了干部群众的爱国热情和蓬勃向上、开拓进取的精神风貌。

二要弘扬时代精神，大力开展学习宣传先进典型活动。典型就是形象，典型就是旗帜。只有通过深入挖掘代表时代进步的先进典型，大力宣传和弘扬先进典型身上所体现出来的时代精神，使这种精神被更多的人所认同，被更多的人视为精神归属，才能更好地弘扬先进典型的优秀品格，才能更好地激发广大人民群众奋发向上的动力。近年来，我市每年都组织基层深入挖掘、推荐一批典型，经过认真筛选，确定一批重大典型通过新闻媒体集中宣传。并通过举办"十大道德模范""张掖好人"的评选活动，通过连续多年组织开展"感动甘肃·十大陇人骄子"推荐评选活动，适时推出的一大批先进典型，无疑为激励人们立足岗位多做贡献，无疑为促进经济社会持续健康发展起到了积极的示范引导作用。

三要利用精神文明创建载体，努力使爱国主义成为自我教育的过程。精神文明创建是我们开展宣传教育的大舞台，也是发挥"潜移默化"作用的有效载体。近年来，在全市广泛开展的"社会主义核心价值观人知人晓"工程、"核心价值观我知我行"、"讲文明、除陋习、树新风"主题教育活动、"讲文明、树新风"志愿服务活动，以及多种形式的爱国主义主题教育活动。这些集中性、大规模的群众性精神文明创建活动的开展，进一步提高了公民文明素质和城乡文明程度，增强了公民热爱祖国、热爱家乡的情感，赋予了爱国主义教育新的内涵。

（四）依托教育基地，充分发挥辐射带动作用

一要充分发挥现有国家、省市级爱国主义教育基地的自身资源，开展自我宣传，自我资源展示和开门办教育。近年来，我市部分基地设立流动宣传车，常年组织开展各种巡回展览，送展上门、送教上门，把爱国主义教育的触角延伸到临近市县区、边远乡镇和农村中小学校，收到了良好的宣传教育效果。

二要加强协调联系，动员组织更多的干部群众到基地参观、瞻仰、游览、观光、接受教育。

三要利用基地资源优势，开展大型爱国主义主题教育活动，努力扩大宣传教育覆盖面，使更多的干部群众受到教育。

总之，弘扬民族精神，加强爱国主义教育要贯彻"全民参与，长期坚持，讲求实效"的原则，坚持经常性和集中性教育相结合，使人们在"春风化雨、润物无声"的环境中受到教育，在潜移默化中受到熏陶，从而达到教育人、激励人、感召人的预期效果。

"良田千亩，不如一技在身"
——习近平关于职业教育的重要论述

蒲卫晖　于雪筠
（兰州石化职业技术学院）

　　习近平关于职业教育的重要论述是习近平总书记治国理政思想的重要组成部分。习近平总书记在治国理政过程中，高度重视职业教育在经济社会建设发展中的地位和作用。党的十八大以来，他在各种会议上，对职业教育发表了一系列重要讲话，深刻论述了新时期我国职业教育改革和发展的重大理论问题和实践问题，形成了中国特色的现代职业教育思想体系。深入学习和研究习近平关于职业教育的重要论述，对于指导我国职业教育事业的改革发展，具有重要的理论意义和实践意义。

　　职业教育是教育的一种重要类型，习总书记对教育的期许也是对职业教育的要求，"教育决定着人类的今天，也决定着人类的未来"，习近平一向十分重视教育，包括职业教育。回想数载春华秋实，在节日来临时，他常常走进学校，看望师生或旁听教学课程；青年节，他听学生朗诵《沁园春·长沙》，与哲学家汤一介促膝长谈，指出要让青年学子"扣好人生的第一粒扣子"；教师节，他看望老师，称赞教师是人类历史上最古老、最伟大、最神圣的职业之一，称"国将兴，必贵师而重傅"；在地方调研时，他常常前往学校或实训科研基地，观摩研习成果；贵州考察时，他着意视察贵州省机械工业学校实训基地，勉励职教学生在这里积蓄奋发力量，立志追求人无我有、人有我优、技高一筹的境界，学到真本领，用勤劳和智慧创造美好人生。习近平对职业教育的看重，承接的是中华民族尊师重技的传统。他常引用的"良田千亩，不如一技在身"和"学之之博，未若知之之要；知之之要，未若行之之实"。这样常见的言语，都无不道出对职业教育的重视。出国访问时，他常常站上讲台，讲述中国文化。在哈萨克斯坦拉扎尔巴耶夫大学演讲时鉴古论今提出"一带一路"构想，为当代青年描绘了时代蓝图；在俄罗斯圣彼得堡大学访问时对青年寄予厚望，指出青年是社会中最有朝气、最有活力、最有创造力的群体；参加全国高校思想政治工作会议，发表重要讲话，提出了"一个重大，四个根本"的观点。在他看来，高等教育肩负的责任重大，使命光荣，也同样面临着许多难题需要解决。

一、教育强则国家强，职教为中国制造提供人才支撑

"高等教育发展水平是一个国家发展水平和发展潜力的重要标志。实现中华民族伟大复兴，教育的地位和作用不可忽视。我们对高等教育的需要比以往任何时候都更加迫切，对科学知识和卓越人才的渴求比以往任何时候都更加强烈。"梁启超先生曾热切地寄望"少年强则国强，少年智则国智，少年富则国富，少年独立则国独立，少年自由则国自由，少年进步则国进步"。时移世易，但不变的是"功于才成，业以才广"。21世纪的竞争，归根结底依然是人才的竞争；而人才质量的提高靠什么？归根结底靠教育。相比于国际高水准，中国在人才培养上的质量和速度还远远不够，特别是职业技术教育方面。因此，习总书记才会用"更加迫切""更加强烈"这样的表述，决心可见一斑。要实现中华民族伟大复兴的中国梦，没有大批高质量的人才怎么行？没有数以亿计的专业技能型劳动者大军怎么能行？

2017年4月，习近平总书记在广西考察时指出，"一个国家一定要有正确的战略选择，我国是个大国，必须发展实体经济，不断推进工业现代化、提高制造业水平，不能脱实向虚"，从制造大国向制造强国转变。2015年3月，习近平总书记在参加十二届全国人大三次会议上海代表团审议时讲话指出："人才是创新创业的根基，创新驱动实质上是人才驱动，谁拥有一流的创新人才，谁就拥有了科技创新的优势和主导权。"大家知道，人才培养靠教育，而专业技术人才的培养主要依靠职业教育。习总书记指出："职业教育是国民教育体系和人力资源开发的重要组成部分，是广大青年打开通往成功成才大门的重要途径，肩负着培养多样化人才、传承技术技能、促进就业创业的重要职责。"要"培养大批怀有一技之长的劳动者，让千千万万拥有较强动

手和服务能力的人才进入劳动大军,使'中国制造'更多走向'优质制造''精品制造'"。要把人口大国转变为人才强国,进而转变为制造强国就必须大力加强职业教育,职业教育为中国制造强提供着人才支撑。

二、职业教育"必须高度重视,加快发展"

早在1996年7月22日,担任福建省委副书记时,习近平同志就高度重视职教工作,他曾专门致函福建省各地市委书记,希望他们关注职教社及其所从事的职教工作。他在信函中指出"随着科教兴国战略的深入贯彻实施,随着两个转变要求的深入贯彻实施,职业教育事业的发展已成必然,作为我省最重要的一支职业教育社会力量,职教社及其所从事的职教事业很有必要进一步拓展局面,为此,望能关心过问一下这项工作,请在机构、编制和经费问题上给予职教社以适当的支持,省委将感谢你们对职业教育事业所做的这份贡献"。2014年6月23日,国务院召开全国职业教育工作会议,习近平总书记专门就职业教育工作做出重要指示,习近平总书记指出,"职业教育是国民教育体系和人力资源开发的重要组成部分","是广大青年打开通往成功成才大门的重要途径","肩负着培养多样化人才、传承技术技能、促进就业创业的重要职责"。习近平总书记强调高职院校要牢牢把握服务发展、促进就业的办学方向,深化体制机制改革,创新各层次各类型职业教育模式,坚持产教融合、校企合作,坚持工学结合、知行合一,引导社会各界特别是行业企业积极支持职业教育,努力建设中国特色职业教育体系;要加大对农村地区、民族地区、贫困地区职业教育支持力度,努力让每个人都有人生出彩的机会。

三、坚持以人民为中心

"我们的教育是为人民服务、为中国特色社会主义服务。"这是习近平总书记为教育确立的基本属性。办教育的目的是为了人的发展,为了人民的发展。发展教育必须把人民群众对公平而有质量的教育需求作为奋斗目标,要满足人民群众日益强烈的对多样、特色、优质教育的需求,适应好新时代中国特色社会主义建设由高速增长阶段进入高质量发展阶段对技术技能型人才培养的要求。"坚持以人民为中心发展教育,必须促进教育公平、提高教育质量，促进高等教育内涵发展，加强校企合作、产教融合，提升职业教育质量。必须重视学生在教育中的主体地位，要努力构建德智体美劳全面培养的教育体系。必须高度重视人民群众实实在在的获得感"，急人民群众之所急，想人民群众之所想，认真解决好当前一方面普通大学生就业难，另一方面技术技能型人才缺乏的现实问题，实实在在地为人民群众的教育排忧解难，让每个孩子都有人生出彩的机会。教育是国之大计、党之大计，是人民幸福、民族振兴、社会进步的基石。唯有始终不渝地坚持从人民利益出发，视教育为民生之基，把教育发展的出发点和落脚点归结到实现好、维护好、发展好最广大人民根本利益上来，才能把教育发展成果普惠于全体人民。

四、对当代大学生充分信任、寄予厚望

"青年是国家的希望，民族的未来，他们朝气蓬勃、好学上进、视野宽广、开放自信，是可爱、可信、可为的一代。对当代高校学生，党和人民充分信任、寄予厚望。"1957年毛泽东同志在莫斯科接见留学生时，留下了一句名言："世界是我们的，也是你们的，但归根结底是你们的。你们青年人朝气蓬勃，正在兴旺时期，好像早晨八九点钟的太阳。希望寄托在你们身上。"2014年在欧洲，习近平说，"青年最富有朝气、最富有梦想，中国的未来属于年轻一代，世界的未来属于年轻一代。""95后"是新的一代，他们出生在国家经济起飞、社会重视教育的年代，成长中又赶上了互联网的高速发展，也是中国从"追赶"西方到"平视"西方的时代。这一代人有更高的素质、更强的自信、更强的表达欲望、更多元的人生追求，也有更宽广的国际视野，也应该具有更理性平和、多元包容的大国心态。拥有这么多先天优势，当代大学生既令人羡慕，也更值得被"寄予厚望"。2013年5月4日，习总书记在同各界优秀青年代表座谈时勉励青年"人的一生只有一次青春。现在，青春是用来奋斗的；将来，青春是用来回忆的。青年人正处于学习的黄金时期，应该把学习作为首要任务，作为一种责任、一种精神追求、一种生活方式，树立梦想从学习开始、事业靠本领成就的观念，让勤奋学习成为青春远航的动力，让增长本领成为青春搏击的能量"。

五、高校立身之本在于立德树人

2016年12月8日，习近平总书记在全国高校思想政治工作会议上指出："大学是立德树人、培养人才的地方。""只有培养出一流人才的高校，才能够成为一流大学。办好我国高校，必须牢牢抓住全面提高人才培养能力这个核心点，并以此来带动高校其他工作。"在这次讲话中，习近平总书记对高等教育的定位有一个全新的表述：为人民服务，为中国共产党治国理政服务，为巩固和发展中国特色社会主义制度服务，为改革开放和社会主义现代化建设服务。这是最大的实际，也是办学的根本。高校定位的这"四为"，则更有现实指向——高校不仅要立德树人，更要为治国理政、改革开放和现代化建设提供解决方案和智慧，要培养德智体美全面发展的社会主义建设者和接班人，明确地提出了高校的立身之本在于立德树人的理念。

六、扎根中国大地办好中国特色社会主义职业教育

"我国有独特的历史、独特的文化、独特的国情，决定了我国必须走自己的高等教育发展道路，扎实办好中国特色社会主义高校。"我们要扎根中国、融通中外，立足时代、面向未来，坚定不移走自己的路。扎根中国大地办高职教育，只有扎根中国国情，办职业教育才能更好地遵循普遍性和规律性，也才能体现特殊性和时代性。中国教育自有其脉络。按照朱熹的说法，在"小学"的阶段，要教"洒扫、进退、应对之节，礼乐、射御、书数之文"，与之相应的"大学"，则要教"穷理、正心、修己、治人之道"，即所谓"修身齐家治国平天下"。这是符合教育规律的。在今天建设中国特色社会主义高等职业教育，同样要继承教育的普遍性和规律性，因材施教、因时、因地、因势育人、发掘学生的潜能等。但更重要的是找到属于当代中国的职教之路：要教什么样的内容、练什么样的技能、育什么样的人才？教育的内容，不仅应该有与时代同步伐甚至超前的知识，更应该有"价值"，这个"价值"，就体现在接续古代传统、打开世界视野又培育社会主义核心价值观上。习总书记在十九大报告中指出，要培养"知识型、技能型、创新型劳动者大军，弘扬劳模精神和工匠精神，营造劳动光荣的社会风尚和精益求精的敬业风气"。

七、马克思主义是高职院校鲜亮底色

"在历史和人民的选择中,马克思主义成为我们立党立国的根本指导思想,也成为我们高职院校的鲜亮底色。要下大决心培养一批立场坚定、功底扎实、经验丰富的马克思主义者,特别是要培养一大批青年马克思主义者。"在马克思主义指导下,我们应该提倡各种学术思想和学术流派切磋交流,提倡对各种思想文化广纳博鉴,形成百花齐放、百家争鸣、创新发展的生动局面。学术有流派,真理越辩越明。毋庸讳言,现在高校的马克思主义研究和教育,不同程度上面临着"失语""僵化""边缘"等窘境。事实上,作为中国共产党的行动指南,马克思主义在中国经过了历史与实践的考验,常读常新,并不断发展更新。若要用一句话来概括,那就是"实事求是",它不是僵化的教条,而是开放的理论系统;不是坐而论道的空中楼阁,而是与实践紧密结合;不能停在原地吃老本,而是要不断发现新问题、解决新问题。英国学者伊格尔顿说:"连一行马克思都没有读过的人都敢嘲笑马克思"。如果能真正翻开马克思的著作,看一看马克思主义在东西方的不同流派和延展,你就会发现,西方现代最著名的思想家,如萨特、福柯、马尔库塞、哈贝马斯等,无不深受马克思主义的影响。习总书记在纪念马克思诞辰200周年大会上说:"在人类思想史上,就科学性、真理性、影响力、传播面而言,没有一种思想理论能达到马克思主义的高度,也没有一种学说能像马克思那样对世界产生了如此巨大的影响。"马克思主义成为了我国高职教育自觉传承的红色基因,也是高职学生鲜亮的底色。

八、把社会主义核心价值观贯穿职业教育全过程

我们强调高职教育、育人为本,德智体美、德育为先,就是说高职院校要成为锻造优秀青年的大熔炉。高职院校"要把社会主义核心价值观贯穿于高校办学育人全过程,用社会主义核心价值观引领知识教育、引领师德建设,加强中华优秀传统文化和革命文化、社会主义先进文化教育"。高职院校应加强党史、国史、改革开放史、社会主义发展史教育,引导广大师生做社会主义核心价值观的坚定信仰者、积极传播者、模范践行者。《大学》开篇就写道:"大学之道,在明明德,在亲民,在止于至善。"对于"德行"的追求,

古人孜孜不倦、景行行止。要达到"修身、齐家、治国、平天下"的境界，首先要做的就是"修身"。2014年6月23日，在全国职教工作会上，习近平总书记强调高校学生要着力培育和践行社会主义核心价值观，着力提高人才培养质量，弘扬劳动光荣、技能宝贵、创造伟大的时代风尚，营造人人皆可成才、人人尽展其才的良好环境，努力培养数以亿计的高素质劳动者和技术技能人才。这就是高职教育的神圣使命。

九、高职教育要坚持文化自信

习近平总书记在北京师范大学考察时强调："我们的教育改革要坚持文化自信，好的经验要坚持，不足的要补齐。"习近平总书记2018年9月10日在全国教育大会上指出："要全面加强学校美育，坚持以美育人，以文化人，提高学生审美和人文素养""要在坚定理想信念上下功夫""要在厚植爱国主义情怀上下功夫""要在加强品德修养上下功夫""要在增长知识见识上下功夫""要在培养奋斗精神上下功夫""要在增强综合素质上下功夫"。他要求各级党委和政府坚持把教育放在优先发展的战略位置，加强教育现代化，建设教育强国，强化责任意识，及时研究解决教育改革发展的重大问题和群众关心的热点问题，为我国教育事业的改革和发展指明了前进的道路。

十、用中国梦激扬青春梦

"青年一代有理想、有担当，国家就有前途，民族就有希望。"今天是我们高职学生的人生黄金期，同习近平总书记"两个一百年"奋斗目标的实现完全吻合。亲自参与这个伟大历史进程，实现几代中国人的夙愿，特别是建设制造强国的夙愿实乃人生之大幸。当代学生建功立业的舞台空前广阔，梦想成真的前景无限光明。"广大青年既是追梦人，也是圆梦人。追梦需要激情，圆梦需要奋斗和奉献。"高校应正确认识时代责任和历史使命，用中国梦激扬青春梦，为学生点亮理想的灯、照亮前行的路，激励学生自觉把个人的理想追求融入国家和民族的事业中，勇做走在时代前列的奋进者、开拓者；高校应引导学生"正确认识远大抱负和脚踏实地，珍惜韶华、脚踏实地，把远大抱负落实到实际行动中，让勤奋学习成为青春飞扬的动力，让增长本领成为青春搏击的能量"。个人的奋斗与历史的进程一致或共鸣，是一件幸运的事。现在的高职学生都是20岁左右,到2035年全面建成小康社会时,很多人还不到40岁;到本世纪中叶基本实现现代化时,很多人还不到60岁。也就是说,实现"两个一百年"奋斗目标,千千万万青年将全程参与。每一代青年都有自己的机遇和机缘,都要在自己所处的时代条件下谋划人生、创造历史。今天的青年一代,能创造出更先进的科技成果,生产出更棒的文化产品、更丰富优质的物质产品,以及共同建设一个公平、公正、法治、友好的社会环境。这需要我们每一个人的共同努力。在这个宏阔的历史进程中,"无穷的远方,无数的人,都与我们有关"。我们每个人都会老去,但理想将永远不朽。在建设有中国特色社会主义事业的历史进程中,千千万万个青春之梦汇聚到一起,就会凝聚成伟大的中国梦,民族复兴的中国梦!

十一、高职院校的思政工作要因事而化、因时而进、因势而新

"做好高校思想政治工作,要因事而化、因时而进、因势而新。要遵循思想政治工作规律,遵循教书育人规律,遵循学生成长规律,不断提高工作能力和水平。"世界上最难的两件事,一件是把别人的钱装到自己兜里,另一件是把自己的思想装到别人脑袋里。思想政治工作,就是后面这件。但这绝不是"灌输"的过程,而是分享、说服、交流的结果。每个人都是平等的,思想政治工作不能高高在上、居高临下,也不是照本宣科就可以轻松完成的,尤其是针对高职的学生。思想政治工作,我们都知道很重要,但怎样才能做好?我们以为因事而化、因时而进、因势而新。"知易行难",对我们来说,就要"把思想政治工作贯穿教育教学全过程,实现全程育人、全方位育人",在因事、因时、因势,而化、而进、而新上有针对性地落实思想政治工作,努力开创我国高职教育事业发展的新局面。

十二、知行合一,做实干家

"纸上得来终觉浅,绝知此事要躬行。"对于高等职业院校的学生学到的东西,不能停留在书本上,不能只装在脑袋里,而应该落实到行动上,做到知行合一、以知促行、以行求知,正所谓"知者行之始,行者知之成"。每一项事业,不论大小,都是靠脚踏实地、一点一滴干出来的。"道虽迩,不行不至;事虽小,不为不成",这是永恒的道理。做人做事,最怕的就是

只说不做，眼高手低。不论学习还是工作，都要面向实际，深入实践；都要严谨务实，苦干实干。"广大青年要努力成为有理想、有学问、有才干的实干家，在新时代干出一番事业，社会主义是干出来的。"高职教育特别要在知行合一中实现人生价值，做新时代的实干家。习总书记指出："要在学生中弘扬劳动精神，教育引导学生崇尚劳动、尊重劳动，懂得劳动最光荣、劳动最崇高、劳动最伟大、劳动最美丽的道理，长大后能够辛勤劳动、诚实劳动、创造性劳动。"

十三、高职院校的教师要成为"大先生"

人才培养，关键在教师。"教师做的是传播知识、传播思想、传播真理的工作，是塑造灵魂、塑造生命、塑造人的工作。教师不能只做传授书本知识的教书匠，而要成为塑造学生品格、品行、品位的'大先生'。在学生眼里，教师是'吐辞为经，举足为法'，一言一行都给学生以极大的影响。教师要成为学生做人的镜子，以身作则、率先垂范，以高尚的人格魅力赢得学生敬仰，以模范的言行举止为学生树立榜样，把真善美的种子不断播撒到学生心中。"在教师这个行业中，能被称为"先生"，是很高的赞誉。"德高为师，身正为范"，作为中国最早的教师，孔子能被尊为圣贤，正是因为他自己的言行高尚。"教书育人"，在书本之外，教师"育人"的责任更重，是为"师道"。我们人生的前十几年都要在学校中度过，而教师正是这段时光中对我们影响最大的人。高职教师不仅要"德高""学高"，还要"技高"，不仅要教育、示范和引导学生学习知识、学习做人，还要引导学生学习做事，高职教师要成为高职学生的"大先生"。

十四、党的领导是办好中国职业教育的最根本保证

习近平总书记指出：中国特色社会主义最本质的特征就是坚持中国共产党的领导；办好中国的事情，关键在党；"加强党对教育工作的全面领导，是办好教育的根本保证。要增强'四个意识'、坚定'四个自信'，坚定不移维护党中央权威和集中统一领导，自觉在政治立场、政治方向、政治原则、政治道路上同党中央保持高度一致。各级党委要把教育改革发展纳入议事日程，党政主要负责同志要熟悉教育、关心教育、研究教育。各级各类学校党

组织要把抓好学校党建工作作为办学治校的基本功，把党的教育方针全面贯彻到学校工作各方面。"在全国职业教育工作会上，习近平要求各级党委和政府要把加快发展现代职业教育摆在更加突出的位置，更好支持和帮助职业教育发展，为实现"两个一百年"奋斗目标和中华民族伟大复兴的中国梦提供坚实人才保障。习总书记的这些论述，为全面提升高校党的建设科学化水平，把党对教育的领导落实到高职院校办学全过程，牢牢坚持社会主义办学方向，提供了强大思想武器。教育事业这些年能健康快速发展，根本原因也在于加强了党的领导。

  习近平总书记以世界发展大局的视野，站在治国理政的高度，在十八大以来治国理政的实践中对教育，包括职业教育的理论问题和实践问题做出了一系列重要的论述，举旗定向，思想深刻，内涵丰富，高瞻远瞩，体现出了鲜明的政治性、深刻的思想性、严谨的科学性和现实的针对性，不仅发展了我们党的教育思想，丰富了教育的理论宝库，同时为我们高等职业教育的改革和发展提供了理论指导和根本遵循。随着对习近平中国特色社会主义理论学习的不断深入，对习近平关于职业教育重要论述的切实实践，我国的职业教育必将得到科学的发展，一定会惠及人民，一定会助力2025中国制造，也一定会为中华民族的伟大复兴做出应有的贡献。

论南梁精神与延安精神的内在联系

曲 涛

（陇东学院）

南梁精神，是在土地革命战争时期，以刘志丹、谢子长、习仲勋为代表的共产党人在极其艰苦的条件下，在创建、发展陕甘革命根据地过程中，培养起来的革命精神，也可以将其称之为陕甘精神。延安精神则是以毛泽东为核心的第一代中央领导集体，在陕甘宁边区13年领导抗日战争和解放战争的伟大实践中，为争取民族独立和人民解放事业的不懈奋斗中，培育起来的理想信念、精神风貌、思想品德、工作与生活作风的精华和结晶，是陕甘宁边区时期革命精神和革命风范的集中体现。南梁精神与延安精神，具有空间上的同一性、时间上的承继性、实践主体的一致性、精神风范的相同性等内在的联系。本文对此作以探讨，以飨读者。

一、南梁精神与延安精神具有空间上的一致性

从空间定位和地域特征来说，南梁精神与延安精神具有明显的同一性。不言而喻，抗战和解放战争时期的陕甘宁边区，是由土地革命战争后期全国"硕果仅存"的陕甘革命根据地发展而来的，以南梁为中心的陕甘边革命根据地又是陕甘革命根据地的核心区域和发源地。在精神层面上，延安精神的渊源中实际上就包涵着土地革命战争时期陕甘革命斗争的革命精神、优良传统、优良作风等，而这种革命精神的集中体现就是刘志丹、谢子长、习仲勋等老一辈无产阶级革命家亲手培育的南梁精神，因此，从空间和地域的关系上讲，南梁精神与延安精神都存在明显的同一性。从这一点上讲，我认为，南梁精神应当也必然与井冈山精神、中央苏区精神、长征精神一道，构成延安精神的源头和先河。

众所周知，1935年1月召开的遵义会议，确立了毛泽东在中共中央和红军的领导地位，结束了"左"倾教条主义在中央的统治，在极端危急的历史关头挽救了党、挽救了红军、挽救了中国革命。但是，在紧急的战争形势下举行的遵义会议，无法全面地讨论政治路线方面的问题。在当时的历史环境中，要对于多年来党的工作中所有的重大问题的是非展开讨论是不可能的。这样，党中央和中央红军长征到达陕甘根据地后，如何按照党的遵义会议精神去判断形势，发动群众，开展根据地建设，进行革命战争，就成为摆在全党面前的大事。

而正因为"硕果仅存"的陕甘根据地有着一整套成熟的土地革命、武装斗争、根据地建设等三位一体"工农武装割据"斗争的成功经验（如著名的陕甘边区苏维埃政府的"十大政策"，陕甘根据地的"多区域发展"战略，陕甘红军创建中的"红色""白色""灰色"三色建军思想），有着根据地内长期形成实事求是的工作作风，有着党与人民群众血肉联系的局部执政基础，有着陕甘根据地党组织对于西北地区国民党地方实力派长期而有效的统一战线政策和工作业绩，更为重要的是，有着陕甘根据地人民群众对于党、苏维埃政府和红军的无比热爱，有着刘志丹、谢子长、习仲勋等为代表的无数共产党人对于革命事业的赤胆忠心，这一切都对于以毛泽东为代表的第一代党的领导集体在陕甘宁边区培育和传承延安精神，提供了良好的本土实践基础。延安精神正是在这样的肥沃土壤上培育，并成为中国共产党人革命精神的集中体现。

正是有了"硕果仅存"的陕甘根据地的依托，党中央到达陕北后，革命局面为之一新。毛泽东曾经指出："长征一完结，新局面就开始，直罗镇一仗，中央红军同西北红军兄弟般的团结，粉碎了卖国贼蒋介石向着陕甘边区的'围剿'，给党中央把全国革命大本营放在西北的任务，举行了一个奠基礼。"

依靠着陕甘根据地良好的群众基础和工作局面，依靠着南梁精神培育下的根据地广大干部和人民群众，党中央一到陕北，立即从政治路线上开始纠正"左"倾教条主义错误，制定了抗日民族统一战线的方针和政策，实现了全民族抗日战争，并且在党的建设、武装斗争、政权建设、法制建设、经济建设以及文化、教育、卫生、医疗事业等各个方面取得了显著的进步，使陕甘宁边区成为中国共产党领导抗日战争的总后方。

由此可见，陕甘宁边区是陕甘革命根据地的继承和发展，它完整地经历了土地革命战争、抗日战争和解放战争这样三个武装斗争时期，相继建立了苏维埃政权、抗日民主政权和人民民主政权等三种政权形态，它"对于华北、华中各抗日根据地说来，是处于一种领袖地位，即根据地的领袖地位。这个区域里的一切重要设施，对于其他根据地有一种先导的模范的作用，要为其他根据地所效法"。毛泽东在党的第七次全国代表大会上所做的《论联合政府》的报告中更是高度评价陕甘宁边区的地位和作用："中国共产党领导的中国解放区，现在有九千五百五十万人口。其地域，北起内蒙，南至海南岛，大部分敌人所到之处，都有八路军、新四军或其他人民军队的活动。这个广大的中国解放区，包括十九个大的解放区，其地域包括辽宁、热河、察哈尔、绥远、陕西、甘肃、宁夏、山西、河北、河南、山东、江苏、浙江、安徽、江西、湖北、湖南、广东、福建等省的大部分或小部分。延安是所有解放区的指导中心。在这个广大的解放区内，黄河以西的陕甘宁边区，只有人口一百五十万，是十九个解放区中的一个；而且除了浙东、琼崖两区之外，按其人口说来，它是一个最小的。有些人不明了这种情形，以为所谓中国解放区，主要就是陕甘宁边区。"毛泽东的这段话，真实说明了陕甘宁边区在当时整个中国社会所发挥的作用以及所具有的影响力。而南梁精神与延安精神有着空间上和地域上的一致性和同一性，从它对于延安精神形成所起到的不可替代的历史作用上讲，南梁精神在中国革命中产生了巨大而又深刻的影响，这一点是无可厚非的。

二、南梁精神与延安精神具有时间上的承继性

从时间上的承继性来说，南梁精神应属于延安精神的源泉之一。井冈山精神、中央苏区精神、长征精神作为延安精神的源泉，从时间的延续性上讲，无疑是正确的，但是并不全面，忽略了延安精神的本土因素，也就是说缺乏其渊源中的地域特征。而研究延安精神的渊源，除了要考虑领导主体的承继性因素外，还必须考虑它的实践空间上的承继性因素，考虑它的地域性特征。井冈山精神、中央苏区精神、长征精神集中体现了以毛泽东为代表的共产党人和革命战士在南方根据地艰苦创业和长征过程中体现出的探索和奋斗精神，无疑是延安精神的主要渊源，但是，我认为，上述革命精神与延安精神都不

具备实践空间上的承继性因素，在它们与延安精神在联系性上讲，还明显缺少一个本土实践上的纽带，一个承前启后的过渡环节，这个过渡环节和纽带必然是南梁精神。

陕甘宁边区是中国革命的指导中心，延安精神也成为中国共产党革命精神的中心和枢纽。从承继关系上讲，它以红船精神、井冈山精神、中央苏区精神、长征精神、南梁精神为源头，又对于太行精神、沂蒙精神、西柏坡精神以至于建国以后的抗美援朝精神、铁人精神、两弹一星精神、大寨精神、大庆精神、特区精神、"九八"抗洪精神等革命和建设时期的精神起到了极大的促进和推动作用。而正是因为南梁精神与延安精神之间具有时间上的承继性特征，它必然具有延安精神源头之一的历史地位，在中国共产党的革命精神的发扬光大的历史进程中，南梁精神也同样起到了不可或缺的巨大作用。

三、南梁精神与延安精神具有精神风范的相同性

南梁精神和延安精神都诞生和形成于同一块革命老区，具有实践主体的一致性和精神风范的相同性特征。

在以南梁为中心的陕甘边革命根据地创建时期，刘志丹、习仲勋等更是自觉学习井冈山和中央苏区的成功经验，坚持走井冈山的革命道路。在中共陕甘边区特委发行的《布尔什维克生活》油印小报上，经常报道中央苏区几次反"围剿"斗争胜利的消息，宣传井冈山道路和中央苏区的革命英雄事迹，在陕甘边区军民中扩大中央苏区的影响，鼓舞群众的斗争热情。"中央红军未来前，陕甘边特委印刷处曾大量翻印过中央苏区的书刊"。这些措施提高了干部群众的思想觉悟和文化水平，为陕甘边革命根据地的创建、巩固和发展奠定了思想和理论基础。

而在陕甘宁边区时期，党中央和毛泽东在倡导和培育延安精神的过程中，也十分注意总结和研究陕甘革命根据地的历史经验。长征刚到陕北，毛泽东就说："我们刚刚到陕北，仅了解一些情况。但我看到人民群众的政治觉悟很高，懂得许多革命道理。陕北红军的战斗力很强，苏维埃政权能够巩固地坚持下来，我相信创造这块根据地的同志们是党的好干部。"1942年10月至1943年1月延安整风运动期间，党中央召开的陕甘宁边区高干会议、1945年4月20日党的六届七中全会通过的《关于若干历史问题的决议》等，对陕甘

延安精神永放光芒

根据地的历史经验进行了系统总结。在陕甘宁边区高干会议上毛泽东所做的《论党的布尔什维克化的十二个条件》重要讲话中,联系陕甘苏区的具体实际,系统提出了党性修养的标准和条件。

在延安期间,毛泽东经常用刘志丹的革命精神,来教育广大干部。1943年8月,毛泽东在一次干部大会上,语重心长地讲了一段意义深远的话,他说:"一个人死了开追悼会,群众的反映怎样,这就是衡量的一个标准。有些人高高在上,官位很大,称首长,好像老百姓都拥护他,其实这不能说明问题,要看最后的盖棺定论,要看开追悼会那一天老百姓落不落泪。有些干部死了,我看老百姓就不见得落泪,他是自封的群众领袖。因为你做了官,老百姓不得不和你打交道,其实公事一办完,人家就掉头而去,不大理睬你了。真正的群众领袖,到开追悼会那一天,老百姓就会觉得他死了很可惜,至少不会觉得死了也好,可以省下小米。刘志丹同志牺牲后,陕北的老百姓伤心得很,这说明他是真正的群众领袖。"由此可见,南梁精神与延安精神之间具有承继性的关系,也是符合历史事实的。

由此可见,南梁精神与延安精神存在着内在而又深刻的联系。明确南梁精神的历史定位以及它与延安精神之间的关系,对于我们深入发掘南梁红色文化资源,对于提升陕甘边革命根据地研究的水平都具有重要的时代价值和现实意义。

试论研究和弘扬延安精神

石玉亭

（甘肃省延安精神研究会副会长）

一个时代有一个时代的精神，我们称之为时代精神。时代精神，它是历史的传承与实践的创造。我们今天的时代精神，需要弘扬优秀的传统精神，也需要结合实践培育和创造推动时代发展的新时代精神。

一、什么是延安精神

延安精神，是中国共产党人的奋斗精神和执政精神。上海，中国共产党的成立，标志着中国历史开天辟地大事变，并且给世界带来了新的希望，一声春雷响在了世界的东方。井冈山，革命根据地的创立，标志着中国共产党有了立足之地，并且探索出了"星星之火、可以燎原"的中国革命武装夺取政权的成功道路，建党建军建国有了基本的指向。延安，抗日民族统一战线的成立和延安十三年的建设，标志着中国共产党的合法性、伟大性、正确性，也使中国共产党壮大成为中国革命的领导力量，成为推动中国社会进步的主导力量，成为中华民族复兴富强的中坚力量。从延安走向西柏坡，从西柏坡走向北京城，从中南海走向天安门，中华人民共和国成立了，中国人民从此站起来了。

延安精神，是中国共产党人的革命精神和实践精神。毛泽东思想成为延安精神的灵魂，全心全意为人民服务成为延安精神的宗旨，群众路线成为延安精神的力量所在。在延安党召开了七大，毛泽东思想确立为党的指导思想，毛泽东是马克思主义中国化的伟大开辟者，也是中国共产党指导思想中活的灵魂（实事求是、群众路线、独立自主）的奠基人和创立者。经过延安整风运动，全党实现了思想大解放，分清了路线是非，端正了党的思想路线，创

延安精神永放光芒

造了解决党内矛盾的正确方法，形成了党的三大作风，全党在毛泽东思想的基础上达到了空前的团结和统一。

延安精神，是中国共产党人的工作精神和创新精神。延安，艰苦奋斗、艰苦朴素蔚然成风；延安，自力更生、独立自主自强自立；延安，全面设计、勇于创造筑牢基础。延安的"十个没有"，"一没有贪官污吏，二没有土豪劣绅，三没有赌博，四没有娼妓，五没有小老婆，六没有叫化子，七没有结党营私之徒，八没有萎靡不良之气，九没有人吃摩擦饭，十没有人发国难财"，就是延安社会治理的成就和新中国的希望。人们向往延安，人们奔赴延安。

因此，延安精神是新时代的民族精神，是共产党的党精神，是延安时期以中国共产党人为代表的中华民族的优秀分子，在共同担当民族解放的伟大斗争中展现出来的集体人格。

二、为什么要研究和弘扬延安精神

延安精神，有概括为：坚定正确的政治方向，解放思想、实事求是的思想路线，全心全意为人民服务的根本宗旨，自力更生、艰苦奋斗的创业精神。也有概括为：全心全意为人民服务的精神，自力更生、艰苦奋斗的精神，勤俭节约、艰苦朴素的精神，默默无闻、勇挑重担的"骆驼精神"。还有概括为：全心全意为人民服务的精神，自力更生、艰苦奋斗的精神，勤俭节约、艰苦朴素的精神，默默无闻、勇挑重担的精神。

延安是革命圣地，它既是红军长征胜利的落脚点，也是建立抗日民族统一战线，赢得抗日战争胜利，进而夺取全国胜利的解放战争的出发点。从1935年到1948年，毛泽东等老一辈无产阶级革命家就是在这里生活和战斗了13个春秋。十三年，以毛主席为核心的党中央领导、指挥了中国的抗日战争和解放战争，奠定了中华人民共和国的坚固基石，培育了永放光芒的"延安精神"，谱写了可歌可泣的伟大的历史篇章。"延安精神"，是中国共产党人把马克思列宁主义的科学思想体系与中华民族的优秀传统风范结合的产物，是中国共产党在长期革命斗争中所形成的优良传统和作风的结晶，是"井冈山精神""长征精神"的继承和发展，是一种具有中国特色的无产阶级革命精神，它也是中华民族伟大精神的时代反映。

延安精神内容丰富，延安精神源远流长，延安精神意义重大。因此，延安精神没有过时，它在新时代仍然具有伟大的现实意义。从政权和政府建设来讲，延安精神昭示我们，人民是社会的真正主人，我们的政权是人民的政权，人民政府应该全心全意为人民服务。只有"解放区的天是晴朗的天，解放区的人民好喜欢"。从党的建设和干部队伍建设来讲，延安精神昭示我们，党始终要以为人民服务为宗旨，我们的干部一定要是人民的勤务员，党的执政首先要把党的建设伟大工程做好，党和政府一定要接受人民的监督。从经济建设来讲，延安精神昭示我们，要实事求是、一切从实际出发，要坚持自力更生、独立自主，要有创新和开放的精神。从发展的角度来讲，延安精神昭示我们，一定要坚持正确的发展方向，首先要坚定正确的政治方向，为人民谋福利。

延安精神具有永恒的价值和传世的意义，它是中国共产党人的执政之要和文化源头，是一座精神宝藏和文化富矿，我们研究和弘扬延安精神，就是因为它是中国共产党人成就伟业的政治灵魂、思想基础、力量源头、不竭动力。

三、如何研究和弘扬延安精神

延安精神是我们党的传家宝，是中华民族宝贵的精神财富，中国共产党人在现在和未来，无论什么时候，在什么条件下，都要坚持和弘扬延安精神。

要坚持挖掘和整理延安精神的宝贵资源。延安精神是党在延安时期历经十三年，创立和培育的革命精神、建设精神、工作精神、执政精神和思想精神，而且历久弥新。甘肃，是延安精神的覆盖地，同时也是延安精神的生长地，应该广泛研究和深入挖掘延安精神的资源要素、丰富内涵、普遍意义，深入研究和搜集整理延安精神的资源要素、研究成果。

要广泛开展延安精神的学术研究和交流。开展广泛的学术研究，对于弘扬延安精神具有积极的意义。要积极争取多立科研项目，要努力争取多出研究成果，要积极开展学术交流和研讨，要鼓励政府机构、大专院校、企业和社会组织，积极开展延安精神的学习和研究活动。

要坚持推进延安精神的学习和实践活动。要结合实际，大力开展延安精神的宣传和教育，大力推进延安精神的学习和践行活动，党的干部、政府人员、部队指战员、企业单位、公共事业人员和学校学生们都要学习和践行好延安精神，特别是要把全心全意为人民服务的精神、艰苦奋斗艰苦朴素的精神、

延安精神永放光芒

理论联系实际一切从实际出发的精神、实事求是开放创新的精神、清正廉洁执政为民的精神，潜移默化不断坚持以致成为人们的思想理念和行动习惯。

　　研究和弘扬延安精神，是一项长期的战略性任务，需要我们坚持不懈地抓下去。要把延安精神作为一条红线贯穿始终，要把延安精神与两个百年奋斗目标和实现中华民族的伟大复兴结合起来，要坚持突出什么是延安精神、为什么要研究和弘扬延安精神、如何弘扬和实践延安精神这些重点，努力研究延安精神的内涵与要义，着力抓住延安精神与执政为民、延安精神与廉洁政府、延安精神与党员干部队伍、延安精神与青少年教育、延安精神与改革开放等问题，出精品、抓实效，为建设社会主义现代化强国做出应有的贡献。

以"五定"铸初心 以"五心"创辉煌

杨 栋

(甘肃政法学院马克思主义学院)

在四十年的改革开放历史征程中,党领导人民谱写了荡气回肠、壮丽辉煌的恢弘诗篇,创造了举世瞩目、震铄古今的非凡成就。党的十八大以来,习近平总书记反复告诫全体党员干部:"不能忘记走过的过去,不能忘记为什么出发。"我们只有坚守和心定爱国、为民、逐梦、奋斗、创新,才能做到不忘初心、牢记使命,在新征程展现新作为,在新时代书写新辉煌。

一、笃定爱国之心

爱国主义是马克思主义祖国观的精髓。马克思和恩格斯把爱国主义和国际主义结合起来,在《共产党宣言》中提出了"工人没有祖国"的命题,这是从推进国际共产主义运动和维护世界工人阶级共同利益的角度对爱国主义所做的精辟诠释,是要求各国工人阶级联合起来共同推翻资产阶级的统治,建立崭新的社会主义制度。热爱社会主义祖国,是马克思主义祖国观的生动表现。

爱国主义是贯穿中国历史的主旋律。在漫漫五千年的中国历史中,以忠君孝家为核心旨趣的朴素爱国主义始终是古代社会激励着中华儿女"捐躯赴国难,视死忽如归"的精神支柱,促使他们在忠君事主的情怀中精忠报国,完成生命的意义。由此,"人生自古谁无死,留取丹心照汗青"的爱国故事比比皆是,"苟利国家生死以,岂因祸福避趋之"的赤子情怀隽远深长。

中国共产党人把马克思主义国家学说和传统爱国主义结合起来,赋予爱国主义深邃的理论内涵、科学的价值取向和真挚的民族情感,激励着一代代共产党人成为爱国主义精神的坚定弘扬者和实践者,根据世情国情党情的新变化,因时而变,随事而制,不断拓展和深化爱国主义的内涵与外延,逐渐形成了以独立自主、强国富民、完全统一、反独促统为核心内容的中国特色马克思主义祖国观。习近平总书记强调:"在社会主义核心价值观中,最深层、最根本、最永恒的是爱国主义。"新时代,我们必须笃定爱国之心,以"粉身碎骨寻常事,但愿牺牲报国家"的担当和自觉,传承浸染在我们民族血脉之中的爱国主义情怀,发扬凝聚在党的历史之中的为国牺牲精神,"带长剑兮挟秦弓,首身离兮心不惩",继续为捍卫赤县神州之主权而顽强拼搏,为维护华夏儿女之尊严而战斗不懈。

二、怀定为民之心

为民是马克思主义群众观的价值指向。马克思和恩格斯旗帜鲜明地指出:"历史上的活动和思想都是'群众'的思想和活动……历史活动是群众的事业,随着历史活动的深入,必将是群众队伍的扩大。"他们不仅充分肯定了人民群众的历史创造者地位,还怀着为无产阶级解放而战斗的崇高理想,亲自参加了无产阶级革命斗争。

为民是中国传统文化的精粹。民本思想是传统文化的重要内容,强调"民惟邦本"、民贵君轻,要求统治者行仁政而得天下,提出了保民、养民、教民的要求。尽管传统民本思想的出发点和落脚点都是维护以礼法制度为准则的社会秩序,是统治者巩固等级秩序的驭民之术和理国之策,但其间浓郁的人文主义关怀永留时空、历久弥香。

中国共产党人继承和发展了马克思主义群众观与传统民本思想,把为民爱民作为党的根本宗旨,在中国革命、建设和改革的百年岁月中,始终尊重人民群众的主体地位,从解决温饱到决胜小康,从政策主导到法治引领,一切为了群众,一切依靠群众。习近平总书记告诫全党:"在任何时候任何情况下,与人民同呼吸共命运的立场不能变,全心全意为人民服务的宗旨不能忘。"在新的历史起点上,我们必须怀定为民之心,坚持以人民为中心的发展理念,保持与群众的血肉联系,以"为民、务实、清廉"的群众作风,投入决胜全面建成小康社会的行动当中,投入实现民族复兴的征程当中,不断满足人民日益增长的对美好生活的向往和渴望。

三、守定逐梦之心

逐梦前行是马克思主义理想观的根本要求。马克思、恩格斯科学揭示了人类社会的发展规律和基本走向,提出了共产主义理想观,指出共产主义社会"以每个人的全面而自由的发展为基本原则"。马克思主义经典作家的社会理想建构在个体自由全面发展的价值追求之上,要求人们把为实现共产主义而奋斗的社会理想和实现个人充分发展的人生理想结合起来,达到社会理想与个人理想的统一。

逐梦前行是中华民族的不懈追求。在儒家思想的主导下,大同社会一直是古代社会中华民族的长久憧憬,"修齐治平"则成为人们理想追求的基本导向。传统文化要求人们"达则兼济天下,穷则独善其身",主动践履社会责任、找准人生定位,这种价值取向无疑具有跨越时空的进步意义。

中国共产党人把马克思主义理想观和传统文化关于理想追求的价值定位结合起来,创造性地发展了马克思主义社会理想学说,实现了共产主义远大理想与中国梦阶段理想的统一,以中国语言和中国风格书写了具有鲜明民族色彩和时代特征的逐梦传奇——首先经新民主主义革命步入新民主主义社会,继而向社会主义社会过渡,再从社会主义初级阶段向社会主义现代化强国迈进。习近平总书记指出:"我们党是否坚强有力,既要看全党在理想信念上是否坚定不移,更要看每一位党员在理想信念上是否坚定不移。"在新的历史条件下,我们必须守定逐梦之心,按照十九大"两步走"的战略部署,以只争朝夕的精神和九天揽月的豪情,以"亦余心之所善兮,虽九死其犹未悔"的坚毅和定力,为实现两个一百年目标和民族复兴中国梦而奋斗,勇担新使命,创造新辉煌。

四、砥定奋斗之心

艰苦奋斗是马克思主义实践观的红线。马克思主义经典作家虽然没有明确提出艰苦奋斗的概念,但他们强调只有实践才能改造世界,实现从必然王国到自由王国的飞跃,这就是肯定了艰苦奋斗的价值和意义。马克思的光辉人生就是艰苦奋斗的最佳注解,终其一生虽然常为贫病、饥饿和寒冷所困扰,但一直在矢志不渝地为无产阶级解放目标而战斗,实现了生命意义的升华。

延安精神永放光芒

艰苦奋斗是中华民族的传统美德。自力更生、艰苦奋斗是一种植根于中华民族灵魂深处的精神自觉，塑造着我们民族的品格气质和价值范式。李商隐所谓"历览前贤国与家，成由勤俭破由奢"的历史镜鉴，于谦笔下"千锤万凿出深山，烈火焚烧若等闲"的石灰精神，郑板桥画中"千磨万击还坚劲，任尔东西南北风"的竹石风骨，都是古代先贤从不同角度对艰苦奋斗的诠释和推崇。

中国共产党人接受了马克思主义经典作家实践理论的思想启迪，继承和发扬了中华民族自力更生、艰苦奋斗的民族精神，成为马克思主义实践观的模范践行者。从一大的红船精神开始，党的每一个脚印都是艰苦奋斗的写照，每一次成功都是艰苦奋斗的结晶。从建党之际仅有50多名党员的星火稚草成长为拥有8900万党员的参天巨树，从带领人民站起来到带领人民富起来、强起来，无一不是持之以恒、艰苦奋斗的胜利之花。习近平总书记强调："能不能坚守艰苦奋斗精神，是关系党和人民事业兴衰成败的大事。"在新的历史方位上，我们必须砥定艰苦奋斗之心，以"不为外撼，不以物移"的执着精神和坚韧意志，锐意进取，埋头苦干，为决胜全面建成小康社会、夺取新时代中国特色社会主义伟大胜利而继续奋斗。

五、持定创新之心

创新是马克思主义的理论品质。马克思、恩格斯强调理论必须随着实践的发展而不断完善，"观念、范畴也同它们所表现的关系一样，不是永恒的。它们是历史的、暂时的产物。生产力的增长、社会关系的破坏、观念的形成都是不断运动的"。马克思主义经典作家坚持实事求是，与时俱进，不断丰富和发展着马克思主义，保证着马克思主义的科学性、时代性和实践性。

创新是中华民族精神的风帆。传统文化一直强调"日新之谓盛德"，要求人们不断学习进步、提高修养，其间就体现着上下求索的创新追求。法家"变法者因时而化"的为政主张，其间蕴含的创新思维显而易见。不难看出，创新意识是中华民族内在的思维范式，是中华文化传承不绝、瑰伟绝特的精神支撑。

中国共产党人继承和发扬了马克思主义创新观和中华民族悠久的创新思维方式，不仅以马克思主义的立场、原则和方法来观察和解决本国具体问题，还在活学活用的实践过程中集全党智慧对马克思主义进行了中国化的伟大创新，形成了社会大众喜闻乐见的中国范式，实实在在地破解了中国社会发展的一道道难题。习近平总书记强调："我们党之所以能够历经考验磨难无往而不胜，关键就在于不断进行实践创新和理论创新。"在新的历史坐标上，我们必须持定创新之心，积极推动理论创新和实践创新的良性互动，实现"五位一体"总体布局与"四个全面"战略布局的统筹联动，奋力推进新时代中国特色社会主义事业的新发展。

在长风破浪会有时的新时代，我们必须贯彻践行习近平新时代中国特色社会主义思想，笃定爱国心，怀定为民心，守定逐梦心，砥定奋斗心，持定创新心，以"五定"铸初心，以"五心"创辉煌，才能开创改革开放和社会主义现代化建设的新局面和新成就。

塑造特色风貌　彰显城市形象
——关于酒泉市城市规划变革与综合承载力的思考

张安疆

（酒泉市市长）

　　城市是经济社会发展和人民生产生活的重要载体，是现代文明的标志。中央城市工作会议上指出：要加强对城市空间立体性、平面协调性、风貌整体性、文脉延续性等方面的规划和管控，留住城市特有的地域环境、文化特色、建筑风格等"基因"。酒泉市是古代丝绸之路重镇、现代"一带一路"的重要节点城市，总面积19.2万平方公里，辖肃州区、玉门市、敦煌市、金塔县、瓜州县、肃北蒙古族自治县和阿克塞哈萨克族自治县等7个县（市、区），总人口112万人，有汉族、蒙古族、哈萨克族、东乡族、回族等47个民族，集民族融合、经济融合、中原与边疆融合为一体。境内山脉连绵，戈壁浩瀚，既有冰川雪景，也有平原绿洲，构成了雄浑独特的西北风光。

　　酒泉的城市风貌规划是一个循序渐进、不断发展的过程。1982年，首版城市总体规划将酒泉定位为"以农、牧、副产品加工和支农工业为主，具有古城风貌的社会主义区域中心城市"；1991年第二版城市总体规划，将酒泉规划为"以轻工业、商贸旅游业为主，具有古城风貌的区域中心城市"；随着城镇化的加快推进和酒泉经济社会飞速发展，2013年，新版酒泉城市总体规划将酒泉定位为"国家重要的新能源装备制造基地和区域性商贸物流中心，西陇海兰新经济带上的区域中心城市，国家航天城，富有地域文化特色的历史文化名城和绿洲城市"。根据甘肃省政府2017年7月批复的《酒泉市城市总体规划（2016—2030年）》，将酒泉确定为丝绸之路经济带甘肃段重要节点城市、省域副中心城市，同时提出到2020年把酒泉建成自然遗产文化遗产综合保护利用示范区、西部最具魅力的文化旅游经济带，全省一流的公共文化服务示范区，国际文化交流合作平台，文化繁荣、经济转型、生态改善、人民富裕、体制创新的文化产业示范基地和现代文化创新发展高地。

基于历史和发展现状，酒泉把城市风貌定位为"丝路汉郡、绿洲明珠、航天名城"。其中，丝路汉郡体现酒泉在古丝绸之路上处于"咽喉锁钥"的重要地理位置及汉代建郡的历史文化个性，绿洲明珠体现酒泉鲜明的自然地域特色，航天名城体现酒泉现代城市科技形象及未来在创智创新风貌上的城市目标。近年来，酒泉市以传承历史文化为主题，以彰显城市特色、塑造城市个性为重点，整合自然景观与酒泉历史文化资源，重塑塞上汉郡、朴拙厚重的城市个性，构建了汉风传承、古今辉映、创智活力的鲜明形象。

一是大力植绿造荫，着力塑造"生态酒泉"。酒泉属典型温带大陆性干旱气候，由半灌木、草本植物组成的荒漠和草原植被是其典型特征，乔木、灌木较少。但同时又地处祁连山北麓的缓坡地带，三面环山，形成酒泉盆地，沿祁连山分布多个绿洲。酒泉城区南倚祁连山，北与北大河相拥，形成显山露水的基本山水格局。在建设过程中，我们始终坚持"生态立市"战略，充分利用河流丰沛、湖泊（水库）散布的特点，以水定绿、以绿养城，突出西北地域绿化花草树种，不断扩大绿洲森林覆盖率，构建戈壁绿洲城市的基本底色。

二是强化规划管控，着力塑造"精美酒泉"。依据历史文化和历史遗存，从整体平面和立体空间上统筹城市建筑布局，划定古城控制风貌区、汉文化核心风貌区、汉唐新韵风貌区等基本风貌区，明确"大气重彩、汉风遗韵、中暖为基、多彩融合"的色彩主旋律，避免色彩多乱杂，对建筑风格、色彩、高度、体量、材质等进行详细规定，加强对城市形象和特色塑造的技术指导和管控。借鉴国内外先进理念和管理经验，主攻城市项目设计和包装，单体建筑多方案比选、多渠道修证，做到好中选优、优中更精，将特有的历史底蕴、文化特色、民族特征，用凝练的文化符号在建筑中展现出来，切实提升城市形象和品位。

三是弘扬多元文化，着力塑造"文化酒泉"。坚持"以文为魂、整体协调、强化特色"的原则，发挥规划的引领控制作用，确定以丝路历史文化遗产保护带串联，以酒泉历史古城、敦煌历史古城为核心，以肃州阿克塞民族文化和南部祁连山脉民俗文化为保护传承区的"一带、两心、两片区"市域历史文化整体保护结构，集丝路文化、边塞文化、东西文化、敦煌文化、航天文化、民族民俗文化等多元文化格局为一体，发挥了历史文化优势，成为全国优秀旅游城市和中国西部最具影响力的旅游胜地。

四是凸显地域特色，着力塑造"魅力酒泉"。超前设计、精心规划，将最具酒泉特色的蓝天、雪山、黄沙、航天、新能源等风貌元素提炼后融入建筑中，突出"活力、现代、厚重、典雅"等特征，从自然、人文、空间三个方面推动城市特色风貌的建构，在自然风貌方面以体现戈壁绿洲、大气山水为特征，以城市水系为纽带，串联公园、广场、街头游园等群众生活文化空间，凸显城市魅力。在人文风貌方面注重古今辉映、传承创新。在城市空间风貌方面挖掘汉代建筑朴拙厚重的特征，使用现代建造技术来展现，既凸现科技感和时尚感，又将酒泉本地的风貌特色融入城市建设当中。目前，老城区汉文化和明清文化风貌日益凸显，新城区一期现代综合风貌区初步形成，新城区二期新汉唐风貌区初具规模，城市风貌大为改观。

下一步，将按照中央城市工作会议精神和《中共中央国务院关于进一步加强城市规划建设管理工作的若干意见》，贯彻落实新发展理念，坚持"适用、经济、绿色、美观"的建筑方针，把城市特色风貌塑造贯穿于规划、建设、管理和经营等重要环节，着力提升城市形象，建设一个独具魅力、特色鲜明、风貌凸现的西部明珠城市。

首先，从"高度"上把握，立足比较优势和区域特色凸现城市风貌。一是明确发展方向。对于酒泉这样一个戈壁风貌特征突出、历史文化厚重的城市来说，既要符合绿洲景观建设的要求，又要以水定城，体现丰厚的历史文化底蕴和独特的山水景观。经过深入论证，我们明确提出，构建"一环三心、四带七区"的风貌结构，"一环"即以城市干道串联城市主要景观，打造酒泉古今文化辉映和城市生态共生的核心绿道环；"三心"即老城中心、商务商贸中心和行政文化中心，展现城市主要的功能风貌；"四带"即北大河休闲带、东西核心景观带、南北景观带和郊野风光带；"七区"即古城风貌控制区、汉文化核心商贸区、汉韵引导风貌区、现代协调风貌区、汉唐新韵风貌区、汉唐文旅风貌区和现代科技产业风貌区。二是定位发展基调。深入挖掘酒泉独特的丝路文化、边塞文化、敦煌文化、航天文化、民俗文化等，结合历史传承、地域文化、时代要求，深入挖掘区域优秀传统文化，努力实现城市优秀传统文化元素、自然文化特征与建筑设施的完美融合，浓缩提炼体现酒泉历史文化的建筑符号，努力把独具特色的历史文化、地域文化融入城市建设、风貌改造。特别是在老城区，突出古城控制风貌区"汉韵—新汉风—现代传统复合"建筑风貌基调，以浅灰、戈壁黄、明棕、青灰为主色调，对以鼓楼为中心、四大街为主的古城控制风貌区两侧建筑立面、屋顶屋檐、轮廓亮化、街面道路、路灯照明、园林绿化、基础设施、广告牌匾等进行全面改造提升。三是突出鲜明特色。主抓"一街一品""一街一景""一街一韵"，对古城风貌控制区清真文化街区、汉文化核心风貌区历史文化街区进行改造提升，充分凸显古城风貌特色，体现厚重、大气、包容和充满活力的城市个性，建成古城风貌与现代风格交相辉映、相得益彰的城市风貌体系。并以此为基础，逐步延伸发展，科学规划、着力打造一批地域特色鲜明、民俗风味浓厚、宜居宜游宜乐的特色小镇。

其次，从"广度"上把握，形成维度空间和特色集群彰显城市风貌。一是以山为屏，做好"山"的文章。酒泉位于祁连山北侧，在城中常年能看到祁连山雪景，形成了独特的山水背景。要保护好"南望祁连"的山水格局，以鼓楼、市政广场等为基点，严格控制沿线区域建筑高度，保证景观视野畅通无阻，通过规划控制引导，形成多条眺望雪山的视觉通廊，引景入城，形成建筑、道路和水系等城市景观与山体景观形成协调统一景观特征。二是以水为脉，做好"水"的文章。全面加强对城市河道、湖泊、湿地、水系、城市涵养水源地的治理保护，着力建设"海绵城市"再生水利用项目，打造区域景观水系，重点实施和改造北大河景观带、世纪大道水系、美溪公园水系、锦玉公园水系、世纪湖水系等，以城市河道、水系、湖泊、湿地景观提升重组水系格局，优化生态环境，建成"河—湖—城"融合一体的生动水系景观。三是以绿为基，做好"绿"的文章。以创建国家园林城市为目标，制订并实施生态修复工作方案，把城市生态环境作为"有生命的基础设施"，将生态要素引入市区，坚持改造与提升、绿化与美化、植绿与造景相结合，优化城市绿地布局，构建"绿道"系统，积极推进园林式单位、园林式住宅小区创建，鼓励发展屋顶绿化、立体绿化，在老城区实行见缝插绿、拆违建绿、置换增绿、改造扩绿，充分利用弃置地、功能置换用地扩展绿化面积，不断提升城区绿量和绿化造景水平。

第三，从"深度"上把握，注重个性创建和人文环境展现城市风貌。一是体现精管品质。从优化管理系统开始，建立从城市规划、建设施工、城市各功能（生活、交通、环境、商业、教育、文化、治安等）运作体系的设计、运行、管理的一整套完整的体系，建立起规范化、流程化的精细管理制度框架，构筑"制度化"的"刚性"管理环境。二是形成个性标识。突出城市主题文化，形成一系列主题突出的景观、建筑、规划系统，打造一系列主题文化影视剧、宣传品、歌曲、节目，形成综合性、通俗性、唯一性有机统一的"核心磁场"，让市民高度认同，向外界大力推介。三是彰显建筑风格。对道路、桥梁、楼宇、景观、雕塑、城市色彩进行精心设计，做到"一花一木总关情、一路一灯显用心、一楼一店出水平"，形成"一花一世界，一叶一菩提"的审美效果。在建筑设计上，讲究现代文化品位、注重文化特色，形成风格各异而又浑然一体的视觉感受。在亮化工程上，更加衬托文化、体现美感，使城市的山水资源、独特风貌和文化特色充分显现。在打造城市的过程中，既由规划专家设计，也让画家、诗人、作家来品评；既请领导拍板，也让民众举手；既请精英参谋，也让"草根"说话；做到集思广益、共建城市。四是营造包容环境。切实提升管理水平，大力弘扬社会主义核心价值观，发扬"主人翁"精神，形成人与城市共建共享、融通和谐的生动局面，让人民群众把赖以生存的城市当作自己的家来建设和珍惜，引导全体市民和外来游客参与到城市建设与维护中来，形成城市精神、增强城市魅力，共同努力把酒泉城市建成一个宜居、宜业、宜商、宜游的西部明珠城市。

带头发扬南梁精神　助推老区全面小康

张桂山

（甘肃省延安精神研究会庆阳分会）

到 2020 年全面建成小康社会，是中国特色社会主义发展进程中最伟大的成就和里程碑事件。当前，全省上下以习近平新时代中国特色社会主义思想为指导，按照省委省政府的统一部署，齐心协力打赢精准脱贫攻坚战，向着同全国人民一道全面建成小康社会奋力冲刺。在实施精准扶贫脱贫攻坚战役中，各级党委政府、广大党员干部以时不我待的紧迫感和只争朝夕的责任感，敢死拼命、不懈努力，创造了许许多多宝贵成绩和经验，涌现出了无数感人至深的英雄模范人物。记录好这一波澜壮阔的伟大历史进程，是时代赋予党史工作的责任和使命，也为发挥党史工作独特优势提供了广阔舞台。

庆阳是全国重要的革命老区。20 世纪 30 年代初，以刘志丹、谢子长、习仲勋为代表的西北共产党人创建的以南梁为中心的陕甘边和陕甘革命根据地，是土地革命战争后期全国"硕果仅存"的根据地，在中国革命的危机关头，为长征中的党中央和各路红军提供了落脚点，是八路军三大主力开赴抗日前线的出发点，是形成陕甘宁边区的基础条件和重要保障，为中国革命的胜利做出了特殊而重要的贡献。以面向群众，坚守信念，顾全大局，求实开拓为主要内容的南梁精神，是刘志丹、谢子长、习仲勋等老一辈革命家在创建"两点一存"陕甘革命根据地过程中，所培育铸就的共产党人伟大精神、优良作风、崇高品格的杰出代表和智慧结晶，是中华民族伟大精神的时代写照，是新时代革命老区决战决胜全面小康的力量源泉。

1949 年 7 月庆阳全境解放，老区人民开始走上了翻身解放、当家作主的社会主义道路。面对一贫如洗的现状，在党中央和各级党组织的正确领导下，老区人民同心协力医治战争创伤，奋力战胜各种困难，完成社会主义改造，

延安精神永放光芒

建立经济社会新秩序，迎来了各行各业全面发展，也开始了向贫困宣战，努力摆脱贫穷落后面貌的艰苦奋斗历程。特别是1978年改革开放以后，庆阳老区开始了全面反贫困斗争，先后经历了以改革农村经营体制消除贫困为主导、以区域性扶贫开发解决温饱为主要形式、以实施"八七扶贫攻坚计划"为主要措施、以农业农村综合开发为主要扶贫手段、以全方位解决贫困问题为目标和以实施精准扶贫全面建成小康社会为取向的六个扶贫攻坚阶段。经过四十年的不懈努力，扶贫攻坚取得了历史性成就，为同全国人民一道如期实现小康奠定了坚实基础。

最近，省委林铎书记和唐仁健省长对"南梁精神"学术研讨会暨陇东学院建校四十周年做出重要批示，为全省大力弘扬南梁精神指明了方向。传承是最好的纪念，发展是最深的告慰。站在新的起点上，大力弘扬南梁精神，对于凝聚全体人民团结奋进的强大力量，加快庆阳老区发展，如期建成小康社会，建设幸福美丽新甘肃，具有重要而特殊的意义。党史部门和广大党史干部要走在前干在前，发挥特长优势，做出特殊贡献。

一、深度阐释南梁精神丰富内涵

一要宣传好南梁革命根据地"两点一存"重要历史地位。以南梁为中心的陕甘边、陕甘革命根据地的存在发展，粉碎了国民党蒋介石扼杀中国共产党及其领导的革命力量的图谋；为中国革命重心北移并构建新的战略布局创造了条件；为长征结束后各路红军修养生息整合力量并实现新的发展提供了稳定的后方；为推动第二次国共合作，形成抗日民族统一战线，实施全民族抗战举起发挥了重要作用；由此发展而成的陕甘宁革命根据地和陕甘宁边区作为党中央、毛主席的十三年驻地，汇聚了中国共产党主要领导力量，形成了毛泽东思想，为夺取中国革命胜利、建立新中国发挥了重要作用。二要讲好南梁故事。郁达夫曾说过：一个没有英雄的民族是可悲的奴隶之邦，一个有英雄而不知尊重的民族则是不可救药的生物之群。刘志丹、谢子长、习仲勋等南梁革命根据地缔造者和领导者，他们忠诚为党、救国救民的崇高品格和献身精神，感天地、泣鬼神。讲好他们的故事，是传承红色基因，走好新的长征的需要，是开展革命传统教育的宝贵教材。三要解读好南梁精神。南梁精神主要内容概括的四句话都包含特定的要义和丰富的内涵，深入研究其历史价值，揭示其理论精髓，解读其博大体系，才能影响和感召新时代党员干部。

二、激情书写决胜小康光辉历程

一要记录好党中央、国务院和省委、省政府关心支持革命老区扶贫开发所带来的巨大成就和变化。建国后，党中央、国务院和老一辈革命家始终关注惦记着庆阳老区的发展。从1982年"三西"建设开始享受国家扶贫开发扶持政策至今，有效解决了长期困扰老区发展的主要瓶颈问题。省委、省政府13次专题召开老区建设会议，为支持庆阳老区发展量身定做政策措施。这些特殊政策支持，是老区加快发展、消除贫困奔小康的强大力量。二要记录好各级党委、政府带领老区人民战天斗地、攻坚克难，夺取脱贫攻坚战役胜利、全面建成小康的伟大奋斗历程。老区发展的每一项成就、每一个变化，是历届市（地）县乡党委、政府接力抓促、积沙成塔的结果。从实行家庭联产承包责任制到农村"三变"改革，从发展市场经济到实施乡村振兴战略，无不凝结着各级党委政府吃透下情、抢抓机遇、砥砺奋进的心血汗水，记录着愚公移山的铿锵步履。三要记录好各行各业情系老区、奉献爱心、济难扶困的无疆大爱和崇高精神。全面建成小康社会是中华民族共同的事业。在这场伟大斗争中，全国上下、各行各业，有智的献智，有力的出力，涓涓细流汇成了消除贫困的浩瀚大海。中央党史研究室为镇原县争取扶贫资金600多万元，牵线北京市首富村与贫困村结队帮扶。省委组织部帮扶环县取得的变化，当地老百姓有口皆碑。还有"人大代表在行动""我为政协添光彩"等善行义举，汇成了消除贫困的磅礴力量，成为世世代代激励老区人民奋发前行的强大动力。四要记录好奋战在扶贫攻坚一线的广大党员、干部群众和社会团体的英雄模范事迹。在消除贫困的伟大斗争中，无论过去、现在和将来，在贫困地区和贫困群众身边，每时每刻都坚守着一批忘我献身的党员、干部和带头人。环县二合塬村党支部书记黄继龙为贫困群众送化肥途中献出自己宝贵的生命。环县引黄工程坚持施工二十载，多人献出生命，终于将黄河水送到了干旱山区贫困群众家中。他们是新时代弘扬南梁精神的楷模，为他们树碑立传是党和人民的重托！

三、要推动南梁精神落地生根

弘扬和传承南梁精神,目的是保证我们党不忘初心,牢记使命,继续保持革命战争时期党政军民的光荣传统和拼博精神,牢记党为人民服务宗旨,保持党的纯洁性和战斗性,带领全体人民为实现中华民族伟大复兴中国梦而不懈奋斗。因此,一定要体现在干部的思想面貌发生变化上,体现在干事创业的具体行动上,体现在老区建设事业快速健康发展上。要确保南梁精神落地生根,真正带来干部群众思想作风巨大变化,带来庆阳老区、甘肃全省改革开放和建设事业繁荣发展。一要加大南梁精神宣传力度。结合在全党开展的"不忘初心,牢记使命"教育活动,编写宣讲通稿,组建宣讲队伍,在全市和全省深入广泛地开展传承和弘扬南梁精神宣讲活动,通过多种形式宣传介绍南梁精神,扩大南梁精神宣传普及面,组织广大党员干部群众开展学习践行和继承弘扬南梁精神岗位竞赛活动,使南梁精神转化为决胜全面小康的强大力量。二要办好南梁干部学院。推出精品课程,提高办学质量,丰富教学体验,从培训领导干部做起,培养更多的继承和弘扬南梁精神的带头人。三要扩大舆论宣传。及时发现总结和宣传新时代带头践行南梁精神的先进典型,弘扬新风尚,传递正能量,书写新篇章。

独立自主与自力更生的延安精神及其当代价值

张少冬

（中共甘肃省委党校）

延安精神是指20世纪三四十年代以延安为中心，中国共产党领导解放区人民群众进行抗日战争与革命斗争时形成的一种文化现象。延安精神具体表现为中国共产党为争取国家独立与民族解放，与解放区军民同仇敌忾，赶走日本侵略者的坚定信念；中国共产党团结各阶层人民群众，形成紧密和谐党群关系与军民关系的良好风尚；中国共产党自力更生，坚忍不拔，克服战时困难的大无畏精神。其中，为实现国家独立是近代以来中华民族面临的最大历史任务，只有获得国家独立，中国人民才能摆脱受西方列强奴役的命运；延安时期，自力更生也是夺取抗日胜利根本保证。党的十八大以来，习近平提出了中华民族伟大复兴的中国梦，在党的十九大报告中他又指出，实现中华民族伟大复兴是近代以来中华民族最伟大的梦想。中国共产党的延安时期虽已成为历史，但是独立自主、自力更生的延安精神永远都不会过时，这种精神也是新时代实现中华民族伟大复兴的根本保证。

一、独立自主与自力更生表现了中国共产党誓死争取国家主权独立的坚定意志

近代以来，中国饱受西方列强的侵略与压迫，中国沦为半殖民地国家，从此开始了长达100余年争取国家独立与民族解放的斗争。1931年日本发动侵华战争，中国东北沦陷，1937年7月，日本发动全面侵华战争，中国华北失守。日本的侵略加重了中国人民的苦难，中华大地生灵涂炭，民不聊生，中华民族处在存亡续绝的历史关头。这期间由于国民党背叛革命，第一次国共合作破裂，为摆脱国民党的包围追击，中国共产党被迫实行战略转移进行

延安精神永放光芒

长征。1935年10月，中国工农红军到达陕北；1937年1月，中共中央机关迁往延安，从此开始了以延安为领导中心的全国解放区抗日斗争。

日本发动侵华战争后，中国抗日力量壮大的同时，国内也弥漫着悲观与投降的情绪。在这种特殊历史背景下形成的延安精神，其突出特点之一表现为中国共产党维护国家主权独立的坚定意志。早在1931年"九·一八"事变爆发后，中国共产党就发表了一系列宣言与相关文件，并展开了积极的抗日救国运动；在艰苦的长征途中，中共中央于1935年8月1日又发布了《为抗日救国告同胞书》（《八一宣言》），呼吁全国各民族、各党派、各界、各军队在民族危亡之际，应有"兄弟阋于墙，外御其侮"的真诚觉悟，精诚团结，为抗日救国的神圣事业而奋斗。长征结束后，1935年11月28日，中国共产党又以中华苏维埃共和国中央政府主席毛泽东、中国工农红军革命军事委员会主席朱德的名义发布了《抗日救国宣言》，号召全国人民为获得中国民族最后的彻底的解放，要以誓死决心对付中国人民的公敌，展开神圣的反抗日本侵略的民族革命战争[1]。七七卢沟桥事变之后的第二日，1937年7月8日，中国共产党发布宣言，号召"武装保卫平津华北！为保卫国土流最后一滴血！全中国人民、政府和军队团结起来，筑成民族统一战线的坚固的长城，抵抗日寇的侵略！国共两党亲密合作抵抗日寇的新进攻！驱逐日寇出中国！"[2]在艰苦抗战时期，中国共产党人实践了它提出的这些方针政策，领导解放区的人民坚决抗击日本侵略者，并及时揭露、批判和打击国内一切动摇、妥协、退让的力量。

在反法西斯国家联合作战的进程中，中国共产党也始终坚持独立自主原则。中国近代被殖民的苦难说明没有国家主权的独立，就无法实现国家与民族的解放。正因为如此，第二次世界大战期间，在反法西斯盟国联合抗日的进程中，中国共产党一直坚持要在维护国家主权独立的前提下与盟国合作。毛泽东多次指出，即使苏美英法等国家同情和支持中国的抗日，也要在"不丧失领土主权的条件下争取他们的援助"，[3]"在不丧失领土主权的范围内，和一切反对日本侵略主义的国家订立反侵略的同盟及抗日的军事互助协定"。[4]

强调国家主权独立并非盲目排外。抗战期间，中国共产党以开放的胸襟提出要加强与世界上其他国家的联系。1936年初冬，毛泽东与美国记者斯诺在延安谈话时提出:"当中国真正获得独立时,那么外国正当贸易利益就可享有比以前更多的机会。"1941年5月1日,《陕甘宁边区施政纲领》第二十一条以更为开放的姿态规定:"在尊重中国主权与遵守政府法令的原则下,允许任何外国人到边区游历,参加抗日工作。"[5]

1945年世界反法西斯战争进入尾声,日本侵略者已经穷途末路。经过艰苦抗战,中国人民终于要迎来国家的独立了,虽然西方列强绝不会轻易放弃它们在中国的特权,但是毛泽东在《论联合政府》一文中表明了中国对外关系争取国家独立和平等国际地位的立场,并提出:"中国人民欢迎许多外国政府宣布废除对于中国的不平等条约,并和中国订立平等新约的措施。"[6]新中国成立后,宣布不承认西方列强与旧中国政府签订的一切不平等条约,中国沦为半殖民地的历史终于画上了句号。

二、独立自主与自力更生为夺取抗日战争胜利创造了物质财富与精神财富

第二次世界大战期间,为反对和打击共同的敌人,反法西斯国家结成了统一联盟共同抗敌,中国是反法西斯阵线的最重要国家之一,中国抗日也是为世界反法西斯战争流血牺牲,毛泽东因此指出:"我们需要外援的配合,我们的敌人是世界性的敌人,中国的抗战是世界性的抗战。中国如果战败,英美等国将不能安枕,援助中国就是援助他们自己。"[7]但是由于各盟国有不同的利益诉求,因而不可避免存在潜在的矛盾;习惯实行强权政治的西方大国,也不会因为与弱小国家同属一个阵营而完全放弃它们的利益。中国的抗日战争期间虽然能够得到美苏英等盟国的援助,但是中国争取国家独立的目标与这些大国在中国的殖民特权存在不可调和的矛盾,这也意味着外援可能因彼此间利益的冲突随时中断。中国要获得国家的完全独立,不仅要赶走日本侵略者,也要废除西方大国在中国的特权,因此,从盟国联合抗日伊始,中国共产党就清醒地意识到,在积极争取外援的同时,一定要保持自身的独立性,坚持自力更生,依靠本国人民的力量赶走一切侵略者。可以说,自力更生的延安精神是中国共产党抗日的立足点,中国共产党人在抗战的全部过程践行和培育了这种精神。

1937年7月23日,毛泽东在《反对日本进攻的方针、办法和前途》一文中就指出:"战胜日寇主要依靠自己的力量;但外援是不可少的,孤立政策是有利于敌人的。"[8]反法西斯战争初期,由于美英法等国家把主要力量放在欧洲,不可避免减少了对中国的援助。1938年10月,毛泽东在中国共产党第六届中央委员会扩大第六次全体会议上做《论新阶段》报告时提出:"新的抗战形势中可能暂时地减少一部分外国的援助,加重了中国自力更生的意义,中国无论何时也应以自力更生为基本立脚点。"[9]1939年9月28日,在阐述外援与自力更生的关系时,毛泽东再次提出:"中国的外交政策,很明显的,应该是抗日的外交政策。这个政策以自力更生为主,同时不放弃一切可能争取的外援。"[10]

正是在自力更生这一抗日方针政策的指导下,中共国产党领导敌后解放区的抗日战争与国民党正面抗战形成有力配合,使日本"三个月灭亡中国"的狂妄计划迅速破裂。在整个抗战过程,中国共产党只得到了美苏英等国非常有限的援助,而且在抗战后期,国民党政府对中国共产党进行了封锁和压制。在严酷的抗日条件与环境中,中国共产党自己动手,丰衣足食,开展了大生产运动,不仅创造了夺取抗战胜利的物质基础,而且也培育了中国共产党人自力更生、艰苦奋斗的精神。毛泽东总结解放区的抗日战争运动时指出:"七年以来,近五十万的八路军新四军和八千余万被解放了的人民,在华北、华中、华南三大敌后战场奋勇作战。很久以来,事实上敌后战场成了中国抗战的最重要战场。在这里,抗击了在华敌伪全部兵力的六分之五;在这里,几乎一切中国的大城市均被八路军新四军所围困;在这里,大部分的敌占海岸线均被我们控制了。"[11]1945年8月13日,毛泽东在《抗日战争胜利后的时局和我们的方针》一文中指出:"放在自己力量的基点上,叫做自力更生。我们并不孤立,全世界一切反对帝国主义的国家和人民都是我们的朋友。但是我们强调自力更生,我们能够依靠自己组织的力量,打败一切中外反动派。"[12]

三、独立自主与自力更生精神新时代实现中华民族伟大复兴的根本保证

延安精神属于中国人民抵抗日本侵略者、实现国家独立的可歌可泣历史的一部分。历史已然逝去,但延安精神中独立自强的精神永远都没有过时。新中国的成立实现了近代以来中国无数先烈梦寐以求的国家独立。在面临西

方大国的封锁与孤立时，新中国凭借独立自主、自力更生的精神巩固了国家独立，使社会主义各项事业稳步向前发展；改革开放以来，中国能够取得前所未有的发展成就，同样离不开独立自主、自力更生的精神。今天中国的综合实力与1949年的新中国已不可同日而语，但是，在科技发展水平方面，中国与发达国家依然存在很大差距。2016年以来，美国发动主要针对中国的贸易大战，就暴露了这种差距带来的被动局面。

十八大以来，中国共产党提出中华民族伟大复兴的中国梦，但是在科技发展水平方面，我们依然与发达国家存在很大差距，这也是横亘在中华民族伟大复兴道路上的巨大障碍。早在2013年3月，习近平在参加全国政协十二届一次会议科协、科技界委员联组讨论时就指出，我国科技关键领域核心技术受制于人的格局没有从根本上改变。2014年6月9日，习近平在中国科学院第十七次院士大会、中国工程院第十二次院士大会上的讲话中再次指出，新中国成立以来，党中央"团结带领广大科技工作者和全国各族人民自力更生、艰苦奋斗，建立起全面独立的科研体系，形成了规模宏大的科学技术队伍，取得了一个又一个举世瞩目的科技成就"。[13]但是我国经济规模依然大而不强，经济增速快而不优，"关键领域核心技术受制于人的格局没有从根本上改变。"[14] 2016年1月18日，习近平在省部级主要领导干部学习贯彻党的十八届五中全会精神专题研讨班上的讲话中指出，我国科技产业"还处于全球价值链中低端，军事、安全领域高技术方面同发达国家仍有较大差距"。[15]针对我国互联网技术受制于人的现状，2016年4月19日，习近平在网络安全和信息化工作座谈会上的讲话中指出了这种被动地位的严重后果："互联网核心技术是我们最大的'命门'，核心技术受制于人是我们最大的隐患。一个互联网企业即便规模再大、市值再高，如果核心元器件严重依赖外国，供应链的'命门'掌握在别人手里，那就好比在别人的墙基上砌房子，再大再漂亮也可能经不起风雨，甚至会不堪一击。"[16]

针对我国目前科技水平依然受制于人的现状，习近平在很多场合都提出一定要发挥独立自主、自力更生的精神，奋起直追，改变这种被动局面。2014年6月9日，习近平在中国科学院第十七次院士大会、中国工程院第十二次院士大会上的讲话中指出："实践告诉我们，自力更生是中华民族自立于世界民族之林的奋斗基点，自主创新是我们攀登世界科技高峰的必由之路。"[17]2015年9月2日,习近平在颁发"中国人民抗日战争胜利70周年"纪念章仪式上的讲话中,回顾抗日战争的历史时讲道:"毛泽东同志说过,我们中华民族有同自己的敌人血战到底的气概,有在自力更生的基础上光复旧物的决心,有自立于世界民族之林的能力。"[18] 2018年4月10日,博鳌亚洲论坛2018年年会在海南召开,习近平在会上指出:"改革开放40年来,中国人民成功开辟出一条既独立自主、自力更生,又注重对外开放、合作共赢的中国特色社会主义道路。"[19]习近平的上述讲话,既指出新时代我们必须依靠独立自主、自力更生提高科技水平,同时也强调要坚持对外开放,与世界上其他国家实现合作共赢。随着时代的发展变化,独立自主、自力更生有了新的内涵和新的使命,这是新时代对延安精神的继承和发展。

结语

抗战时期,独立自主与自力更生的延安精神凝聚了解放区的军民力量,为夺取抗战胜利,实现国家与民族的解放发挥了不可磨灭的历史功绩;新中国成立后,独立自主与自力更生的精神成为中国人民巩固革命成果,建设社会主义事业的巨大动力;改革开放以来,中国社会主义事业之所以能够取得伟大成就,离不开独立自主与自力更生的精神;新时代实现中华民族伟大复兴的历史使命,同样需要继续发挥独立自主与自力更生的精神。

参考文献:

[1]毛泽东文集(第一卷)[M].第360-361页.

[2]毛泽东选集(第二卷)[M].北京:人民出版社1991年版,第344页.

[3]毛泽东选集(第二卷)[M].北京:人民出版社1991年版,第347页.

[4]毛泽东外交文选[M].北京:中央文献出版社、世界知识出版社1994年版,第2页.

[5]毛泽东文集(第二卷)[M].北京:人民出版社1993年版,第337页.

[6]毛泽东选集(第三卷)[M].北京:人民出版社1991年版,第1085—1086页.

[7]毛泽东外交文选[M].北京:中央文献出版社、世界知识出版社1994年版,第19页.

[8]毛泽东选集(第二卷)[M].北京:人民出版社1991年版,第37页.

[9]毛泽东外交文选[M].北京:中央文献出版社、世界知识出版社1994年版,第16页.

[10]毛泽东外交文选[M].北京:中央文献出版社、世界知识出版社1994年版,第3页.

[11]毛泽东外交文选[M].北京:中央文献出版社、世界知识出版社1994年版,第35页.

[12]毛泽东选集(第四卷)[M].北京:人民出版社1991年版,第1132页.

[13]习近平.在中国科学院第十七次院士大会、中国工程院第十二次院士大会上的讲话,人民日报[N].2014年6月10日,第002版.

[14]习近平.在中国科学院第十七次院士大会、中国工程院第十二次院士大会上的讲话,人民日报[N].2014年6月10日,第002版.

[15]习近平.在省部级主要领导干部学习贯彻党的十八届五中全会精神专题研讨班上的讲话[N].人民日报2016年5月10日,第002版.

[16]习近平.在网络安全和信息化工作座谈会上的讲话[N].人民日报2016年4月26日,第002版.

[17]习近平.在中国科学院第十七次院士大会、中国工程院第十二次院士大会上的讲话[N].人民日报2014年6月10日,第002版.

[18]习近平.在颁发"中国人民抗日战争胜利70周年"纪念章仪式上的讲话[N].人民日报2015年9月3日,第002版.

[19]习近平.开放共创繁荣创新引领未来——在博鳌亚洲论坛2018年年会开幕式上的主旨演讲[N].人民日报2018年4月11日,第003版.

我国经济发展环境变化趋势与经济转型特征研究

赵具安

（中共天水市委党校）

近年来，国际国内经济环境正在发生着一些重大的甚至是带有根本性的变化，准确把握这些变化趋势及其影响，对加快推进我国经济转型升级和经济发展方式的转变，努力打造中国经济升级版，具有十分重要的意义。

一、国际经济深度调整、主要经济体经济低迷和出口导向发展模式调整趋势

2008年国际金融和经济危机后，主要经济体经济增长速度大都经历了危机时期迅速下滑，然后在宽松货币政策和积极财政政策等干预政策下迅速提升，随后随着政策效果的下降和干预政策的减弱再一次下滑，再随着经济运行健康程度和经济运行环境的改善又出现提升势头。据世界银行2014年6月发布的《全球经济展望》预测，全球经济预计将在今年晚些时候逐渐加速，预测今年可达2.8%，2015年和2016年回升至3.4%和3.5%；高收入国家的复苏势头正在加快，预计这些经济体在2014年增长1.9%，2015年加快至2.4%，2016年加快至2.5；发展中国家预计今年增长4.8%，有迹象表明在2015年和2016年会逐渐走强，回升至5.4%和5.5%。据国际货币基金组织2014年1月发布的《世界经济展望》预测，世界产出增速将从2012年的3.1%、2013年的3.0%提升到2014年的3.7%、2015年的3.9%；先进经济体产出增速将从2012年的1.4%、2013年的1.3%提升到2014年的2.2%、2015年的2.3%；新兴和发展中经济体产出增速将从2012年的4.9%、2013年的4.7%提升到2014年的5.1%、2015年的5.4%。但是，主要发达经济体和发展中经济体的经济增速普遍没有复苏到危机前的水平（见表1），经济增速恢复比较缓慢，一些国家的脆弱性依然存在。虽然发达经济体对世界经济增长的贡献在提升，据世界银

表1 主要发达经济体和发展中经济体金融危机前后经济增长率表（%）

年份	美国	日本	德国	法国	英国	意大利	加拿大	俄罗斯	中国	印度	巴西	南非
2000	4.1	2.3	3.1	3.7	4.4	3.7	5.1	10.0	7.6	3.8	4.3	4.2
2001	0.9	0.4	1.5	1.8	2.2	1.9	1.7	5.1	8.3	4.8	1.3	2.7
2002	1.8	0.3	0.0	0.9	2.3	0.5	2.8	4.7	9.1	3.8	2.7	3.7
2003	2.8	1.7	-0.4	0.9	3.9	0.0	1.9	7.3	10.0	7.9	1.1	2.9
2004	3.8	2.4	1.2	2.5	3.2	1.7	3.1	7.2	10.1	7.9	5.7	4.6
2005	3.4	1.3	0.7	1.8	3.2	0.9	3.0	6.4	11.3	9.3	3.2	5.3
2006	2.7	1.7	3.7	2.5	2.8	2.2	2.8	8.2	12.7	9.3	4.0	5.6
2007	1.8	2.2	3.3	2.3	3.4	1.7	2.2	8.5	14.2	9.8	6.1	5.5
2008	-0.3	-1.0	1.1	-0.1	-0.8	-1.2	0.7	5.2	9.6	3.9	5.2	3.6
2009	-2.8	-5.5	-5.1	-3.1	-5.2	-5.5	-2.7	-7.8	9.2	8.5	-0.3	-1.5
2010	2.5	4.7	4.0	1.7	1.7	1.7	3.4	4.5	10.4	10.3	7.5	3.1
2011	1.8	-0.5	3.3	2.0	1.1	0.4	2.5	4.3	9.3	6.6	2.7	3.6
2012	2.8	1.4	0.7	0.0	0.3	-2.4	1.7	3.4	7.7	4.7	1.0	2.5
2013	1.9	1.5	0.4	0.2	1.7	-1.9	2.0	1.3	7.7	5.0	2.5	1.9

资料来源：世界银行网站（http：//data.worldbank.org/indicator/NY.GDP.MKTP.KD.ZG/countries/1W？ page=1&display=default）

行2014年6月发布的《全球经济展望》预测，高收入经济体增长加速将成为发展中国家的重要推动力，高收入经济体预计未来三年将向全球需求再注入6.3万亿美元，远超他们在过去三年贡献的3.9万亿美元，也超过了发展中国家的预计贡献。但是，国际金融与经济危机使美国、欧盟等发达经济体以高资产价格为基础、过度输出本国货币、大量输入外国商品的举债消费、过度消费模式难以为继，美国等发达国家大量输出货币、国际贸易大量逆差和中国等发展中国家大量输出商品、国际贸易大量顺差、大量输入国际货币借据的失衡，使世界经济被迫调整。这使发达国家对世界经济增长的带动能力下降，我国产品和服务的国外需求会受到明显抑制。受此影响，我国外贸增速明显下降，最近两年进出口增速已大幅下滑到个位数，虽然与很低的国际贸易增速相比中国进出口增速仍远高于世界平均水平，但自身纵向比却有很大差距（见表2）。同时，随着我国外汇储备的大量积累，大量贸易顺差和大量积累外汇储备的发展模式已不符合我国的利益需要。与国际贸易增速下降相一致，我国经济增速明显下滑，开始进入增速8%以下的次高速甚至中低速发展阶段（见表3）。改革开放以来作为长期支撑我国经济快速增长重要动力的出口对我国经济增长的贡献将会下降，以长期大量积累贸易顺差拉动经济增长的不合理的出口导向发展模式将被迫加速调整。

表2 我国货物进出口总额增速表（以美元计算%）

年份	2000	2001	2002	2003	2004	2005	2006
进出口增速	31.5	7.5	21.8	37.1	35.7	23.4	23.8
年份	2007	2008	2009	2010	2011	2012	2013
进出口增速	23.6	17.8	-13.9	34.7	22.5	6.2	7.6

资料来源：根据国家统计局网站数据计算

表3 我国GDP增速表（%）

年份	2000	2001	2002	2003	2004	2005	2006
GDP增速	8.0	8.3	89.1	10.0	10.1	10.2	11.1
年份	2007	2008	2009	2010	2011	2012	2013
GDP增速	13.0	9.6	9.1	10.4	9.3	7.7	7.7

资料来源：国家统计局发布数据

二、国内投资空间趋于缩小、投资收益下降与消费需求重要性日益提升趋势

本世纪以来，投资在多个年份超过消费，是我国经济增长最重要的驱动因素（见表4）。从发展趋势看，随着多年持续大规模进行基础设施建设，沿

表4 三大需求对国内生产总值的贡献率（%）

年 份	2000	2001	2002	2003	2004	2005	2006
最终消费支出对国内生产总值增长贡献率	65.1	50.2	43.9	35.8	39.0	39.0	40.3
资本形成总额对国内生产总值增长贡献率	22.4	49.9	48.5	63.3	54.0	38.8	43.6
货物和服务净出口对国内生产总值增长贡献率	12.5	-0.1	7.6	0.9	7.0	22.2	16.1
年 份	2007	2008	2009	2010	2011	2012	
最终消费支出对国内生产总值增长贡献率	39.6	44.2	49.8	43.1	56.5	55.0	
资本形成总额对国内生产总值增长贡献率	42.4	47.0	87.6	52.9	47.7	47.1	
货物和服务净出口对国内生产总值增长贡献率	18.0	8.8	-37.4	4.0	-4.2	-2.1	

资料来源：国家统计局网站

海地区铁路、公路、港口、机场等基础设施已接近饱和，中西部地区基础设施短缺程度也有所缓解，虽然政府放松了一些领域的投资限制，大力推进新型城镇化进程。但基础设施投资空间将趋于缩小，投资增速将有所放缓。而且，随着我国经济增速的下降，财政收入增速将随之下滑，加上对地方政府融资平台的规范，政府的投资能力将受到影响。从产业投资趋势看，传统产业产能过剩严重，产业投资收益率趋于下降。以增量投资和增量产出之比计算得到的增量资本产出率，国际平均水平是2，而我国的增量资本产出率始终高于国际平均水平，并从1992年的2.4稳步提高到2007年的4.2。近年来该比率由于超常高水平的投资增速而猛增到2008年的6.26、2009年创纪录的7.8和

2010 年的 7.3。① 产业投资产出率的下降，将抑制我国的产业投资。投资和净出口对我国经济增长贡献下降，国内消费需求，特别是居民消费需求，必将成为驱动我国经济增长最重要的动力和政府强力推动的领域，消费需求产业，特别是居民消费需求产业将成为经济的主要增长点。

三、生产要素成本的上升和低成本竞争优势衰微趋势

随着我国经济的持续快速增长和生产要素使用的大幅增加，生产要素的供求关系发生重大变化。劳动力供给不断趋紧，剩余劳动力转移已近临界，"劳动力无限供给"态势趋于终结。土地、能源和矿产资源等自然资源日渐紧缺，发展的资源约束趋紧。与此相应，各类生产要素价格不断提升。劳动力成本提升迅速，城镇单位就业人员平均货币工资 2012 年是 2000 年的 5.01 倍，按汇率折算成美元工资为 6.57 倍；除国有单位、城镇集体单位外的城镇其他单位就业人员最能体现市场化用工和市场化工资水平，其平均货币工资 2012 年是 2000 年的 4.13 倍，换算成美元为 5.41 倍（见表 5）。劳动力价格的上涨产生了系统性影响，劳动密集型产品和服务价格普遍上扬甚至大幅上扬。中国的劳动力成本已高于若干东南亚等地发展中国家，劳动力的低成本优势在迅速下降，部分劳动密集型企业开始向东南亚等劳动力成本更低的发展中国家迁移。据中证网援引《第一财经日报》的报道，目前中国大陆东部沿海地区工人月薪大约是 500 美元，印尼大约 300 美元，而越南只有 250 美元左右。柬埔寨鞋厂及制衣厂的工人月薪大约 100 美元。根据亚洲鞋业协会调查的结果显示，自从 2008 年金融危机爆发以来，随着中国制造成本节节攀升，目前东南亚鞋业已抢走中国 30% 的订单。② 同时，理论界和政府层面对要素低价格、资源高消耗负面影响的认识日益深入，对资源的保护程度不断提升，随着资源环境领域改革的深入，资源性产品价格要反映市场供求和资源稀缺程度、体现生态价值和代际补偿要求，资源性产品价格将呈上升趋势。在资金面上，虽然总体资金供给比较宽松，但随着金融体制改革的深入，存款基础利率被

---

① 刘元春，陈彦斌. 我国经济增长趋势和政策选择 [J]. 中国高校社会科学 2013 年第 2 期第 109-125 页.

② 中国制鞋工人工资 10 年增 3.5 倍东南亚抢走 30% 订单 [EB/OL]. http://www.cs.com.cn/xwzx/cj/201405/t20140520_4395348.html.

人为压低的扭曲状态将会改变，资金利率将趋于正常化，正规融资渠道的融资成本将在一定时期内上扬。再加上人民币的升值，社会保障体系覆盖面的不断扩大，我国产品的成本优势在不断削弱，低成本竞争的工业化道路不可持续的特征逐步凸显出来，多年持续的以要素低成本优势支撑的发展模式将日渐衰微。

表5 城镇单位就业人员平均工资变化情况表

年 份	2012	2011	2010	2009	2008	2007	2006
城镇单位就业人员平均工资（元）	46769	41799	36539	32244	28898	24721	20856
城镇单位就业人员平均货币工资指数（上年=100）	111.9	114.4	113.3	111.6	116.9	118.5	114.6
城镇单位就业人员平均实际工资指数（上年=100）	109	108.6	109.8	112.6	110.7	113.4	112.9
其他城镇单位就业人员平均工资（元）	46360	41323	35801	31350	28552	24271	21004
其他城镇单位就业人员平均货币工资指数（上年=100）	112.2	115.4	114.2	109.8	117.6	115.6	114.4
其他城镇单位就业人员平均实际工资指数（上年=100）	109.3	109.6	110.7	110.8	111.4	110.6	112.7
人民币兑美元汇率（美元=100）	631.25	645.88	676.95	683.1	694.51	760.4	797.18
城镇单位就业人员换算美元平均工资（美元）	7408.95	6471.64	5397.59	4720.25	4160.92	3251.05	2616.22
城镇单位就业人员美元平均工资指数（上年=100）	114.48	119.90	114.35	113.44	127.99	124.27	117.75
其他城镇单位就业人员换算美元平均工资（美元）	7344.16	6397.94	5288.57	4589.37	4111.10	3191.87	2634.79
其他城镇单位就业人员美元平均工资指数（上年=100）	114.79	120.98	115.24	111.63	128.80	121.14	117.54

延安精神永放光芒

续表

年 份	2012	2011	2010	2009	2008	2007	2006
城镇单位就业人员平均工资（元）	18200	15920	13969	12373	10834	9333	—
城镇单位就业人员平均货币工资指数（上年=100）	114.3	114	112.9	114.2	116.1	112.2	—
城镇单位就业人员平均实际工资指数（上年=100）	112.5	110.3	111.9	115.4	115.3	111.3	—
其他城镇单位就业人员平均工资（元）	18362	16519	14843	13486	12437	11238	—
其他城镇单位就业人员平均货币工资指数（上年=100）	111.2	111.3	110.1	108.4	110.7	110.8	—
其他城镇单位就业人员平均实际工资指数（上年=100）	109.4	107.7	109.1	109.5	109.9	109.9	—
人民币兑美元汇率（美元=100）	819.17	827.68	827.7	827.7	827.7	827.84	—
城镇单位就业人员换算美元平均工资（美元）	2221.76	1923.45	1687.69	1494.87	1308.93	1127.39	—
城镇单位就业人员美元平均工资指数（上年=100）	115.51	113.97	112.90	114.21	116.10	—	—
其他城镇单位就业人员换算美元平均工资（美元）	2241.54	1995.82	1793.28	1629.33	1502.60	1357.51	—
其他城镇单位就业人员美元平均工资指数（上年=100）	112.31	111.29	110.06	108.43	110.69	—	—

资料来源：国家统计局网站及根据数据计算

四、资源环境约束强化、经济发展空间趋紧与经济向绿色高效发展转变趋势

我国资源存量状况及特征是:"资源总量大、种类全,但人均少,质量总体不高。人均耕地、林地、草地面积和淡水资源分别仅相当于世界平均水平的43%、14%、33%和25%,主要矿产资源人均占有量占世界平均水平的比例分别是煤67%、石油6%、铁矿石50%、铜25%。矿产资源品位低、贫矿多,难选冶矿多;土地资源中难利用地多、宜农地少;水土资源空间匹配性差,资源富集区与生态脆弱区多有重叠。"作为世界工厂和制造大国,我国资源能源消费量巨大。"据统计,2012年,中国精炼铜、精炼铝、精炼铅、精炼锌、精炼镍和精炼锡的消费量均居世界第一。其中,消费精炼铜884.0万吨,占世界的43.3%;精炼铝2027.5万吨,占世界的45%;精炼铅467.3万吨,占世界的44.8%;精炼锌539.6万吨,占世界的43.8%;精炼镍83.73万吨,占世界的47.7%;精炼锡17.64万吨,占世界的48.9%。"我国能源的产出效率较低,与发达国家有很大的差距。2012年我国一次能源消费量36.2亿吨标煤,消耗全世界20%的能源,单位GDP能耗是世界平均水平的2.5倍,美国的3.3倍,日本的7倍,同时高于巴西、墨西哥等发展中国家。据中国工程院院士、原能源部副部长陆佑楣测算,在能源消费总量不变的情况下,如果中国单位GDP能耗达到世界平均水平,我国GDP规模可达到87万亿元;达到美国能效水平,GDP规模达109万亿元;达到日本能效水平,GDP规模为175万亿元。由于资源消费迅速增加,加之资源利用粗放,国内能源资源消耗迅速,一些重要矿产资源进口数量不断增加,数额巨大,对外依存度不断提升,石油、铁、铜、铝、钾盐等对外依存度均超过50%。"2012年,进口石油3.11亿吨,对外依存度为57.8%;进口煤炭2.89亿吨;进口铁矿石7.44亿吨,对外依存度为58.7%;进口铜精矿782.7吨;进口铝精矿3961.10吨;进口钾盐657.0万吨。"我国重要能源资源可持续供应能力不足。"油气人均剩余可采储量仅为世界平均水平的6%,石油年产量仅能维持在2亿吨左右,常规天然气新增产量仅能满足新增需求的30%左右。""如果继续沿袭现行资源利用方式,我国主要矿产资源供需矛盾将更加突出,资源短缺将从部分矿种向全面短缺演变。"随着全球矿产资源竞争加剧和矿产资源价格的走高,境外矿产资源利用的难度、成本和风险在不断增加，资源约束将成为未来一段时期我国经济发展的常态特征，资源成为制约我国经济发展的重要瓶颈。多年经济的持续快速发展和高消耗、高排放、高污染的粗放经济发展方式，使我国污染物排放量巨大，环境污染严重，损害群众健康的环境问题突出，环境污染呈现出广泛性、基础性、系统性特征。"2013年，七大水系监测的577个国控断面中，劣V类占10.8%。"2013年，根据全年的监测，74个城市有3个城市达到了空气质量二级标准，其他71个城市均不同程度地存在超过新空气质量标准的情况。从达标的天数分析，74个城市的平均达标天数仅为221天，达标率占60.5%。从污染物的浓度分析，74个城市中，PM2.5的浓度年均值是72微克每立方米，超过了二级标准1.1倍。据2014年4月发布的首次全国土壤污染调查报告，全国土壤环境状况总体不容乐观，部分地区土壤污染较重，耕地土壤环境质量堪忧，工矿业废弃地土壤环境问题突出。全国土壤总的超标率为16.1%，其中轻微、轻度、中度和重度污染点位比例分别为11.2%、2.3%、1.5%和1.1%。耕地土壤点位超标率为19.4%，其中轻微、轻度、中度和重度污染点位比例分别为13.7%、2.8%、1.8%和1.1%。我国环境总体恶化的趋势尚未根本改变，压力还在加大，环境问题呈现明显的结构型、压缩型、复合型特点，环境形势依然严峻，污染物减排任务艰巨，环境污染治理和环境基础设施建设投入巨大。"2011年，全社会环保投入是6026亿元；2012年是8253亿元，占国内生产总值（GDP）的1.59%。2013年，我们预计将超过1万亿元。我们预计，'十二五'期间，全社会环保投入可能要超过5万亿元。"随着资源的日益紧缺和环境容量不断地被挤压，随着政府向污染的开战，经济运行将进入到未来的资源生产率时代、环境生产率时代，制约我国经济发展的稀缺资源将越来越转移到能源资源、大气容量、土地生产能力这样的自然资本，我国经济发展的门槛会不断提升，节约集约利用能源资源、保护生态环境的生态文明发展道路，绿色发展、循环发展、低碳发展等绿色发展方式，清洁生产的生产方式，将成为未来经济发展的趋势。

五、传统产品买方市场持续发展、传统产业发展空间有限及服务业、战略性新兴产业发展前景良好特征

我国绝大部分产品处于买方市场，大量产业产能过剩，传统产品市场竞

争激烈，发展空间有限，尤其是重工业产能过剩严重。"2012年底，我国钢铁、水泥、电解铝、平板玻璃、船舶产能利用率分别仅为72%、73.7%、71.9%、73.1%和75%，明显低于国际通常水平。钢铁、电解铝、船舶等行业利润大幅下滑，企业普遍经营困难。"①据统计局调查，2013年上半年，我国工业产能利用率为78%，是2009年第四季度以来的最低点。在39个产品中，有21个产能利用率低于75%，其中光伏、电石等产品甚至不足60%。②同时，一些产能过剩行业产能仍在增加。与产能过剩相对应，产能过剩行业亏损面大。"2013年钢铁行业的平均利润率为2.16%，亏损面23.4%；电解铝4.25%，有色金属（含电解铝）亏损面19.81%；水泥7.9%，平板玻璃6%，建材（含水泥、平板玻璃）亏损面12.47%，船舶为23%（上半年）。"③另一方面，随着人民群众收入和生活水平的不断提高，产业分工的进一步细化深化，生产性服务业和生活性服务业发展空间巨大。近年来，我国服务业发展速度加快，金融业、批发零售业、文化、旅游等产业快速发展，电子商务、增值电信、新一代信息技术服务、地理信息、动漫游戏、检验检测、气象服务等新型服务业态加速发展，认证认可、合同能源管理、环境服务、人力资源服务、家政服务等一批适应市场需求的新兴服务产业蓬勃发展④，服务业对国民经济增长的贡献呈上升趋势（见表6）。"十一五"时期，服务业增加值年均增长11.9%，高于国内生产总值年均增速0.7个百分点，比"十五"时期加快1.4个百分点。2013年，我国第三产业增加值占国内生产总值的比重为46.1%，第二产业增加值比重为43.9%，第三产业增加值占比超过了第二产业。在金融经济危机后，国际范围内抢占科技和经济制高点的竞争激烈上演，主要经济体都提出了抢占科技和经济制高点，在下一轮世界科技与经济竞争中取得优势，在国际经济格局调整中赢得有利地位的战略性产业的发展方向，我国也提出了发展包括节能环保、新一代信息技术、生物、高端装备制造、新能

---

① 国务院关于化解产能严重过剩矛盾的指导意见[R].
② 全国工业产能利用率创近四年新低[EB/OL]. http://news.xinhuanet.com/fortune/2013-11/21/c_125737763.htm.
③ 赵昌文.中国的产能过剩风险及其化解[EB/OL]. http://economy.caixin.com/2014-03-20/100654059.html.
④ 服务业发展"十二五"规划[R].

源、新材料、新能源汽车等产业的战略性新兴产业。战略性新兴产业以重大技术突破和重大发展需求为基础,对经济社会全局和长远发展具有重大引领带动作用,知识技术密集、物质资源消耗少、成长潜力大、综合效益好。近年来,我国战略性新兴产业呈总量快速增长、效益持续提升的态势,部分产业增长速度达到工业经济总体增速的两倍左右,部分行业利润增速及主营业务收入利润率均高于同期工业总体水平。按照《"十二五"国家战略性新兴产业发展规划》部署,我国战略性新兴产业规模年均增长率要保持在20%以上,到2015年,战略性新兴产业增加值占国内生产总值比重要达到8%左右;到2020年,要力争使战略性新兴产业增加值占国内生产总值比重达到15%,节能环保、新一代信息技术、生物、高端装备制造产业成为国民经济支柱产业,新能源、新材料、新能源汽车产业成为国民经济先导产业。战略性新兴产业具有良好的发展前景,孕育着巨大的发展空间。

表6 我国三次产业贡献率表(%)

年份	2000	2001	2002	2003	2004	2005	2006
第一产业对GDP的贡献率	4.4	5.1	4.6	3.4	7.8	5.6	4.8
第二产业对GDP的贡献率	60.8	46.7	49.8	58.5	52.2	51.1	50.0
工业对GDP的贡献率	57.6	42.1	44.4	51.9	47.7	43.4	42.4
第三产业对GDP的贡献率	34.8	48.2	45.7	38.1	39.9	43.3	45.2
年份	2007	2008	2009	2010	2011	2012	
第一产业对GDP的贡献率	3.0	5.7	4.5	3.8	4.6	5.7	
第二产业对GDP的贡献率	50.7	49.3	51.9	56.8	51.6	48.7	
工业对GDP的贡献率	44.0	43.4	40.0	48.5	44.7	40.6	
第三产业对GDP的贡献率	46.3	45	43.6	39.3	43.8	45.6	

资料来源:国家统计局网站

六、经济增长方式的转变和要素投入结构的调整趋势

随着生产要素供需关系的改变、产品成本的提升、资源环境约束的强化，经济增长主要依靠物质资源消耗和简单劳动投入的外延式、粗放式、低附加值生产方式难以为继，依靠生产要素数量扩张获取发展红利的空间越来越小。经济形势的变化，要求我国必须进行经济结构的调整升级，大力发展附加值更高、能容纳更高生产要素成本的产业，以消化成本不断上升带来的巨大压力，实现我国经济的可持续发展，并为劳动力等生产要素报酬的不断提升开拓空间。从生产要素的供给结构看，我国生产要素的质量在不断提升，这一方面为我国经济结构的调整升级提供了良好的支撑条件，另一方面也迫切需要通过经济结构的升级为高质量生产要素提供充分发挥作用和获取较高报酬的平台。从劳动力的结构看，1982年7月1日到2010年11月1日，我国每十万人中大学文化程度的人口从615人增加到8930人，增加13.52倍；高中程度的人口从6779人增加到14032人，增加1.07倍；初中程度的人口从17892人增加到38788人，增加1.17倍；受过高等教育的劳动力在20世纪90年代以来迅速增加（我国第三至第六次全国人口普查每十万人中各种受教育程度人口情况，见表7）。近年来出现的"招工难"和大学生"就业难"并存的矛盾，正是我国劳动力供给结构迅速高度化与产业结构和劳动力需求结构升级缓慢矛盾的集中体现。从各行业收入情况看，2013年城镇分行业就业人员年平均工资中，非私营单位的工资水平超过平均水平的行业依次为：金融业，信息传输、软件和信息技术服务业，科学研究和技术服务业，电力、热力、燃气及水生产和供应业，租赁和商业服务业，采矿业，文化、体育和娱乐业，卫生和社会工作，交通运输、仓储和邮政业，教育。私营单位超过平均水平的行业依次为：信息传输、软件和信息技术服务业，科学研究和技术服务业，金融业。租赁和商业服务业，房地产业，建筑业，卫生和社会工作，交通运输、仓储和邮政业，采矿业，非私营单位和私营单位超过平均工资水平的行业大体一致，主要集中在知识和智力相对密集的一些行业。从岗位类型来看，收入较高的是单位负责人和专业技术人员。这也说明了高素质劳动力密集的行业有较高的收益和成本容纳能力。从专利申请所反映的技术创新情况看，大中型工业企业专利申请数，2000年为11819件，2012年为327116件，2012

表7　第三至第六次全国人口普查每十万人中各种受教育程度人口表

普查次数	第三次 （1982/07/01）	第四次 （1990/07/01）	第五次 （2000/11/01）	第六次 （2010/11/01）
大学（人）	615	1422	3611	8930
高中（人）	6779	8039	11146	14032
初中（人）	17892	23344	33961	38788
小学（人）	35237	37057	35701	26779
文盲率（%）	22.81	15.88	6.72	4.08

资料来源：各次人口普查公报（第三次普查数据引用第四次普查公报披露数据）

年比2000年增长26.68倍，专利申请数量快速增加，技术创新能力大大提升。从发展的内在需求和现实条件来看，未来我国经济增长将逐步转向主要依靠科技进步、劳动者素质提高和管理创新等内涵式、集约式发展方式，获取发展红利将逐步转向主要依靠要素质量提升和要素创造附加值的提高。

七、各地竞相发展，区域经济竞争激烈

我国分税制的财政体制，使得地方政府成为具有一定独立经济利益的经济主体，一个地区的经济发展速度、经济规模和经济效益，直接影响着该地区的税收收入和地方财政收入，影响着地方政府改善本地基础设施、为居民提供公共服务的能力，也影响着该地区居民的就业、收入和致富空间。以尽可能快的速度发展本地经济，尽可能做大经济规模，获得地方最大收益，是一个地区政府和居民的共同利益所在，因此地方政府具有很强的快速发展本地经济的激励。在地方政府主导下，地区之间争夺生产要素和产业的竞争非常激烈。地方政府发展经济的积极性，以及对本地经济资源的大力开发利用和以优惠政策对区域外资源的积极引入，是推动区域经济和我国国民经济持续快速增长的重要动力，对我国改革开放以来国民经济长时期、高速度的增长具有重要的贡献。但地方政府的竞争，也造成了地方发展目标短期化、低

水平重复建设、区域产业重构、地方保护主义、资源利用粗放、环境污染等一系列问题。经济增长速度成为地方政府与中央政府的重要博弈点。当宏观经济低迷，需要加快发展速度时，中央政府与地方政府目标的一致性比较高，而当宏观经济过热，需要紧缩经济时，地方政府的经济目标则往往与中央政府相悖，这从"十二五"时期各省区市的规划经济增速都快于全国规划经济

表8　各省市区"十二五"期间GDP增长规划指标（%）

地区	GDP增长	地区	GDP增长	地区	GDP增长	地区	GDP增长
北京	8.0	江苏	10.0	江西	11.0	内蒙古	12.0
上海	8.0	安徽	10.0	四川	12.0	青海	12.0
广东	8.0	云南	10.0	黑龙江	12.0	西藏	12.0
浙江	8.0	湖南	10.0	甘肃	12.0	陕西	>12.0
河北	8.5	湖北	10.0	宁夏	12.0	重庆	12.5
山东	9.0	福建	>10.0	天津	12.0	海南	13.0
河南	9.0	新疆	>10.0	吉林	12.0	山西	13.0
广西	10.0	辽宁	11.0	贵州	12.0	全国	7

资料来源：转引自宋晓梧《"三位市场经济"与地方政府职能界定》一文的整理，《人民论坛·学术前沿》2013年12月下

增速可见一斑（见表8）。《中共中央关于全面深化改革若干重大问题的决定》提出，要"清理和废除妨碍全国统一市场和公平竞争的各种规定和做法，

严禁和惩处各类违法实行优惠政策行为,反对地方保护,反对垄断和不正当竞争。"预期地方政府间的恶性竞争未来将会受到抑制,但在财税体系改革完成和地方税收体系完善之前,地方政府快速发展本地经济的激励仍然存在,地方政府间对经济资源的竞争仍将继续。

八、发达地区产业转移趋势和产业转移区域分布相对集中、承接产业转移竞争激烈

近年来,国内产业分工深刻调整,东部沿海地区产业升级和传统劳动密集型产业、资源密集型产业、高耗能产业向中西部地区转移趋势明显,步伐加快。中西部地区投资加速,各省份投资增速普遍高于东部省份。从全国各省份固定资产投资情况来看,东部一些经济大省尽管投资总量仍然较大,但从全社会固定资产投资额与地方生产总值的比值,以及扣除房地产开发投资后的全社会固定资产投资额与地方生产总值的比值来看,中西部地区省份比值普遍要高于东部发达省份(见表9)。尽管中西部地区固定资产投资中基础设施投资比重比东部地区可能要高一些,但承接产业转移投资、产业投资是中西部地区投资的重要组成部分。另一方面,各省份承接产业转移的区位优势、现实条件、政策支持、承接策略存在一定的差异,承接产业转移在各省份之间并不平衡,与东部地区紧邻的中部省份、劳动力大省、西部经济大省、承接策略对路的省份,如安徽、河南、四川、陕西、重庆等省市承接产业转移相对较多或发展较快。四川省2013年实际到位国内省外资金8697.5亿元,比上年增长11.6%;陕西省2012年实际引进内资3474亿元,2013年1—9月份外省在陕投资实际到位资金3451.2亿元;承接沿海产业转移较多的安徽皖江示范区2013年总投资12559亿元,增长20.4%;《河南省制造业承接产业转移2014年行动计划》要求2014年全省制造业承接产业转移实际到位资金5500亿元以上,增长20%以上;湖南省2012年承接区域产业转移项目2608个。有些省份承接国内产业转移投资超过了另一些省份全社会固定资产投资总额。同时,中西部省份承接产业转移竞争非常激烈,项目投资条件相对苛刻,项目收益相对较低。

表9 各省份2012年固定资产投资情况表(亿元)

省份	地方生产总值	全社会固定资产投资	房地产开发投资	全社会固定资产投资/地方生产总值	(全社会固定资产投资-房地产开发投资)/地方生产总值
	(1)	(2)	(3)	(4)	(5)
北京	17879.40	6112.37	3153.44	0.3419	0.1655
上海	20181.72	5117.62	2381.36	0.2536	0.1356
天津	12893.88	7934.78	1260.00	0.6154	0.5177
山东	50013.24	31255.98	4708.31	0.6250	0.5308
江苏	54058.22	30854.24	6206.10	0.5708	0.4560
浙江	34665.33	17649.36	5226.27	0.5091	0.3584
福建	19701.78	12439.94	2824.12	0.6314	0.4881
广东	57067.92	18751.47	5352.79	0.3286	0.2348
辽宁	24846.43	21836.28	5455.82	0.8788	0.6593
海南	2855.54	2145.38	886.64	0.7513	0.4408
河北	26575.01	19661.28	3086.52	0.7398	0.6237
安徽	17212.05	15425.83	3151.61	0.8962	0.7131
江西	12948.88	10774.16	969.62	0.8321	0.7572
湖南	22154.23	14523.24	2210.52	0.6556	0.5558
湖北	22250.45	15578.29	2539.46	0.7001	0.5860
吉林	11939.24	9511.54	1310.03	0.7967	0.6869
黑龙江	13691.58	9694.75	1535.84	0.7081	0.5959
河南	29599.31	21450.00	3035.29	0.7247	0.6221
山西	12112.83	8863.26	1010.45	0.7317	0.6483
广西	13035.10	9808.61	1554.94	0.7525	0.6332

续表

省份	地方生产总值	全社会固定资产投资	房地产开发投资	全社会固定资产投资/地方生产总值	(全社会固定资产投资−房地产开发投资)/地方生产总值
	(1)	(2)	(3)	(4)	(5)
内蒙古	15880.58	11875.74	1291.44	0.7478	0.6665
重庆	11409.60	8736.17	2508.35	0.7657	0.5458
四川	23872.80	17039.98	3266.40	0.7138	0.5770
贵州	6852.20	5717.80	1467.60	0.8344	0.6203
云南	10309.47	7831.13	1782.14	0.7596	0.5867
西藏	701.43	670.52	6.87	0.9559	0.9461
陕西	14453.68	12044.55	1835.93	0.8333	0.7063
甘肃	5650.20	5145.03	561.02	0.9106	0.8113
青海	1893.54	1883.42	189.68	0.9947	0.8945
宁夏	2341.29	2096.86	429.15	0.8956	0.7123
新疆	7505.31	6158.78	606.09	0.8206	0.7398

资料来源：第（1）（2）（3）列数据取自国家统计局网站，第（4）（5）列数据根据第（1）（2）（3）列数据计算

加快发展的聚宝盆和助推器

——甘肃省文物博物馆事业的重要地位和作用

周银霞　（中共甘肃省委党校）
李永平　（甘肃省博物馆）

甘肃地处丝绸之路黄金段，自古以来就是民族融合、宗教交汇之地，历史悠久，文化多元，是中华文明的重要发祥地和中华民族的文化资源宝库。甘肃文物是甘肃文化资源重要的组成部分，在世界上具有很高知名度。甘肃改革开放的历史进程中，文物博物馆事业发挥了积极的作用。在加快发展的当今和未来，甘肃文物博物馆事业的地位和作用会越来越重要。我们试从以下几个方面加以阐述。

一、改革开放助推了甘肃文物博物馆事业的向前发展，文物博物馆事业是甘肃享誉世界的一个响亮"品牌"

根据甘肃省第三次全国文物普查结果显示，截至2010年底，甘肃省共有各类不可移动文物16895处，其中全国重点文物保护单位72处，省级文物保护单位517处，县（市、区）级文物保护单位3146处。敦煌莫高窟、嘉峪关关城为世界文化遗产，麦积山石窟、北石窟寺、炳灵寺石窟、悬泉置遗址、锁阳城城遗址是世界文化遗产"丝绸之路—天山东廊道"的组成点。敦煌、武威、张掖、天水4座城市为国家级历史文化名城，宕昌县哈达铺镇、榆中县青城镇、永登县连城镇、古浪县大靖镇为国家级历史文化名镇。甘肃省各级各类文物收藏单位超过100家，共保存各类文物42万多件，其中珍贵文物110985件（套），包括一级文物3240件（套）（含国宝30件），珍贵文物数量位居全国前列。莫高窟、铜奔马、麦积山石窟、拉卜楞寺、文溯阁四库全书、红色文物文献等在海内外具有很高的知名度和影响力。

甘肃文物博物馆事业的全面健康快速发展是在改革开放之后，主要体现在以下几个方面。

1. 建立起了具有甘肃特色的文物博物馆事业保护利用体系

敦煌研究院是中国石窟寺保护和利用开放的"航空母舰"和"领头羊"，壁画保护、敦煌学研究、石窟寺考古、壁画临摹在世界范围内具有影响力，是甘肃最为响亮的一张名片、一个品牌。甘肃省博物馆的"丝绸之路主题系列文物展"起步早，行动快，在中国博物馆界具有影响力。铜奔马是中国旅游的标志，是甘肃的又一个知名品牌。甘肃省文物考古研究所的多项考古成果入选全国"十大考古新发现"，尤其是悬泉置考古和马家塬战国墓考古震动海内外。改革开放以来，初步形成以甘肃省博物馆为龙头，市（州）博物馆为骨干，县（区）博物馆为支撑，行业和民办博物馆为补充的、具有甘肃特色的丝绸之路博物馆体系。

2. 文物博物馆事业在甘肃对外开放和交流中发挥了"窗口"和"名片"作用

改革开放之后，甘肃最先走向世界的是敦煌壁画、文物展览和《丝路花雨》。20世纪50年代，敦煌壁画就已经受邀赴日本和欧洲展出，这也体现出甘肃文物独特的魅力和影响力、感召力。尼克松访华，参观了在故宫博物院举办的"文化大革命期间出土文物展"。20世纪80年代中期敦煌壁画、甘肃博物馆的"丝绸之路文物展"率先在日本巡回展出。《丝路花雨》在国内外多次演出。据初步统计，敦煌壁画、甘肃文物展览已经远赴世界5大洲的近50个国家和地区展出过，既包括欧亚美澳的主要发达国家，也包括俄罗斯以及克罗地亚、保加利亚等东欧国家。近年来甘肃博物馆的数字化文物展还赴埃及、约旦、蒙古等国展出。

甘肃文物是甘肃和港澳台地区文化交流的一个亮丽品牌和畅通渠道。初步统计，改革开放以来甘肃赴港澳台的敦煌壁画雕塑和文物展览在20次左右，基本上是平均两年就有一次。民国时期甘肃定西出土的一套新莽权衡器是当之无愧的国宝，其中的5件现藏台北故宫博物院，另3件收藏在中国国家博物馆。这套重要的国宝级文物，不仅具有文物的价值，还具有重要的政治意义。

3. 文物博物馆事业在甘肃经济社会发展中的作用更加凸显

文物和博物馆是重要的旅游资源。敦煌已经成为国内火爆的旅游目的地，其他石窟寺和甘肃博物馆的观众量在大幅度攀升。河西走廊是国家旅游局推介的重点旅游线路，博物馆、石窟寺、文化名城、古遗址是这个线上最能吸引游客的亮点。

文物和博物馆是重要的教育资源。习近平总书记指出：一个博物院就是一所大学校。要把凝结着中华民族传统文化的文物保护好、管理好，同时加强研究和利用，让历史说话，让文物说话，在传承祖先的成就和光荣、增强民族自尊和自信的同时，谨记历史的挫折和教训，以少走弯路、更好前进。谨记总书记的要语，我们要清醒认识到：古代文物、古代遗址、历史文化名城（镇、村）、红色文物、红色遗址和纪念馆、社会主义建设时期的文物（可移动文物和不可移动文物），是弘扬中华民族优秀传统文化、增强国家文化软实力、保护国家文化安全的重要资源，是进行爱国主义教育、党史教育、社会主义核心价值观教育的珍贵材料。

二、学习实践党中央和习近平总书记关于文物博物馆工作的指示，加快甘肃文物博物馆事业向前发展

早在延安时期，党中央和陕甘宁边区政府就高度重视文物和博物馆工作，多次举办宣传"大生产运动"和"劳动英雄"的展览，并多次发出征集革命文物的通知。可以说重视文物和展览工作也是延安作风和精神的一个内容。

2013年12月30日，习近平总书记在主持中共中央政治局第十二次集体学习时发表讲话指出：要系统梳理传统文化资源，让收藏在禁宫里的文物、陈列在广阔大地上的遗产、书写在古籍里的文字都活起来。2014年10月，习近平为法国国立吉美亚洲艺术博物馆"汉风——中国汉代文物展"题写序言，并指出：文物是传递中华民族不断进行文明创造的智慧结晶。2016年4月，习近平总书记对文物工作做出重要批示：各级党委和政府要增强对历史文物的敬畏之心，树立保护文物也是政绩的科学理念，统筹好文物保护与经济社会发展，全面贯彻"保护为主、抢救第一、合理利用、加强管理"的工作方针，切实加大文物保护力度，推进文物合理适度利用，使文物保护成果更多惠及人民群众。各级文物部门要不辱使命，守土尽责，提高素质能力和依法管理水平，广泛动员社会力量参与，努力走出一条符合国情的文物保护利用之路，为实现"两个一百年"奋斗目标、实现中华民族伟大复兴的中国梦做出更大贡献。

今年以来，中共中央办公厅、国务院办公厅先后印发了《关于实施革命文物保护利用工程（2018—2022年）的意见》《关于加强文物保护利用改革的若干意见》，前一个文件要求充分发挥革命文物在开展爱国主义教育、培育社会主义核心价值观、实现中华民族伟大复兴中国梦中的重要作用。后一个文件是新时期指导文物博物馆事业发展的总抓手，是"文物政策大礼包"，内容亮点多、政策突破多、工作抓手多。文物博物馆可以在青少年教育、国家考古遗址公园建设、文化创意产品开发、中外人文交流等方面有更大作为。

近年来，甘肃实施了博物馆领域的"历史再现工程"，建立了一批有影响的民营博物馆。敦煌文博会是国家借助敦煌文物资源的优势搭建的国际性文化交流的平台。甘肃每年举办"敦煌文化旅游节"。但是我们也应该清醒地认识到，甘肃文物博物馆工作还有不足之处，还面临着巨大的挑战，只有不断强化改革开放的思想和意识，文物博物馆工作才能百尺竿头更进一步。

国企改革40年：继承发扬延安精神的新时代价值

张 翔

（西北师范大学马克思主义学院 2018级博士研究生）

作为最能体现中国特色社会主义特点的市场主体，作为支撑我国国民经济发展的重要支柱，国有企业改革四十年来，管理体制不断完善，效益规模持续扩大，资产布局日趋优化，取得巨大成就，在支撑国家发展战略和保障社会稳定发展方面发挥了重要作用。然而，新时代不仅带来了新机遇，同时也带来了新挑战，在当前复杂多变的市场形势和风云莫测的世界格局前，如何推动国有企业继续迈开步伐是一个需要不断在实践中探索的问题，而实现国有企业的可持续发展需要一种精神来支撑、来推动；延安精神是我党在发展成熟过程中形成的优良传统，是经过长期的实践检验了的宝贵精神财富，在当前的环境下，国有企业发扬继承延安精神仍具有很高的时代价值。

一、延安精神的核心内涵

延安精神具体指的是中国共产党在延安时期开展革命斗争过程当中，逐渐形成并完善的优良作风与传统，是马克思主义思想体系与中国传统文化有机结合的产物，集中代表着无产阶级艰苦朴素、奋斗不息的革命主义精神，延安精神的核心内涵为：崇高的革命理想以及乐于奉献的自我牺牲精神；紧密团结广大人民群众，一切为人民服务的优良作风；实事求是，坚持理论联系实际的科学路线；自觉遵守党的纪律，能够做到批评与自我批评。延安精神的原生态形式包括延安时期的整风精神、抗大精神、张思德精神、白求恩精神、愚公移山精神以及南泥湾精神等。

二、国有企业发扬继承延安精神的时代价值

一个没有精神的民族是没有前途的民族，是一个浑浑噩噩的民族，是一

延安精神永放光芒

个迟早要倒下的民族，同理，一个没有自己精神的企业在纷繁复杂的市场大潮中是一个走不远的企业。企业的资产、制度是企业的"形"，而企业的精神是一个企业的"魂"。"魂"没有了，有"形"又有何用呢？！延安精神是我党在马克思主义指导下，根据长期的实践经验，形成的属于自己的精神。在世情、党情、国情、企情早已发生深刻变化的今天，紧密联系现实情况，结合国有企业的发展实际，深入研究延安精神博大精深的科学内涵，牢牢把握延安精神的灵魂和精髓、本质和特征，深入挖掘国有企业继承发扬延安精神的时代价值，对于我们国有企业坚定政治方向、端正思想路线、牢记根本宗旨、保持优良作风、推进企业科学可持续发展，不仅需要，而且非常有必要。

1. 机遇与挑战并存的市场环境需要国有企业要根据自身发展实际，继续发扬自力更生、艰苦奋斗的创业精神

当代的世界趋势，错综复杂，风云变幻，当今时代是一个日新月异、一个机遇与挑战并存的时代。当前，在全体中华民族为实现"美丽中国梦"而奋斗的历程中，国有企业起着举足轻重的重要作用。企业要前进，人民要富足，都决定了国有企业必须继续继承发扬自力更生、艰苦奋斗的创业精神。例如，我国的电力企业，在错综复杂的市场环境下，面临着经济发展需要发电量增长的市场机遇，同时也面临着产业结构调整、发展节能环保型电站等诸多方面的挑战。因此，在复杂的发展形势下，企业要发展进步就必须发扬精神，而自力更生、艰苦奋斗的创业精神就是当下一个可以继承和发扬的精神财富。

从国有企业自身来说，国有企业是国民经济的重要支柱，是全面建设小康社会和构建和谐社会不可替代的重要力量，是我们党执政的重要基础。坚持自力更生、艰苦奋斗的创业精神，是推进国有企业实现可持续发展所必须坚持的重要原则。当前，国有企业在转型升级、技术创新、管理创新的发展过程中是一个由量变到质变飞跃的过程，是一个化蛹成蝶的艰苦过程，在这个过程中，必须坚持自力更生、艰苦奋斗的创业精神，并将这种精神财富贯穿于发展过程的始终，这样才有可能确保实现企业的转型升级和可持续发展。

2. 国有企业的性质、特点决定了国企必须继承发扬全心全意为人民服务的精神

国企的性质，就是全民所有制企业的性质。全民所有制企业，实质就是企业生产资料归全体人民共同所有的企业。而所谓全民所有制企业的性质，就是生产资料归全体人民共同所有的企业所具有的性质。由此推论，所谓国企的性质，实质就是生产资料属于全体人民共同所有的企业所具有的性质。国有企业作为一种生产经营组织形式同时具有营利法人和公益法人的特点；其营利性体现为追求国有资产的保值和增值；而其公益性体现为国有企业在应对重大自然灾害和急难险重任务时的中流砥柱作用，在解决和群众利益密切相关的社会问题中起到的基石作用，在解决群体性、重大性、复杂性社会难题方面起到的中坚作用等等。国有企业的上述性质、特点决定了国有企业必须坚持以人为本，全心全意为人民服务的精神。

3. 现代企业管理的理论和方法需要国有企业必须理论联系实际、不断开拓创新

一个企业要进步必须坚持理论联系实际的原则，否则企业就不可能进步；一个企业要勇立市场经济的潮头而长盛不衰就要不断地开拓创新，否则，企业必然会被严酷的市场经济所淘汰、所抛弃。现代企业的理论和方法一般来说包括计划、组织、领导、控制和管理新问题与新思路等方面，无论从哪一方面来讲，都需要我们必须从实际情况出发，理论联系实际，多角度、多方面系统地去发现问题，思考问题，解决问题，不断开拓创新，这样才能构建出、制定出科学合理的企业战略、发展思路，才有可能使企业持续健康发展。

4. 国有企业管理过程中要坚持实事求是的思想路线

在延安时期，就用实事求是来概括我们党的思想路线。近百年来我党在艰苦的实践中表明了，只有解放思想，才能达到实事求是；只有实事求是，才是真正地解放思想。同样的道理，国有企业在管理过程中也要坚持解放思想、实事求是的思想路线。研究企业战略目标，必须坚持实事求是；研究企业的干部任免，要根据干部的实际德才表现实事求是地来进行；制定企业业务发展目标，要根据市场环境、企业优势、面临困难等方面实事求是地进行。

伟大的事业需要伟大的精神，伟大的精神支撑并推动伟大的事业。延安精神是我们党的宝贵财富，是我们国家的光荣，是我们民族的骄傲。只要我

延安精神永放光芒

们把延安精神存之于心、见之于行，将继承发扬延安精神的时代价值同新时期推进国有企业的可持续发展相结合，把个人价值的实现融入到民族复兴、服务人民的实践中去，我们就一定能够做出无愧于时代、无愧于人民、无愧于自己的工作业绩来，就一定能够不断开创国有企业科学发展、持续发展、和谐发展的新的、更加美好的局面。

编后记

为纪念改革开放40周年,由甘肃省延安精神研究会、甘肃省委党校、西北师范大学联合举办的"延安精神与改革开放理论研讨会"于2018年10月30日在甘肃省委党校隆重召开。本次研讨会以新时代习近平中国特色社会主义思想和党的十九大精神为指导,紧紧围绕改革开放取得的伟大成就,紧密联系甘肃实际,深入研讨改革开放40年的奋斗历程、辉煌成就、宝贵经验和伟大意义,深入研讨新时代弘扬延安精神,深化改革、扩大开放的思路和办法为主题。

甘肃省政协副主席、省延安精神研究会会长李沛文主席出席并做主旨讲话,甘肃省委党校副巡视员刘亚桥同志主持会议,西北师范大学党委副书记刘玉泉同志出席并致辞。与会领导以及专家学者们紧紧围绕主题展开深入讨论,并达成诸多共识。

李沛文主席在题为《自觉践行"四个坚持"传承弘扬延安精神》的主旨讲话中深刻指出了举办此次研讨会的重要意义,全面阐释了延安精神的科学内涵,并对我们在新时代如何传承弘扬延安精神提出了明确的要求。

西北师范大学党委副书记刘玉泉同志在致辞中对专家学者表示热烈欢迎,他指出,举办此次研讨会是为了回顾改革开放以来甘肃省改革发展取得的一系列成就,进一步阐释延安精神的时代价值,用延安精神来凝聚全省改革发展的正能量,这对弘扬延安精神具有重要的理论和实践意义。在此次研讨会上,甘肃省延安精神研究会副会长石玉亭、李荣珍分别做了题为《试论研究和弘扬延安精神》《真理标准讨论在甘肃的重要意义》的发言;甘肃省委党校康明教授、陈永胜教授分别做了题为《延安精神依然是我们打赢脱贫攻坚战的强大精神动力》《弘扬延安精神是当代共产党人践行初心和使命的重要支撑》的发言;兰州理工大学党委副书记丁虎生同志、兰州交通大学马克思主义学院院长蔡中宏教授、陇东学院经济管理学院院长曲涛教授、兰州大学马克思

延安精神永放光芒

主义学院讲师王永祥同志分别做了题为《从延安精神中汲取新时代高校思想政治工作的营养》《弘扬延安精神与打赢脱贫攻坚战》《论南梁精神与延安精神的内在联系》《深刻理解改革开放的历史蕴含》的发言。

最后，西北师范大学马克思主义学院院长王宗礼教授从研讨会的主题、内容、会风三个方面对本次会议做了总结。他总结道，本次会议把改革开放和延安精神两个决定中国命运最关键的事件结合起来作为会议的主题十分鲜明，对延安精神的内涵和它与中国共产党的革命和建设过程中创造的其他精神的内在关联等方面做了总结。他希望把甘肃红色文化挖掘好、发扬好，使甘肃红色文化能和其他中华优秀文化一道在建成全面小康社会过程中发挥巨大的价值和作用。

会后我们组织专家对会议收到的优秀论文汇编成册，以志纪念！

《延安精神永放光芒》编委会

2019年1月7日